道岔打磨理论及应用

陈迪来◎编著

中国铁道出版社有限公司

2024年·北 京

内 容 简 介

本书共六章，包含道岔区钢轨打磨廓形设计基础理论、基于轮径差函数的道岔转辙器区钢轨打磨廓形设计方法、基于接触应力的道岔转辙器区钢轨打磨廓形设计方法、钢轨打磨廓形设计软件的应用、道岔打磨廓形设计工程应用等内容。

本书在理论的基础上，提出了实用性较强的两种廓形设计方法，可作为车辆工程和铁道工程专业研究生学习教材，可为技术人员做好道岔养护管理提供技术支持，为道岔打磨修理作业人员提供参考，也可作为道岔打磨培训资料。

图书在版编目(CIP)数据

道岔打磨理论及应用/陈迪来编著．—北京：中国铁道出版社有限公司，2024. 3

ISBN 978-7-113-31093-6

Ⅰ. ①道… Ⅱ. ①陈… Ⅲ. ①道岔-铁路养护 Ⅳ. ①U216. 42

中国国家版本馆 CIP 数据核字（2024）第 046126 号

书　　名：**道岔打磨理论及应用**
作　　者：陈迪来

策　　划：黎　琳
责任编辑：黎　琳　　**编辑部电话**：(010)51873674　　**电子邮箱**：lightlilly@ 163. com
封面设计：崔丽芳　　**封面摄影**：王明柱
责任校对：苗　丹
责任印制：樊启鹏

出版发行：中国铁道出版社有限公司（100054，北京市西城区右安门西街 8 号）
网　　址：http://www. tdpress. com
印　　刷：北京盛通印刷股份有限公司
版　　次：2024 年 3 月第 1 版　2024 年 3 月第 1 次印刷
开　　本：787 mm×1 092 mm 1/16　**印张**：9. 25　**字数**：216 千
书　　号：ISBN 978-7-113-31093-6
定　　价：60. 00 元

前　言

道岔是车辆由一股轨道转入或跨过另一股轨道的关键铁路设备，是铁路基础设施的重要组成部分。车辆在通过道岔转辙器区时，随着轨宽的变化，其轮轨接触状态也会随之发生变化。转辙器区复杂的轮轨关系导致轮轨间相互作用力的增大，加剧钢轨出现伤损。钢轨表面伤损会恶化轮轨接触状态，加剧轮轨动力作用，钢轨表面伤损与轮轨动力作用之间形成恶性循环。钢轨在即将出现伤损时或者已经出现伤损后，需要对钢轨进行保护作业，以消除钢轨上的缺陷或者伤损。

道岔钢轨打磨技术作为铁路道岔养护的一种重要方法，能抑制和消除轨面伤损，延长钢轨的使用寿命。轮轨型面的几何外形与车辆动力学性能及轮轨本身的寿命等有着密切的联系，改善轮轨接触状态能够保证车辆动力学性能以及轮轨磨耗处于较为合理的状态。科学合理地优化设计道岔区钢轨打磨廓形，对铁路扩能增效、延长钢轨使用寿命等具有重要意义。

《道岔打磨理论及应用》主要内容包括道岔区结构及轮轨关系、以改善动力学性能为主的基于轮径差函数的廓形设计方法，以及降低轮轨间接触应力的设计方法、优化案例等。本书在理论的基础上，提出了实用性较强的两种廓形设计方法，可为技术人员做好道岔养护管理提供技术支持，为道岔打磨修理作业人员提供参考，也可作为道岔打磨培训资料。

由于编者水平有限，书中不妥之处恳请广大读者指正。

陈迪来

2024年1月

目　　录

1 概　述

1.1 道岔结构及维护目的

道岔是铁路轨道结构中的一个重要组成部分，是引导车辆改变或跨越所在股轨道的主要设备。由于道岔应用数量多、结构形式复杂、行车安全性低、使用寿命较短、养护维修投入大，与钢轨接头和曲线部位共同称为轨道结构的三大薄弱环节，其基本形式包括连接、交叉、连接与交叉的组合。我国铁路上使用最多的是普通单开道岔。根据号码大小可大致分为 6 号、9 号、12 号、18 号、30 号、42 号和 62 号等，其中 9 号和 12 号道岔最为常用，在直侧向通过速度较高地段则需使用号码较大的道岔。

普通单开道岔主要由转辙器、连接部分、辙叉及护轨三部分组成，如图 1.1 所示。

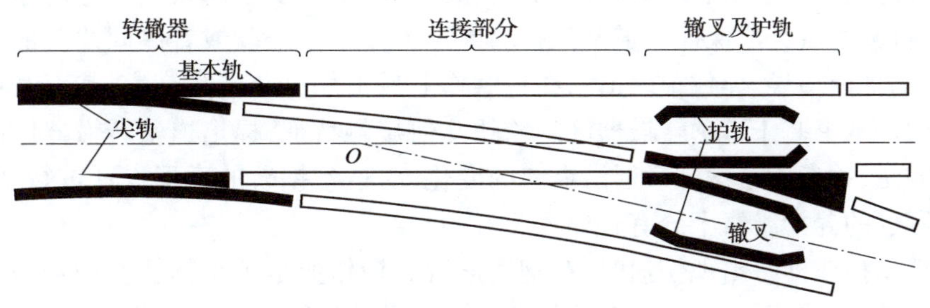

图 1.1　普通单开道岔结构示意

转辙器区的部件是单开道岔中最重要的设备，主要由两根基本轨（一根直基本轨、一根曲基本轨）、两根尖轨（一根直尖轨、一根曲尖轨）和控制设备等组成。它的主要功能是引导车辆沿着指定的线路运行，当车辆通过转辙器区时，由于尖轨的顶宽和高度是不断变化的，转辙器区轮轨接触状态也随之变化。车辆逆向通过道岔时，轮轨接触点会从基本轨上转移到尖轨上，由于接触点的跳跃和轮轨接触状态的不断变化，会导致车辆在通过道岔时，会产生较大的轮轨间动态相互作用力，而这些力却是导致钢轨发生病害的主要原因。由于道岔固有的结构不平顺，转辙器区的廓形随着纵向位置而不同，会产生较大的冲击和较大的横向位移，甚至出现轮缘接触。由于这些原因，道岔区较区间线路更容易出现病害伤损，需要更多的成本来维护。道岔区的养护工作量非常大，占铁路工务部门总维护量的 1/3～1/2。钢轨打磨技术作为铁路养护的一种重要方法，能消除和抑制轨面伤损，延长钢轨的使用寿命。

与区间线路相似，道岔钢轨的廓形与车辆系统运行的性能以及岔区特殊的轮轨系统有着密切关系。轮轨系统是铁路运输系统的最为关键部分，车辆起动、制动和运行必须依靠轮轨滚动摩擦接触来实现。随着国民经济的发展，客运高速化和货运重载化是铁路产业的发展趋势，然而高速及重载铁路的发展势必会增加车辆与轨道之间作用频次、增大轨道结构的动态载荷，进而增大铁路运输的运营成本,甚至会影响行车安全。对于铁路线路的薄弱环节——道岔结构而言则更为严重,其由钢轨件、扣件系统、联结部件、顶铁及滑床台板等上千个零部件所组成的复杂轨道结构,存在尖轨、心轨等薄弱环节和不可避免的结构不平顺,以及制造、铺设、维护不当引起的状态不平顺,而且在运营过程中还存在着列车温度及转换等多种复杂的荷载,这些原因导致道岔伤损及病害较多。另外道岔伤损还会增大轮轨动力作用或诱发转换设备故障、因轮轨关系改变而导致晃车,严重时还会引起列车脱轨。美国哈斯科(Harsco)公司针对美国2013年道岔导致的列车脱轨事故进行了调查,发现道岔区脱轨事故中有54%的发生在转辙区域,调查统计结果如图1.2所示。

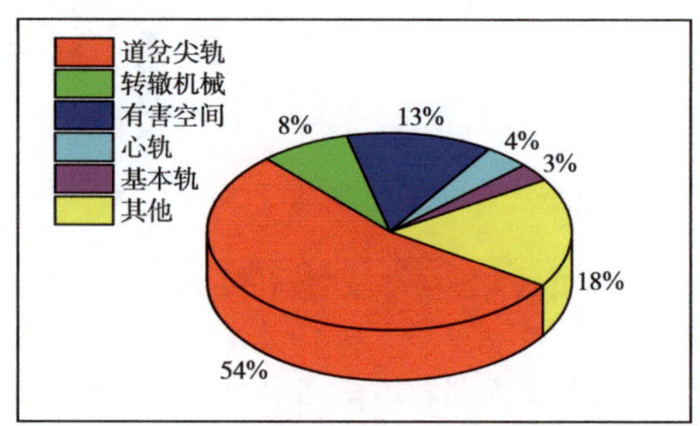

图1.2 美国哈斯科公司针对美国2013年道岔致脱轨事故调查统计结果

随着铁路线路运行时间的延长,道岔在列车荷载、温度等作用下逐渐发生变形及损伤累积,状态不断恶化、工作性能不断降低,尤其是道岔钢轨伤损严重,部分道岔出现“晃车”现象,更为严重时出现脱轨。目前,国内道岔打磨成套技术及装备尚不成熟,虽然有道岔打磨列车,但对道岔区域焊缝、岔尖、岔心等局部区域的打磨维修,仍主要采用人工操作的小型打磨机进行现场作业,打磨质量无法保证。道岔区打磨廓形大多根据经验或者区间线路的廓形演变而来,缺乏科学的理论指导,导致很多道岔在打磨作业后不能完全消除病害,甚至某些道岔的病害进一步恶化。本书基于道岔转辙器区的轮轨几何接触特征,提出道岔转辙器区的横向廓形的优化设计方法,并考虑道岔区廓形沿纵向的变化,对道岔钢轨的廓形设计进行系统研究,这对道岔转辙器区的养护维修十分有必要。

钢轨出现伤损或即将出现伤损时,对钢轨进行保护作业是延长钢轨使用寿命和提高铁路运输效益最直接、最快捷的方法,而钢轨打磨廓形的设计是钢轨保护技术核心。钢轨廓形的设计实质是根据轮轨接触理论调整钢轨的几何外形,达到较优的轮轨几何接触关系和接触力学性能,最终改善车辆、轨道的动力学性能。

1.2 转辙器区钢轨伤损类型及特点

铁路线路开通运营以后,车辆在轨道上运行,由于轮轨间存在滚动接触作用,轮轨接触表面存在法向接触力和切向接触力。虽然这些力会导致钢轨出现伤损,但这些作用力是维持车辆起动、制动所必需的。如果钢轨出现伤损,一方面会导致轮轨间的相互作用力加剧,另一方面会导致车辆系统和轨道系统产生剧烈振动,而这些振动又会加剧钢轨伤损。

由于道岔区钢轨外形呈现变截面特征,导致列车过岔时,轮轨接触点会出现跳跃现象,这会加剧轮轨间的相互作用力,使得道岔区钢轨的伤损情况较区间线路更为严重。但是道岔区钢轨出现伤损的类型与区间线路基本相同,主要表现如下:

(1)钢轨的磨耗和磨损,如钢轨的侧磨、垂直磨耗、波浪形磨耗等;

(2)钢轨的滚动接触疲劳,如钢轨表面的剥离、鱼鳞纹等;

(3)钢轨的塑性变形,如钢轨的肥边、塑形流动等。

虽然钢轨伤损的类型不同,但是这些伤损类型之间的表现形式却有密切联系。例如:钢轨的磨耗与钢轨的滚动接触疲劳,如果钢轨磨耗的速率大于钢轨滚动疲劳伤损发生的速率,那么钢轨表面形成的微型滚动接触疲劳很快会被磨耗掉,钢轨的表现形式为钢轨的伤损;当钢轨的磨耗速率小于钢轨疲劳伤损发展的速率时,钢轨表面形成的滚动接触疲劳层不会被磨耗掉时,那么钢轨表现形式为钢轨的滚动接触疲劳。因此,将钢轨磨耗的速率与滚动接触疲劳的发展速率控制在合理的范围内,非常重要。

钢轨的滚动接触疲劳与钢轨的塑性变形也存在一定的联系,它们之间只是不同时期的表现形式。当钢轨的塑性变形没有超过材料的安定极限时,钢轨的表现形式为塑性变形伤损;当塑性变形超过安定极限时,滚动接触疲劳的萌生将得到发展,钢轨的表现形式为钢轨的滚动接触疲劳。钢轨伤损的表现形式与很多因素有关,如轮轨间动态作用力、车轮和钢轨的外形、车轮和钢轨的材料、轮轨间的摩擦系数、车辆的悬挂参数、轨道的结构参数等。

由于道岔区的结构更为复杂,导致道岔区钢轨的伤损形式更多样化。道岔区伤损的形式主要受道岔结构所决定,如在道岔转辙器区,有尖轨的伤损、基本轨的伤损。本书将主要介绍转辙器区尖轨和基本轨不同的伤损类型及特点,为打磨廓形研究提供依据。

1.2.1　尖轨伤损类型及特点

道岔转辙器区主要是引导车辆进入特定的线路的设备,尖轨沿着纵向方向,尖轨的顶宽和高度不断变化,造成尖轨磨耗特别严重。由于道岔区未设置超高或缓和曲线,当车辆沿着曲线进入转辙器区时,轮对会产生较大的横移量。车轮依靠轮缘接触导向,会贴紧尖轨的轨距角侧,由于钢轨轨距角处的半径和轮缘处的半径均较小,导致此时轮轨间的接触应力最大,接触斑最小,造成尖轨轨距角处磨耗加剧,表现为曲线尖轨的侧磨,如图 1.3 所示。当车辆直向通过道岔转辙器区时,轮轨接触点主要发生在尖轨的轨顶和基本轨的轨顶,这样也会造成尖轨的垂直磨耗,如图 1.4 所示。

图 1.3　曲线尖轨的侧磨

转辙器区尖轨尖宽为 20~50 mm 时,轮轨接触点开始从基本轨上跳跃到尖轨上,此区段轮轨作用较为复杂,并且存在多点接触的可能。如果轮轨接触点出现在尖轨偏向非工作边的区域时,此时轮轨间的最大接触应力、剪切应力都出现在非工作边的轨顶向下 10 mm 处,这样会导致尖轨非工作边的裂纹的产生和发展,这种伤损成为尖轨非工作边的纵向水平裂纹,如图 1.5 所示。

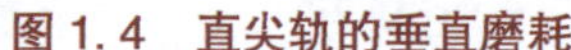

图 1.4　直尖轨的垂直磨耗

图 1.5　尖轨的纵向水平裂纹

转辙器区的尖轨的宽度随着纵向距离的变化而变化，当尖轨尖宽很小时，轮轨接触点发生在尖轨上时，此时的尖轨非常薄弱，在车轮载荷的作用下，容易造成尖轨的压溃和连续掉块（图 1.6）。

当车轮载荷作用在此处的钢轨上，由于十几吨的动载荷压在约为 100 mm^2 的钢轨接触斑上时，钢轨内部会产生较大的接触应力。若此时钢轨材料含有杂质或者出现异样时，会导致钢轨内部的裂纹或者空洞进一步的扩大，当车轮载荷反复作用在此处时，就会导致尖轨的断裂，如图 1.7 所示。这种情况是非常危险的，严重威胁铁路运输的安全性。

图 1.6　尖轨的连续掉块

图 1.7　尖轨的断裂

1.2.2　基本轨伤损类型及特点

转辙器区基本轨同样也存在着磨损磨耗，主要表现为轨顶的垂直磨耗与轨距角处的磨耗，如图 1.8 所示。经调研发现，很多列车在经过道岔区时，容易出现转向架构架横向报警，工务部门检查此道岔区钢轨结构时，发现此区域基本轨轨顶光带较宽，约为 45 mm，超过规定限值 30 mm。导致列车横向报警的可能原因：由于基本轨轨顶的垂直磨耗过大，导致轨顶出现“扁平”现象，钢轨接触点的范围增宽，导致轮对横移量过大，造成列车的横向失稳报警。此时需要对基本轨轨顶两侧的钢轨进行打磨作业，以保证接触光带居于轨顶中部，并且光带范围在 20～30 mm。

当转辙器区钢轨上的接触点的位置在轨距角方向时,容易出现钢轨轨距角的侧磨,这是由基本轨的轨顶较凹陷或者轮对横移量较大时导致的。为了将钢轨上的接触光带的位置居中,此时需要对钢轨轨距角处进行打磨,以保证轮轨接触点的位置发生在轨顶区域。

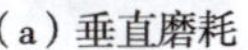
(a) 垂直磨耗

(b) 轨距角磨耗

图 1.8　基本轨的磨耗

转辙器区基本轨的接触表面金属发生的塑性变形,会导致钢轨的廓形发生一定的变化,也会导致滚动疲劳裂纹的萌生。当塑性变形达到一定的深度时,由于轮轨接触的剪应力和轮轨自旋蠕滑力的作用,滚动接触疲劳裂纹会沿着轨顶 45°的方向发展,就会出现不同程度的鱼鳞纹,如图 1.9 所示。当鱼鳞纹继续发展时,可能会导致钢轨的断裂,还会影响列车的舒适性。钢轨的磨耗和鱼鳞纹是相互抑制的关系,当钢轨磨耗较快时,会磨耗掉钢轨表面的微小鱼鳞纹;当滚动接触疲劳导致鱼鳞纹发展较快时,钢轨表面就以鱼鳞纹为主要的表现形式。一般而言,采取钢轨打磨作业的方式消除鱼鳞纹。

当钢轨表面出现斜裂纹时,如果没有及时进行钢轨打磨作业消除病害,裂纹萌生以后,由于钢轨经过了车轮反复的碾压,裂纹会在轮轨切向力作用下迅速发展。当基本轨内部的材料阻碍裂纹发展的能力较基本轨表面的材料阻碍裂纹发展的能力强时,裂纹会朝着钢轨表面发展。裂纹发展以后,再经过车轮的反复碾压,就会导致钢轨表面出现剥离掉块,如图 1.10 所示。一般通过最大切向力的幅值可以大致判断裂纹发展的方向和路径。当钢轨表面出现细微的斜裂纹时,应该及时进行预防性打磨,以最小的打磨量消除钢轨的缺陷。当钢轨发生剥离掉块后,就需要进行修复性打磨。此时,需要对钢轨的廓形进行打磨作业,以保证打磨量最小时,能消除钢轨伤损。若钢轨剥离掉块严重,需要及时更换新的钢轨,此时钢轨打磨技术不能完全消除缺陷。

图 1.9　基本轨的鱼鳞纹

图 1.10　基本轨的表面剥离

1.3 钢轨保护技术概述

铁路线路开通运营以后,由于车轮在钢轨上不断地碾压,钢轨会出现伤损是在所难免的。钢轨在即将出现伤损时或者已经出现伤损以后,需要对钢轨进行保护作业,以消除钢轨上的缺陷或者伤损,这就是钢轨保护技术的概念。钢轨保护技术主要包括:

(1)通过修正钢轨上的廓形,使轮轨接触点呈现合理的分布;

(2)在曲线上,修正上股和下股股道的廓形,以确保列车有足够大的轮径差,增加列车通过曲线的能力;

(3)通过修正廓形,确保列车在直线上有较高的稳定性,不会出现横向报警现象;

(4)使用钢轨润滑技术,控制轮轨间的摩擦系数,减少轮轨间的相互作用力。

总之,钢轨保护技术就是为了改善轮轨间不良的接触状态,确保列车运行的安全性和舒适性,并延长钢轨的使用寿命,减少铁路运输的后期维护成本,提高效率。

钢轨打磨作业是钢轨保护技术中最主要的养护方法,对钢轨进行打磨作业与直接更换伤损的钢轨相比,具有能源消耗低、维护成本低、作业时间短等特点。钢轨打磨作业的目的就是为了消除或者减轻钢轨已经出现的病害,延长钢轨的使用寿命,确保铁路运输的安全性和经济性最大。这对于降低铁路线路的后期维护成本、保证列车运行安全性和舒适性具有十分重要的意义。

道岔处的钢轨遭受着与区间线路上钢轨一样的情形:短沟纹、短波痕、长波痕、钢轨头轮廓塑性变形、表面疲劳问题(轨头检查)和表面损坏(碎石路基印记)。这些伤损病害将导致轮轨间产生更大的冲击作用,剧烈的冲击力又会加剧这些病害,这样会降低列车运行的舒适性,导致维护的工作量也大大增加。而道岔区钢轨的部件更多,轮轨接触更为复杂,道岔区钢轨更容易出现病害伤损,也增加了道岔部件维护的成本。

钢轨打磨技术经过不断的发展,很多钢轨打磨公司将钢轨打磨分为几个不同的阶段:预防性打磨、周期性打磨和修复性打磨。预防性打磨主要消除已有的某些微小缺陷,防止钢轨伤损的进一步扩大,比如:消除滚动接触疲劳、防止裂纹的萌生和发展。周期性打磨主要是针对开通运行的铁路,进行周期性的打磨作业,用于维护钢轨的廓形,提高钢轨表面的平顺性。修复性打磨主要针对已出现较大缺陷的钢轨进行横向廓形的修复,比如钢轨波磨、钢轨掉块、钢轨表面擦伤等。总之,钢轨打磨技术主要思想是在不增加已有维修工作量的前提下,延长钢轨的使用寿命,降低铁路运输的后期维护成本。

20 世纪我国铁路运输的速度较慢,我国钢轨打磨技术发展相应较为缓慢,缺少钢轨打磨技术的理论基础和实践经验。早期,我国打磨设备都是从国外进口,打磨技术也较为落后。如今,各铁路局集团公司都配备了打磨列车,分别针对高速、普速、重载进行打磨作业,中国国家铁路集团有限公司也制定了《铁路线路维修规则》,对打磨作业有相应要求。

钢轨打磨作业主要分为三个方面:打磨目的、打磨方式、打磨廓形。早期,研究人员主要关注钢轨的打磨目的和打磨方式,而打磨廓形大多是经验设计的廓形。钢轨打磨的目的主要是为了消除钢轨表面的伤损,改善轮轨关系;钢轨打磨的方式取决于钢轨的伤损程度、伤损类型、打磨深度等因素。近年来,随着高速列车和重载列车的运行,依靠经验来设计的钢轨打磨廓形缺少理论基础。因此,需要根据理论结合现场经验来设计打磨廓形,即每种钢轨伤损的打磨廓形应该不相同,针对每条线路应该设计个性化的打磨廓形。

2 钢轨打磨廓形设计基础理论

轮轨系统作为车辆系统和轨道系统的“纽带”，将车辆与轨道耦合在一起，轮轨间的作用力不仅传递到车辆和轨道上，影响车辆与轨道的振动，而车辆与轨道的振动又影响着轮轨间的作用力。轮轨型面的匹配性能的好坏直接影响轮轨系统，影响轮轨间的相互作用力。因此，道岔转辙器区钢轨的优化设计分析将从轮轨几何接触特征、轮轨准静态滚动接触以及车辆—道岔的动力学建模这几个方面进行描述，为后续的钢轨廓形优化设计提供基础和方向。

2.1 转辙器区轮轨几何接触算法

轮轨几何接触点计算时，首先需要给定车轮踏面外形和钢轨廓形，并且给定轮轨匹配时所需的参数，利用空间几何接触算法可得到轮轨接触点的位置及轮轨几何接触参数。现阶段轮轨空间接触点搜索常用的算法有迹线法和切片法，下面将对比迹线法和切片法分别计算接触点位置及接触参数，并得到转辙器区轮轨空间接触点的最佳算法。

对轮轨几何接触关系进行分析时，需要将车轮和钢轨外形统一到整体坐标系下。规定轮轨系统的整体坐标系符合右手定则，原点选取为轨顶水平线与线路中心线的交点；车辆前进方向为 x 轴；原点指向右侧钢轨为 y 轴；垂直于 xOy 平面向下为 z 轴。

轮轨接触点的搜索算法有以下两点假设：

(1)不考虑车轮和钢轨的弹性，左右侧的接触点有且只有一个；

(2)车轮始终贴靠钢轨运行而不脱离。

2.1.1 迹线法

迹线法的基本思想是暂时不考虑钢轨外形，仅考虑轮对的位置(摇头角、侧滚角)及踏面的主轮廓线的线型，而可能的接触点均在以主轮廓线绕轮轴中心线一周而形成的旋转曲面上，并且每个滚动圆上仅有一个可能的接触点。这些接触点在空间上是一条曲线，即把旋转曲面上搜索接触点转化为在曲线上搜索接触点的问题，可在很大程度上简化计算方法，提高计算效率。

迹线法示意如图 2.1 所示，以轮对右侧车轮为例，xOy 为水平面、O 为整体坐标系的原点、O_{w} 为轮对中心线、O_{c} 为滚动圆中心、C 为滚动圆最低点、ϕ_{w} 为轮对侧滚角、ψ_{w} 为轮对摇头角、δ_{r} 为接触角(锥角)、r_{r} 为滚动圆半径、C_{r} 为空间接触点、y_{w} 为轮对的横移量、d_{w} 为轮对局部坐标系中滚动圆的横向坐标。根据图 2.1 分析可知，接触点 C_{r} 在整体坐标系下的表达式为

$$\begin{cases} x=x_{OC}+l_x r_{\mathrm{r}}\tan\delta_{\mathrm{r}} \\ y=y_{OC}-\dfrac{r_{\mathrm{r}}}{1-l_x^2}(l_x^2 l_y\tan\delta_{\mathrm{r}}+l_z m) \\ z=z_{OC}-\dfrac{r_{\mathrm{r}}}{1-l_x^2}(l_x^2 l_z\tan\delta_{\mathrm{r}}-l_y m) \end{cases} \tag{2.1}$$

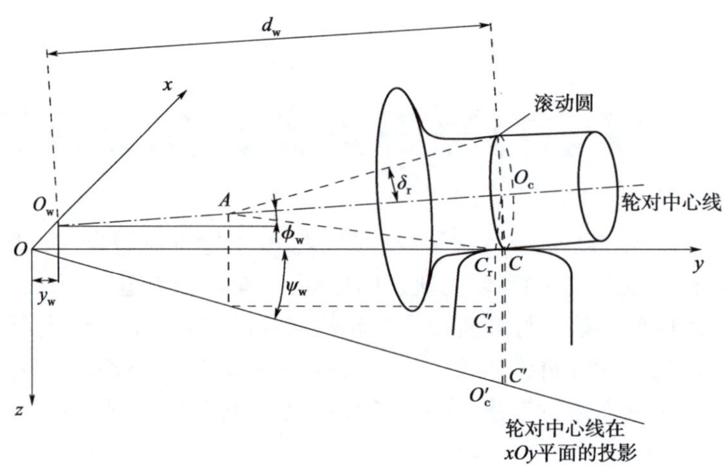

图 2.1　迹线法示意

式中，$m=\sqrt{1-l_x^2(1+\tan^2\delta_r)}$；$l_x$、$l_y$、$l_z$ 分别为 x、y、z 的方向余弦，即

$$\begin{cases}l_x=-\cos\phi_w\sin\psi_w\\l_y=\cos\phi_w\cos\psi_w\\l_z=\sin\phi_w\end{cases}\tag{2.2}$$

滚动圆的坐标为

$$\begin{cases}x_{OC}=d_w l_x\\y_{OC}=d_w l_y+y_w\\z_{OC}=d_w l_z\end{cases}\tag{2.3}$$

迹线法在计算空间接触点时，只是考虑轮对的摇头，而将钢轨的廓形沿 x 轴方向视为不变。但是在道岔区，钢轨的廓形沿着纵向是变化的，即使不考虑轮对的摇头，轮轨空间的接触点也可能不在车轮的主轮廓线上。

2.1.2　切片法

切片法的基本思想是将车轮和钢轨均考虑为三维实际形状，然后利用平行于车轴中心线平面切割车轮和钢轨，再在 yOz 平面依照平面问题的求解方法求取轮轨接触点和接触参数，切片法示意如图 2.2 所示。

当轮对无摇头角时，过车轮轴线的切片面的俯视图为 O_wAB 线，轮对有摇头角之后，切片面的俯视图为 $O_wA'B'$线，由空间几何可知：钢轨轮廓线 AB 上任意一点 C，与相对应的等高线 C'之间有如下关系：

$$\begin{cases}x_{C'}=x_C\\y_{C'}=y_C/\cos\psi_w\\z_{C'}=z_C\end{cases}\tag{2.4}$$

式中，x_C、y_C、z_C 和 $x_{C'}$、$y_{C'}$、$z_{C'}$分别为 O_wxyz 和 $O_wx'y'z'$坐标系下的坐标。

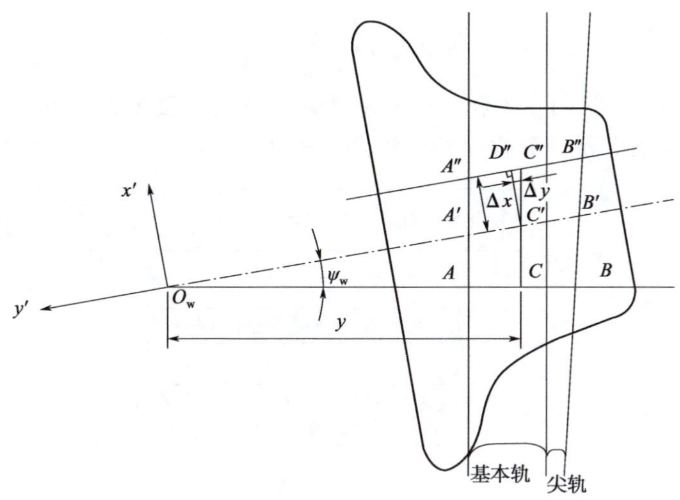

图 2.2 切片法示意

与平面 $O_wA'B'$ 在纵向上相距 Δx 的切平面 $O_wA''B''$，则切平面上 C'' 与等高的 C' 有如下关系：

$$\begin{cases} x_{C''}=x_{C'}+\Delta x \\ y_{C''}=y_{C'}+\Delta y=y_{C'}+\Delta x\tan\psi_w \\ z_{C''}=z_{C'} \end{cases} \tag{2.5}$$

式中，$x_{C'}$、$y_{C'}$、$z_{C'}$ 和 $x_{C''}$、$y_{C''}$、$z_{C''}$ 均为 $O_wx'y'z'$ 坐标系下的坐标。

为了方便搜索轮轨间的接触点，需要将车轮竖直向上平移一段距离，这样直接计算车轮踏面与钢轨廓形在竖直方向的差值，并分别得到左右侧的最小垂向距离 $d_{l,\min}$ 和 $d_{r,\min}$，同时找出左右侧最小值的位置，如图 2.3 所示。

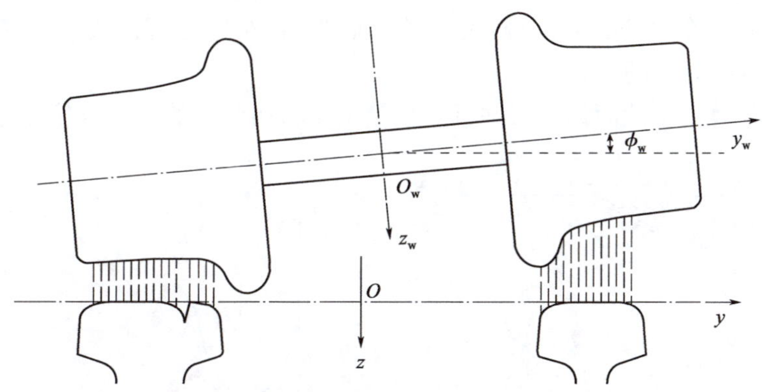

图 2.3 最小距离搜索轮轨接触点示意

根据车轮始终贴靠钢轨运行而不脱离这一假设，可知，左右侧竖向距离最小值处才有可能是接触点的位置。若此时左右侧 $d_{l,\min}$ 和 $d_{r,\min}$ 的差值满足某一精度（本书取 0.001 mm），则左右侧搜索到的最小值点才是真正的接触点，即

$$|d_{l,\min}-d_{r,\min}|\leqslant\varepsilon \tag{2.6}$$

当不等式(2.6)不满足要求时，此时需要调整轮对的侧滚角。每次调整轮对侧滚角之后，需要依据上述的方法重新搜索左右侧竖向的最小值，直到精度满足式(2.6)为止。

$$\phi_{w} = \phi_{0} + \sum_{j=1}^{N} \left(\frac{d_{l,\min} - d_{r,\min}}{y_{r,\min} - y_{l,\min}} \right)_{j} \tag{2.7}$$

式中，ϕ_0 为轮对的初始侧滚角；j 为轮对第 j 次调整；N 为轮对需要调整的次数。

道岔转辙器区轮轨关系计算程序的流程图如图 2.4 所示。

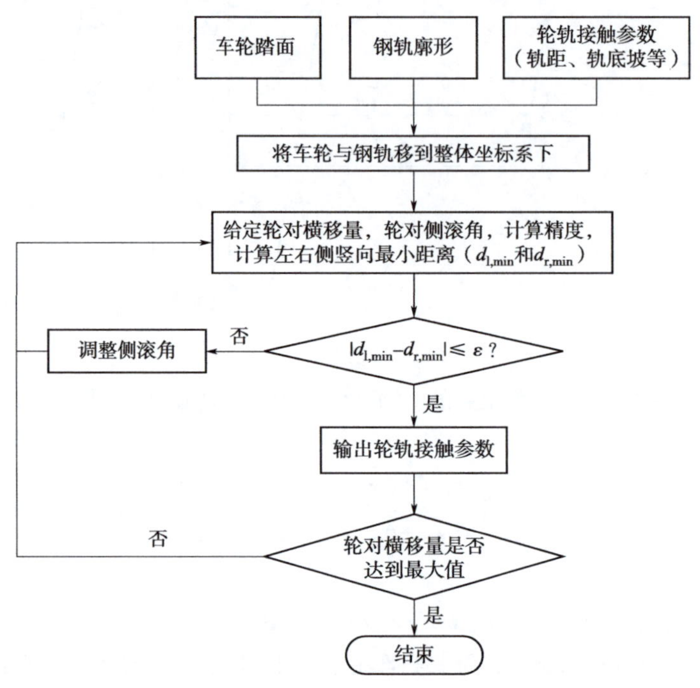

图 2.4 轮轨关系计算程序的流程图

以某 12 号普速道岔 CN60-350-1∶12(曲线半径 350 m，辙叉角为 1∶12)尖轨尖宽为 20 mm 时为钢轨廓形，LM 型车轮踏面为例，假设无轮对摇头角，对比分析迹线法与切片法的计算结果，分别如图 2.5 和图 2.6 所示。

利用迹线法计算一个截面约 1 s，并且直接输出轮轨接触点的位置及轮径差曲线。

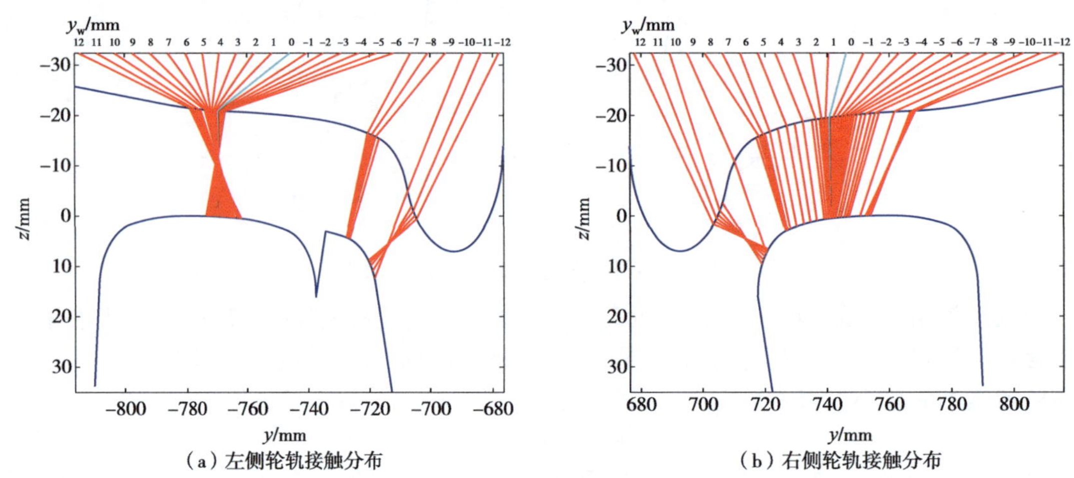

（a）左侧轮轨接触分布　（b）右侧轮轨接触分布

图 2.5 迹线法计算结果

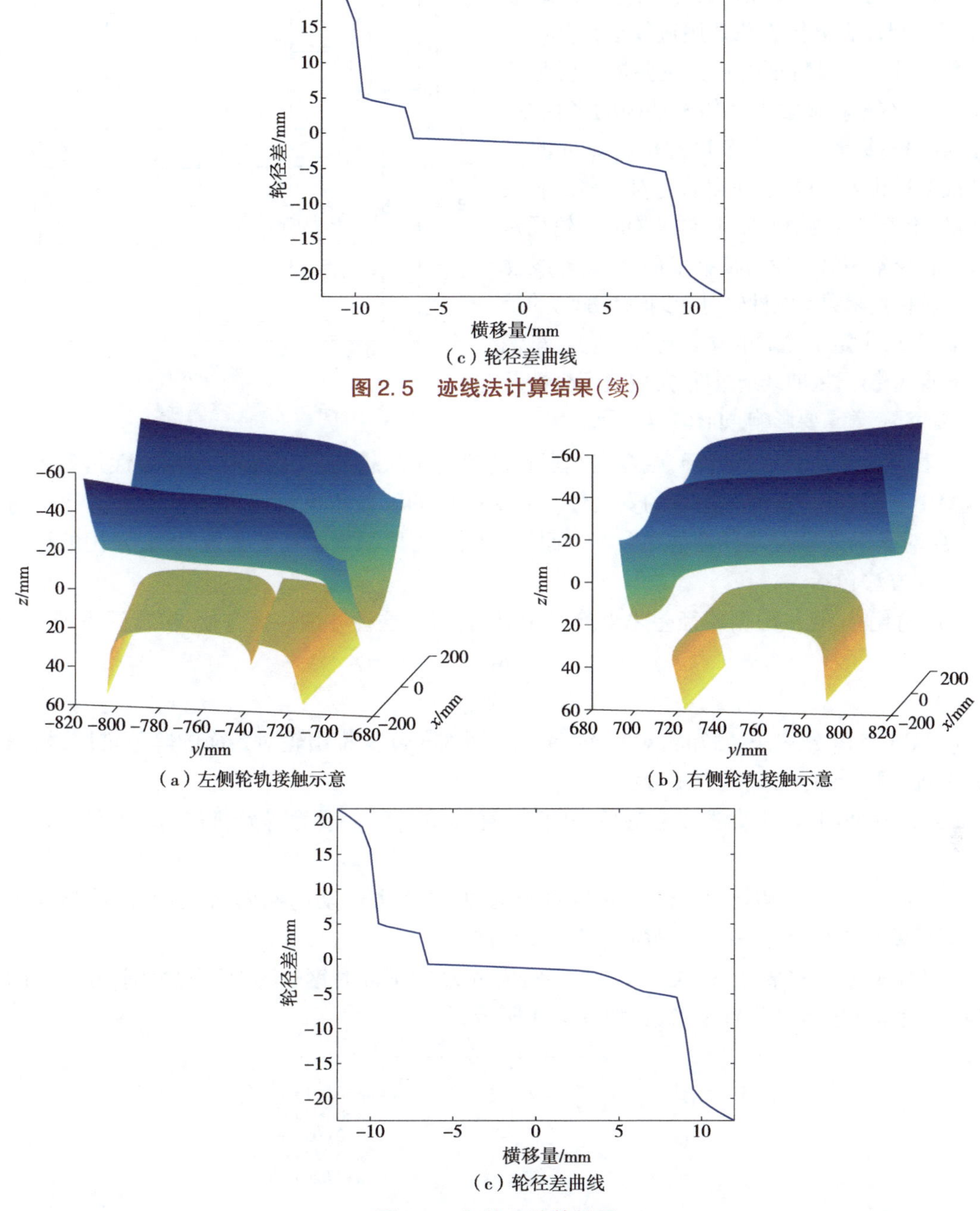

（c）轮径差曲线

图 2.5 迹线法计算结果(续)

（a）左侧轮轨接触示意

（b）右侧轮轨接触示意

（c）轮径差曲线

图 2.6 切片法计算结果

纵向切片间距选取 1 mm 为间隔，利用切片法计算一个截面约 15 s。对转辙器区钢轨计算分析发现，在不考虑轮对摇头角时，车轮上的接触点仍然在车轮的主轮廓线上。但是对辙叉区钢轨计算时发现，即使不考虑轮对摇头角，车轮上的接触点的位置也不完全在车轮的主轮廓线上，在心轨尖端时，车轮上的接触点会出现超前接触现象。出现这种现象的主要原因是，该道岔的转辙器区较长，且尖轨廓形的变化率较为缓慢，而辙叉区心轨较短，心轨廓形沿纵向变化率较快。

迹线法较切片法计算速率更快，并且在转辙器区利用迹线法和切片法计算的结果无明显区别。综上对比,在转辙器区钢轨与车轮廓形的几何匹配计算分析方法选用迹线法计算。

轮轨几何接触特征的一个主要指标就是轮径差,即左右车轮接触点处的滚动圆的半径差。当轮对有横移量时,左右车轮的接触点处的滚动圆的半径也发生改变,可以将轮对横移量看成自变量,轮径差看成因变量,这样就构成了轮径差函数。轮径差相对于轮对横移量而言,是非线性函数。轮径差函数是刚性轮对和钢轨匹配时的重要性能指标,决定了轮对的动态特性。它对车辆运行的直线稳定性、曲线通过性、抗脱轨安全性及轮轨磨耗都有着重要影响,如图 2.7 所示。

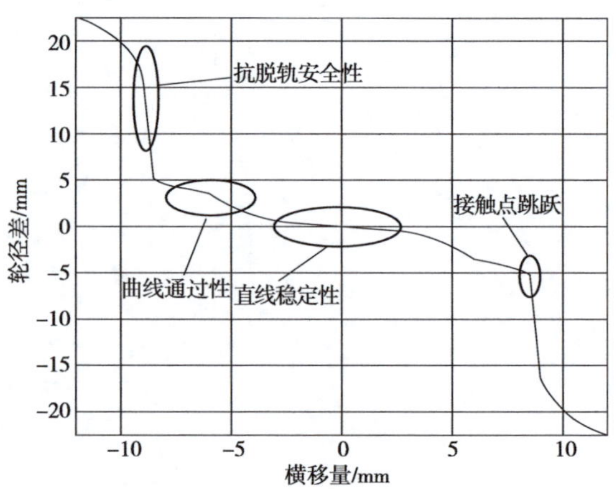

图 2.7　轮径差曲线

随着高速铁路的开通运行,旅客列车运行的速度越来越高,车辆运行的稳定性是列车速度的重要影响因素,关系列车运行的安全性。轮对踏面的等效锥度可以直接影响车辆运行的临界速度,对车辆的稳定性有着重要影响。而等效锥度可以根据轮径差函数得到,常用的计算等效锥度的方法包括:

(1)简化法:直接根据轮径差之半除以轮对横移量,这种方法快捷方便,被广泛采纳。

$$\lambda = \frac{R_l - R_r}{2y_w} \tag{2.8}$$

(2)UIC 519 公式法:已知轮对的蛇行波长,用 Kingel 反推出轮对踏面的等效锥度,根据对轮径差进行积分得到,又称为积分法。

(3)线性回归法:用直线拟合轮径差曲线,直线的斜率一般为等效锥度,其精度略高于简化法。

(4)简谐线性法:假设轮对的运动是简谐运动,则一个运动周期内,轮径差函数与等效锥度之间误差平方值最小,然后通过时域积分求解。

以 LM 型踏面和某 CN60-350-1 : 12 尖轨尖宽为 20 mm 时钢轨廓形匹配为例,分析不同摇头角下,轮轨接触点的位置及参数,如图 2.8 所示。

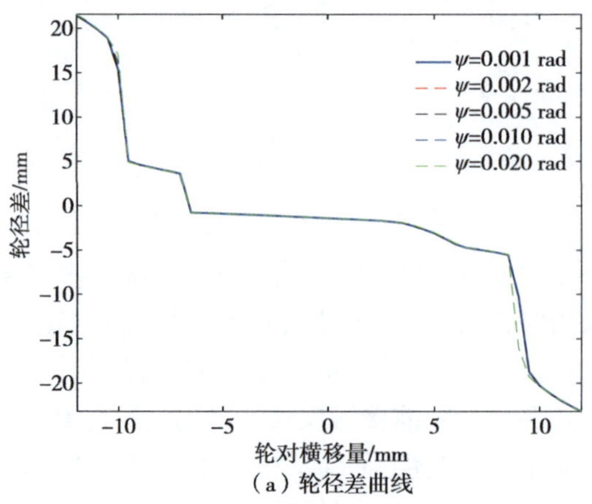

(a)轮径差曲线

图 2.8　轮轨接触分布结果

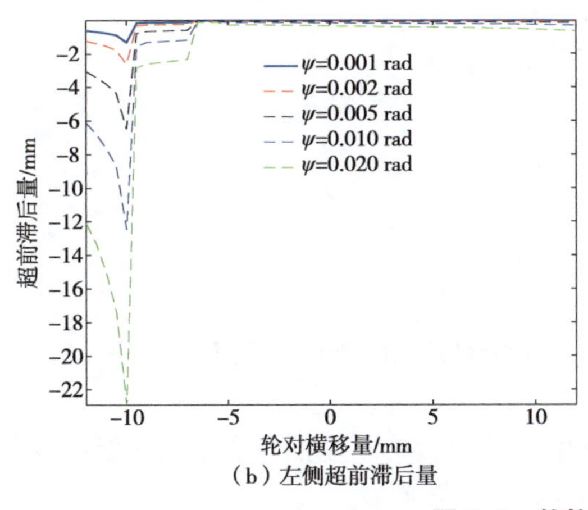

（b）左侧超前滞后量

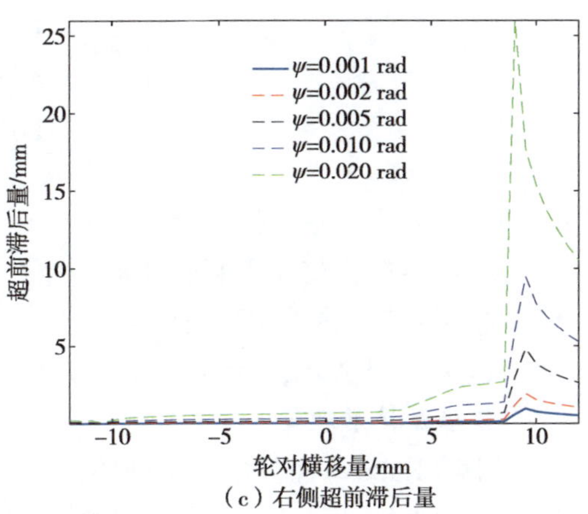

（c）右侧超前滞后量

图 2.8　轮轨接触分布结果(续)

从图 2.8 可知，在轮对有摇头角的情况下，轮径差曲线基本无变化，但是会导致轮轨接触点会出现“超前”和“滞后”现象。这说明，轮对摇头角对轮轨几何接触特征曲线的影响较小，这与文献[42]分析一致。这也是后续章节钢轨廓形优化设计时，不考虑轮对摇头角的原因。

2.2　轮轨滚动接触理论

2.2.1　轮轨法向接触力学

法向接触力学是为研究两个弹性体在一定的法向力的作用下，两物体间发生的接触行为所产生的接触应力的分布、接触斑的大小及形状。

1. 赫兹接触理论

根据经典赫兹接触理论，假设轮轨接触为弹性无限半空间，轮轨在接触点处的变形可忽略，车轮和钢轨是两个相互垂直的弹性圆柱体，两者的接触面是一个椭圆形，其最大应力发生在椭圆接触斑的中心，即

$$P_0=\frac{3P}{2\pi ab} \tag{2.9}$$

式中　P——椭圆形接触斑上的总压力；

a——椭圆形接触斑上的长半轴；

b——椭圆形接触斑上的短半轴。

接触斑上的长半轴 a、短半轴 b 可由式(2.10)求得

$$\begin{cases} a=m\left[\dfrac{3(1-\nu^2)P}{2E(A+B)}\right]^{1/3} \\ b=n\left[\dfrac{3(1-\nu^2)P}{2E(A+B)}\right]^{1/3} \end{cases} \tag{2.10}$$

式中　m,n——按赫兹接触理论计算轮轨接触应力的系数；

E——弹性模量；

ν——泊松比。

对于系数 A、B 可由式(2.11)求得

$$\begin{cases} A+B=\dfrac{1}{2}\left(\dfrac{1}{R_{\mathrm{w1}}}+\dfrac{1}{R_{\mathrm{w2}}}+\dfrac{1}{R_{\mathrm{r1}}}+\dfrac{1}{R_{\mathrm{r2}}}\right) \\ A-B=\dfrac{1}{2}\left(\dfrac{1}{R_{\mathrm{w1}}}-\dfrac{1}{R_{\mathrm{w2}}}+\dfrac{1}{R_{\mathrm{r1}}}-\dfrac{1}{R_{\mathrm{r2}}}\right) \end{cases} \tag{2.11}$$

式中 R_{w1}——车轮滚动圆半径；

R_{w2}——车轮踏面横断面外形半径；

R_{r1}——钢轨横断面外形半径；

R_{r2}——钢轨纵断面半径，钢轨纵断面为平直，因此钢轨纵断面的半径为∞。

2. 非赫兹接触理论

卡尔克(Kalker)在弹性半空间体的假设下，利用力学的虚功原理推导了滚动接触问题的余能虚功原理，利用二次规划算法求解了这种无约束的凸函数问题。

假设两个弹性物体相互作用并发生滚动接触，接触而形成的接触斑为平面，则两物体发生滚动接触需要满足力的平衡问题、接触条件、库仑定律等，则有

$$\begin{cases} \sigma_{ij,j}^{k}+f_{i}^{k}=0 \\ \sigma_{ij}^{k}n_{j}^{k}=p_{j}^{k} \\ u_{i}^{k}=u_{k}^{k} \\ |p_{3}^{k}|g\geqslant 0 \\ p_{r}^{k}=-bS_{r}^{k}/|S_{r}^{k}| \\ A_{k}=A_{pk}\cup A_{uk}\cup A_{ok}\cup A_{fk} \end{cases} \tag{2.12}$$

式中，$\sigma_{ij,j}^{k}$ 为应力梯度，$\sigma_{ij,j}^{k}=\partial\sigma_{ij}^{k}/\partial x_{j}$；$f_{i}^{k}$为单位体积力；$n_{i}^{k}$ 为力边界面方向余弦；p_{j}^{k} 为已知的边界力；$|p_{3}^{k}|$为相接触质点之间切向力的绝对值；u_{ik}^{k} 为位移梯度，$u_{ik}^{k}=\partial u_{i}^{k}/\partial x_{j}$；$g$ 为两物体接触面出的法向间隙；b 为 Coulomb 摩擦力极限值；S_{r} 为接触质点对之间的总的相对滑动量；A_{k} 为物体的表面积；A_{pk}、A_{uk}、A_{ok}、A_{fk} 分别为物体已知力的边界、已知位移的边界、未知的接触边界和自由边界。

利用变分原理可以推导出滚动接触问题的余能原理，并且取得最小值，即

$$\min C=\sum_{k=1,2}\left(\int_{V_{k}}0.5C_{ijke}\sigma_{ij}^{k}\sigma_{kl}^{k}\mathrm{d}v-\int_{A_{uk}}u_{i}p_{i}\mathrm{d}A\right)+\int_{A_{ok}}[p_{3}(h-p)+(W_{\mathrm{r}}-u_{\mathrm{r}})]\mathrm{d}A \tag{2.13}$$

式中，C_{ijke} 为弹性常数矩阵逆的元素；C_{1} 为接触区；W_{r} 为接触斑相接触点对之间刚性滑动量；u_{r} 为接触点对当前时刻的切向弹性位移差；V_{k} 为物体的体积。

根据弹性半空间的假设，当两弹性体的接触斑的尺寸远小于物体自身的几何尺寸时，将可能的接触区域离散成均匀的网格，如图 2.9 所示。

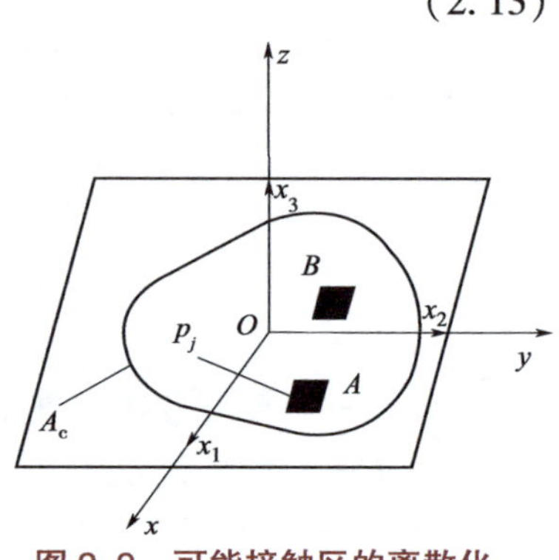

图 2.9 可能接触区的离散化

根据 Bossinesq-Cerruti 公式，可得出 B 弹性位移为

$$u_{i}^{k}=\iint_{A_{\mathrm{c}}}A_{ij}^{k}(y-x)p_{j}^{k}\mathrm{d}y_{1}\mathrm{d}y_{2} \tag{2.14}$$

式中，A_{ij}^k 为影响函数，表示 A 离散网格处 j 方向的单位力引起 B 离散网格在 i 处的位移；p_j 为 A 离散网格内的面力，则式(2.14)有

$$u_i^k(x_{J\alpha}) = \sum_{J=1}^{M} \iint_j A_{ij}^k(y_{J\alpha} - x_{J\alpha}) p_{Jj}^k \mathrm{d}y_\Delta \mathrm{d}y_\Delta \tag{2.15}$$

式中，M 为可能的离散网格的个数；$x_{J\alpha}$ 为单元网格 J 的中心坐标。

将式(2.15)代入式(2.13)中，可得

$$\begin{cases} \min\limits_{P_{Jj}} C = 0.5P_{Ii}A_{IiJj}p_{Jj} + [(g_{0J} - q)p_{J3} + (W_{J\tau} - u_{J\tau})p_{J\tau}]A \\ p_{J3} \geqslant 0, \quad |P_{Jj}| \leqslant B_J, \quad \forall x \in A_c \\ A_0 \sum\limits_{J}^{M} P_{J3} = P \end{cases} \tag{2.16}$$

式中，g_{0J} 为变形前单元网格 J 的初始法向间隙；A_{IiJj} 是单元网格 I、J 表面积；$p_{J\tau}$ 为单元网格 J 中心处总的边界力；q 为两物体由于挤压变形在法向上的接近量，p_{J3} 为单元网格 J 中心处 x_3 轴方向的边界力；$W_{J\tau}$ 为单元网格 J 中心处总的刚性滑动量；$u_{J\tau}$ 为单元网格 J 中心处切向弹性位移差；A 为矩形单元面积；B_J 为单元网格 J 的 Coulomb 极限摩擦力；A_c 是接触区内面积；P 是接触斑上总法向力。

引入拉格朗日(Lagrange)乘子 $\lambda_{Jl}(l=2,3)$，可以得到

$$\begin{cases} \partial\phi/\partial p_{Jj} = 0, & J = 1,2,\cdots,M; \quad j = 1,2,3 \\ b_j - |P_{J_1\tau}| = 0, & J_1 \in \{\boldsymbol{O}\} \text{ 或 } J_1 \in \{\boldsymbol{S}\} \\ P_{J_2 3} = 0, & J_2 \in \{\boldsymbol{O}\} \\ \lambda_{J_3 2} = 0, & J_3 \in \{\boldsymbol{H}\} \\ \lambda_{J_4 3} = 0, & J_4 \in \{\boldsymbol{C}\} \\ P - A_0 \sum P_{J3} = 0 \end{cases} \tag{2.17}$$

式中，$\{\boldsymbol{O}\}$ 为接触区域外的分析区域；$\{\boldsymbol{S}\}$ 为滑动区；$\{\boldsymbol{H}\}$ 为黏着区；$\{\boldsymbol{C}\}$ 为接触中单元编号的集合。

3. 法向接触理论的应用

根据赫兹接触理论和 Kalker 的非赫兹滚动接触理论，利用 MATLAB 软件编制了相应的计算程序。以某 12 号普速道岔 CN60-350-1∶12(曲线半径 350 m，辙叉角为 1∶12)尖轨尖宽为 20 mm 时为钢轨廓形，LM 型车轮踏面为例，假设轴重为 17 t，分析尖轨侧接触斑的形状、大小以及法向接触应力的分布。选取轮对横移量分别为 0、−3 mm、−6 mm、−9 mm 时，计算结果如图 2.10~图 2.13 所示。

可见，赫兹接触理论计算的结果与非赫兹接触理论计算的结果存在一定的差异，主要原因是，赫兹接触理论在计算时，需要计算车轮和钢轨廓形的半径，而车轮和钢轨上的半径存在跳跃现象，而非赫兹接触理论主要是计算接触斑附近的法向间隙，因此非赫兹接触理论计算的结果比赫兹计算的结果较为准确。但是，两种理论计算的轮轨间的最大接触应力的变化趋势相同，并且赫兹接触计算所需要的时间比非赫兹接触计算所需要的时间短很多。赫兹接触理论直接建立了钢轨廓形的半径与接触应力之间的关系，这为后续依据接触应力设计钢轨廓形提供了快捷的方法。

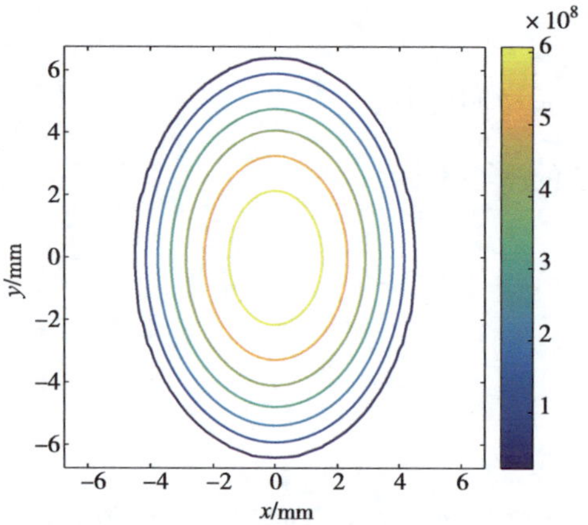

（a）赫兹接触斑

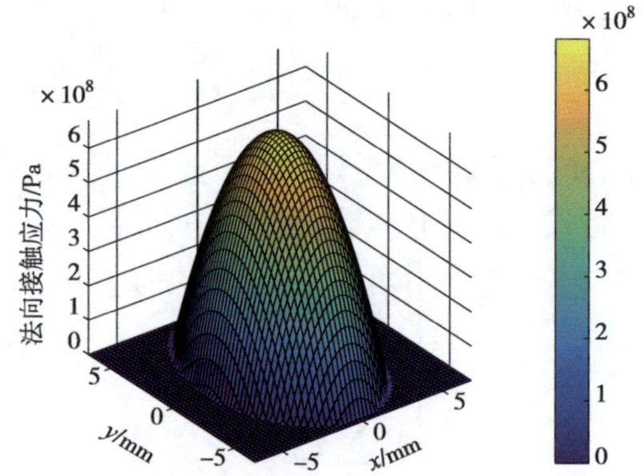

（b）赫兹接触应力的分布

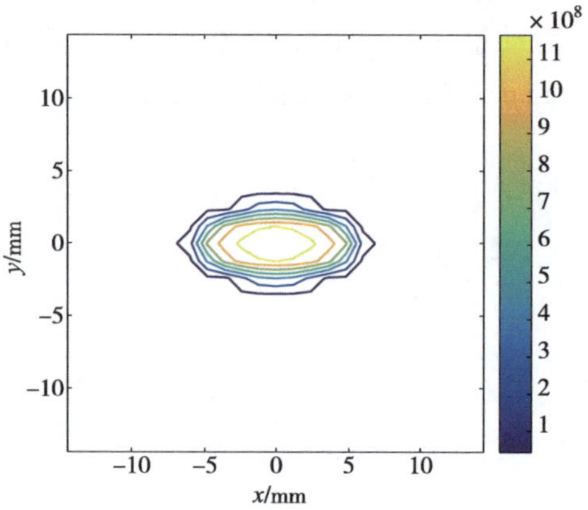

（c）非赫兹接触斑

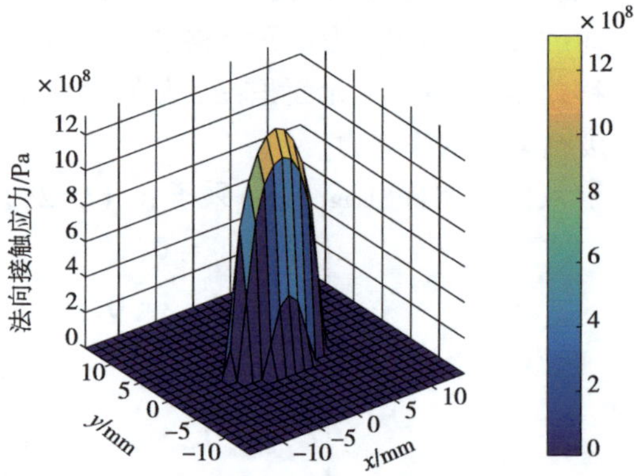

（d）非赫兹接触应力的分布

图 2.10　轮对横移量为 0 时计算结果

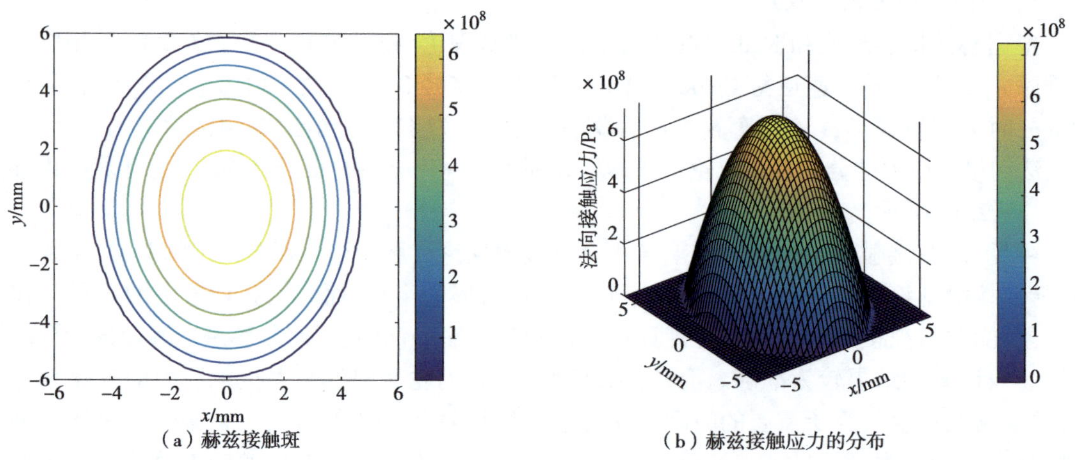

（a）赫兹接触斑

（b）赫兹接触应力的分布

图 2.11　轮对横移量为-3 mm 时计算结果

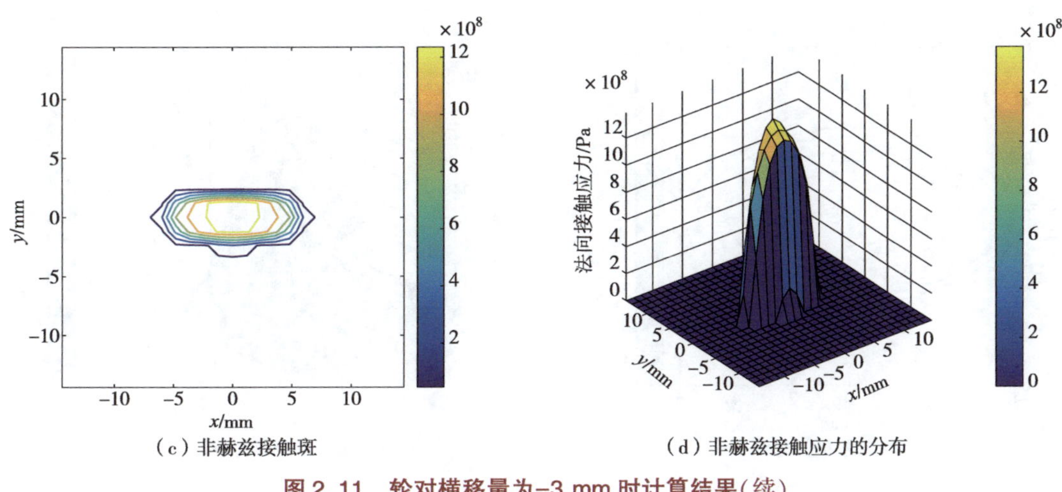

（c）非赫兹接触斑　　（d）非赫兹接触应力的分布

图 2.11　轮对横移量为−3 mm 时计算结果(续)

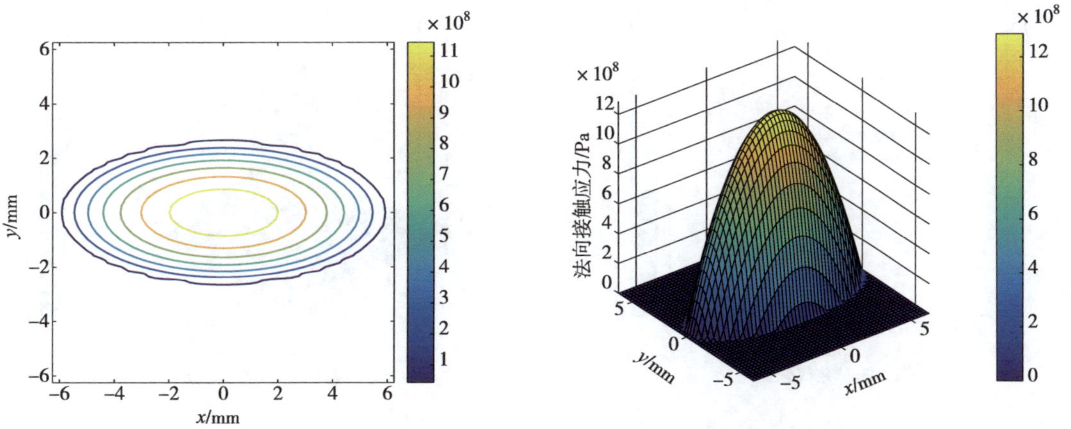

（a）赫兹接触斑　　（b）赫兹接触应力的分布

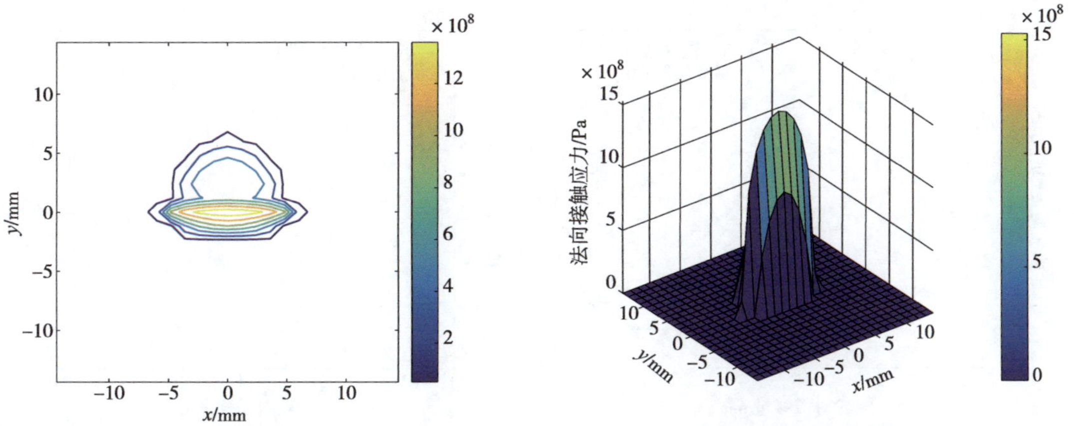

（c）非赫兹接触斑　　（d）非赫兹接触应力的分布

图 2.12　轮对横移量为−6 mm 时计算结果

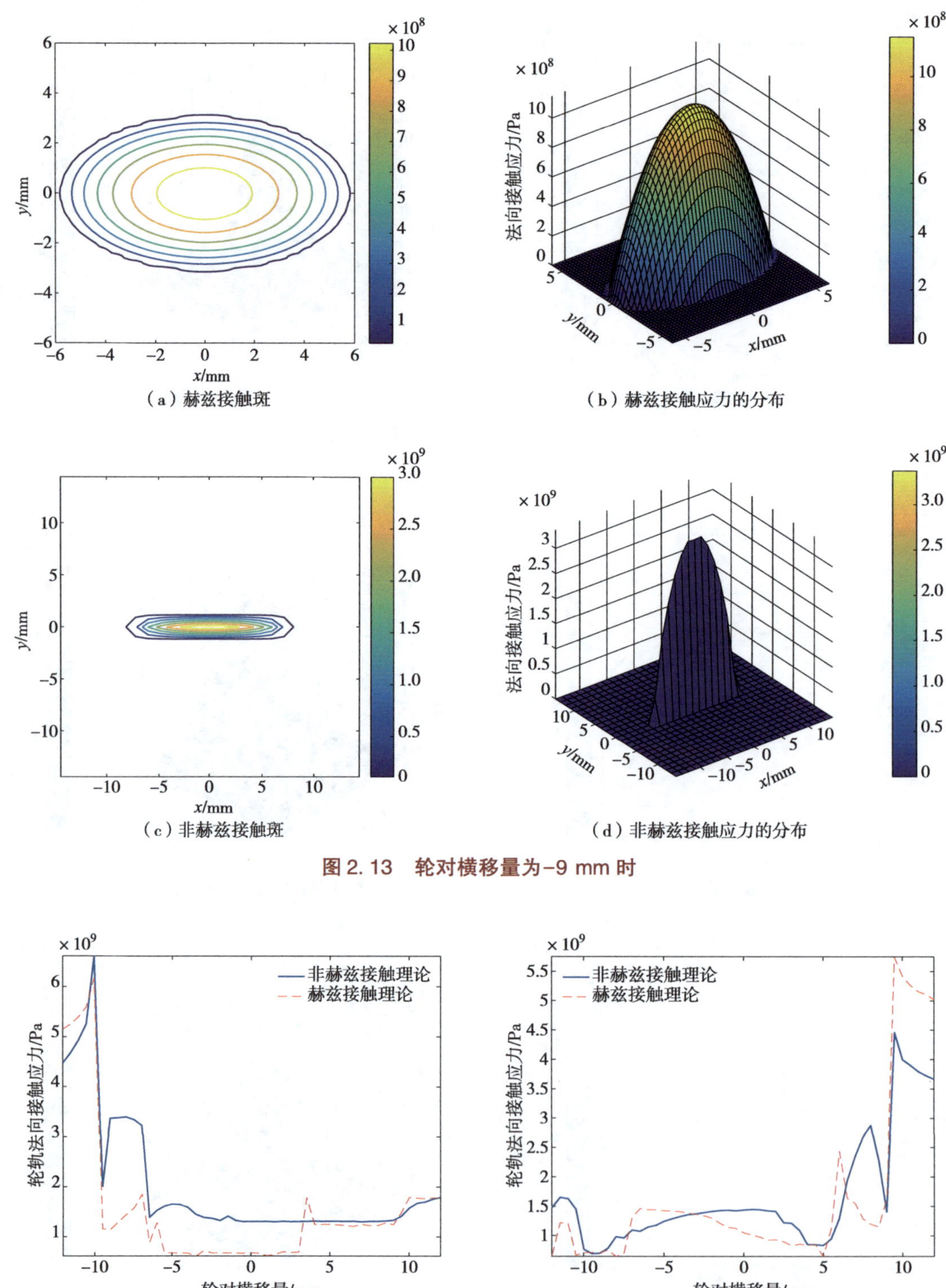

（a）赫兹接触斑 （b）赫兹接触应力的分布

（c）非赫兹接触斑 （d）非赫兹接触应力的分布

图 2.13　轮对横移量为-9 mm 时

（a）左侧轮轨接触应力 （b）右侧轮轨接触应力

图 2.14　法向轮轨间最大接触应力

2.2.2 轮轨切向接触力学

1. Kalker 线性蠕滑理论

根据 Kalker 线性蠕滑理论,轮轨纵向蠕滑力 F_x、横向蠕滑力 F_y、旋转蠕滑力矩 M_z 在线性范围内可以表示为

$$\begin{cases}F_x=-f_{11}\xi_x\\ F_y=-f_{22}\xi_y-f_{23}\xi_\phi\\ M_z=f_{23}\xi_y-f_{33}\xi_\phi\end{cases} \tag{2.18}$$

式中,f_{ij} 为蠕滑系数,由式(2.19)确定:

$$\begin{cases}f_{11}=G(ab)C_{11}\\ f_{22}=G(ab)C_{22}\\ f_{23}=G(ab)^{3/2}C_{23}\\ f_{33}=G(ab)^2C_{33}\end{cases} \tag{2.19}$$

式中,G 为轮轨材料的合成剪切模量;a、b 分别为接触椭圆的长半轴和短半轴;C_{ij} 为系数。

2. SHEN-Herdrick-Elkins 非线性蠕滑理论

在不考虑自旋的情况下,Vermeulen-Johnson 理论(简称 V-J 理论)模型是理想的三维赫兹非线性蠕滑率/力计算模型。通常滚动接触物之间除了有刚性滑动外,也同时存在相对转动。利用 V-J 理论求解轮轨滚动接触问题会产生误差,因此,沈志云、Hedrick 和 Elkins 对 V-J 非线性蠕滑定律进行了修正,形成 SHEN-Herdrick-Elkins 非线性蠕滑理论。

由于轮轨大蠕滑,在大自旋条件下,轮轨接触表面切向力 F_R 趋向饱和,滑动率和力之间的线性关系将不存在。纵向蠕滑力 F_x 和横向蠕滑力 F_y 合力为

$$F_R=\sqrt{F_x^2+F_y^2} \tag{2.20}$$

考虑轮轨摩擦系数 f 受到摩擦热等影响,f 为接触斑滑动速度的函数,即

$$f=\frac{f_s}{1+\nu_c F} \tag{2.21}$$

式中,f_s 为轮轨之间的静摩擦系数;ν_c 为接触斑的滑动速度;F 为温度影响系数。

令

$$F_R'=\begin{cases}fN\left[\dfrac{F_R}{fN}-\dfrac{1}{3}\left(\dfrac{F_R}{fN}\right)^2+\dfrac{1}{27}\left(\dfrac{F_R}{fN}\right)^3\right], & F_R\leqslant 3fN\\ fN, & F_R>3fN\end{cases} \tag{2.22}$$

式中,N 为接触斑正压力。

引入修正系数

$$\varepsilon=\frac{F_R'}{F_R} \tag{2.23}$$

则得到修正后的蠕滑力/力矩为

$$\begin{cases}F_x'=\varepsilon F_x\\ F_y'=\varepsilon F_y\\ M_z'=\varepsilon M_z\end{cases} \tag{2.24}$$

2.3 车辆—道岔变截面建模

针对优化设计后的钢轨廓形，不仅需要从轮轨静态几何接触的角度进行评价，还需要考虑优化后的轮轨系统在车辆运行的实际条件下的响应。因此，需要建立车辆—道岔的变截面模型，校核优化后的车辆过岔的动力学响应。

2.3.1 车辆系统的建模

选取某 4 轴客车作为仿真计算的动力学模型，车辆各自由度的计算简图如图 2.15 所示。

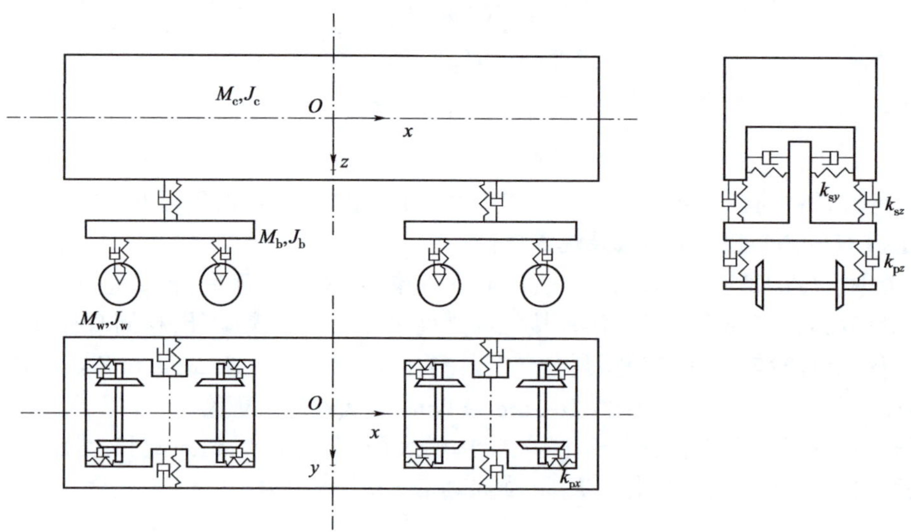

图 2.15 某 4 轴客车的计算简图

通常一辆客车车辆具有两台转向架，采用二系悬挂方式，一共考虑 35 个自由度，自由度描述详见表 2.1。

表 2.1 计算模型的自由度

刚 体	横 移	侧 滚	摇 头	浮 沉	点 头	备 注
车体	y_c	ϕ_c	ψ_w	z_c	β_c	
转向架	y_{bi}	ϕ_{bi}	ψ_{wi}	z_{bi}	β_{bi}	$i=1,2$
轮对	y_{wi}	ϕ_{wi}	ψ_{wi}	z_{wi}	β_{wi}	$i=1,2,3,4$

采用矩阵组装法组建车辆的动力学模块，车辆系统的矩阵组装法可以描述为

$$\boldsymbol{M}\ddot{\boldsymbol{x}}+\boldsymbol{C}\dot{\boldsymbol{x}}+\boldsymbol{K}\boldsymbol{x}=\boldsymbol{F} \tag{2.25}$$

式中，$\boldsymbol{M}$ 为质量惯量矩阵，$\boldsymbol{M}=\boldsymbol{M}_{tr}^{T}\boldsymbol{M}_{ii}\boldsymbol{M}_{tr}$；$\boldsymbol{C}$ 为阻尼矩阵，$\boldsymbol{C}=\boldsymbol{C}_{tr}^{T}\boldsymbol{C}_{ii}\boldsymbol{C}_{tr}$；$\boldsymbol{K}$ 为刚度矩阵，$\boldsymbol{K}=\boldsymbol{K}_{tr}^{T}\boldsymbol{K}_{ii}\boldsymbol{K}_{tr}$；$\boldsymbol{F}$ 为外力矩阵，$\boldsymbol{F}=\boldsymbol{F}_s+\boldsymbol{F}_{wr}+\boldsymbol{F}_{ig}+\boldsymbol{F}_c$；$\boldsymbol{F}_s$ 为线路不平顺引起的外力；$\boldsymbol{F}_{wr}$ 为轮轨力；$\boldsymbol{F}_{ig}$ 为惯性力和科里奥利力；$\boldsymbol{F}_c$ 为悬挂力；$\boldsymbol{M}_{ii}$、$\boldsymbol{C}_{ii}$、$\boldsymbol{K}_{ii}$ 为质量惯量、阻尼、刚度的对角矩阵；$\boldsymbol{M}_{tr}$、$\boldsymbol{C}_{tr}$、$\boldsymbol{K}_{tr}$ 为质量惯量、阻尼、刚度的关联矩阵；$\boldsymbol{x}$ 为位移向量。

轮轨力主要分为法向力和切向力，切向力根据前面介绍的蠕滑力求解，法向力是根据求解轮对的动平衡方程。轮对受力分析如图 2.16 所示。

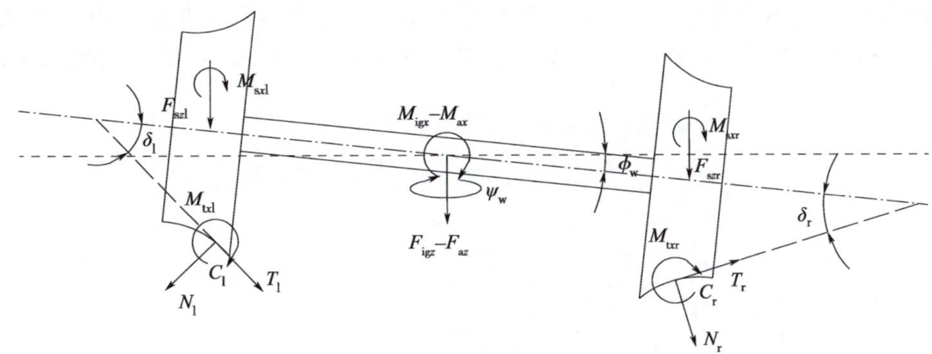

图 2.16　轮对受力分析

图中只有轮对左右两侧的法向力为未知，需要利用 2 个方程来求解，根据轮对受力平衡和绕轮对中心求力矩可以得到两个方程，即

$$\begin{pmatrix}\cos(\delta_r+\phi_w) & \cos(\delta_l+\phi_w)\\ A & B\end{pmatrix}\begin{pmatrix}N_r\\ N_l\end{pmatrix}=\begin{pmatrix}F_{az}-F_{igz}-F_{sz}-T\\ M_{ax}-M_{igx}-M_{sx}-M_T\end{pmatrix} \tag{2.26}$$

式中，N_l、N_r 分别为左右轮轨接触斑的法向力；T_l、T_r 分别为左右轮轨接触斑的切向力，$T=T_l+T_r$；M_{Txl}、M_{Txr} 分别为左右轮轨接触斑的回旋力矩，$M_T=M_{Txl}+M_{Txr}$；F_{szl}、F_{szr} 分别为左右悬挂力的垂向分力，$F_{sz}=F_{szl}+F_{szr}$；M_{sxl}、M_{sxr} 分别为左右悬挂力矩的纵向分力矩，$M_{sx}=M_{sxl}+M_{sxr}$；F_{az}、M_{ax} 分别为轮对自身的惯性力和惯性力矩；F_{igz}、M_{igx} 分别为由轨道坐标系变化引起的惯性力、力矩。

$$\begin{cases}A=\cos(\delta_r+\phi_w)(\psi_w x_{cr}+y_{cr}-\phi_w z_{cr})+\sin(\delta_r+\phi_w)(\phi_w y_{cr}+z_{cr})\\ B=\cos(\delta_l+\phi_w)(\psi_w x_{cl}+y_{cl}-\phi_w z_{cl})+\sin(\delta_l+\phi_w)(\phi_w y_{cl}+z_{cl})\end{cases} \tag{2.27}$$

求解平衡方程(2.26)，即可求得左右轮轨法向力。

2.3.2　道岔变截面的建模

道岔转辙器区的钢轨外形随着纵向距离的变化而变化，针对道岔区变截面建立动力学模型的时候，很难给定所有截面的廓形。一般都只给定几个关键截面的廓形，其余非关键截面的廓形根据关键截面的廓形和位置插值得到，插值原理如图 2.17 所示。

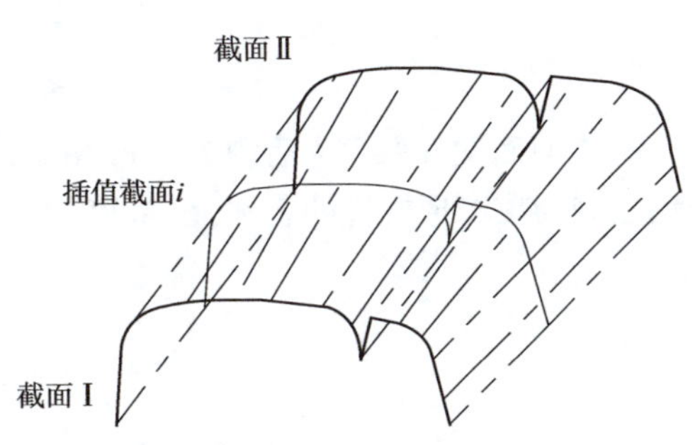

图 2.17　变截面插值示意

根据上述插值思想，编制了 MATLAB 插值模块。插值的步骤大体可以分为三步：

第一步，首先输入关键截面Ⅰ和关键截面Ⅱ，并给定关键截面Ⅰ和关键截面Ⅱ在纵向上的位置。

第二步，对两个关键截面的数据进行分析，首先得对两个关键截面自身进行插值计算，确保两个关键截面的数据点的个数相同，同时，还得保证关键截面的基本轨、尖轨非工作边、尖轨工作边的数据个数均相同。

第三步，给定需要插值的截面纵向距离，依据上述方法沿纵向插值计算，得到插值廓形的数据。

在 MATLAB 中，单个描述廓形数据文件如图 2.18 所示，第一行主要是轨道参数，如 1 435 为轨距；第二行为该廓形总共有多少个数据点；第一列数据为 y 轴坐标；第二列数据为 z 坐标。

r60_dc_00.txt - 记事本

文件(F) 编辑(E) 格式(O) 查看(V) 帮助(H)

```
1435   0 0
1645

-37.2751   -33.7923
-37.2676   -33.6926
-37.2601   -33.5928
-37.2526   -33.4931
-37.2451   -33.3934
-37.2376   -33.2937
```

图 2.18 单个廓形数据文件

单个廓形的文件只能描述某一个截面的外形，为了描述整个道岔的变截面特征，需要将所有关键截面组合在一起，如图 2.19 所示。

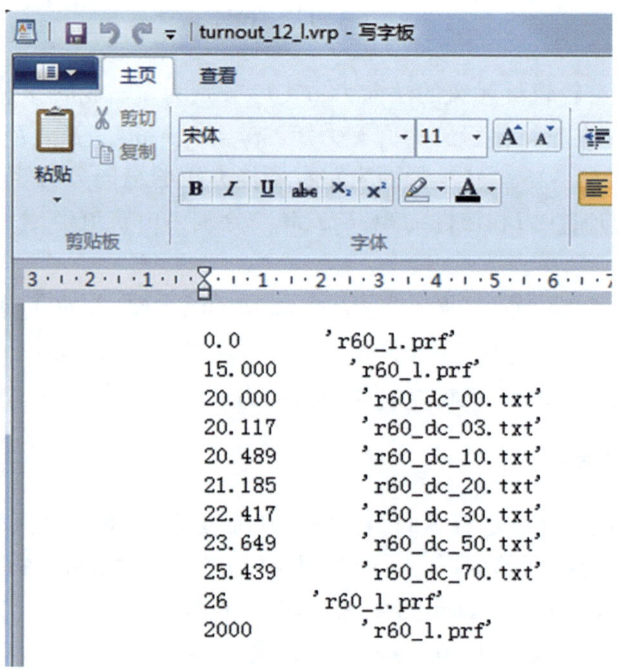


```
0.0       'r60_l.prf'
15.000      'r60_l.prf'
20.000       'r60_dc_00.txt'
20.117       'r60_dc_03.txt'
20.489       'r60_dc_10.txt'
21.185       'r60_dc_20.txt'
22.417       'r60_dc_30.txt'
23.649       'r60_dc_50.txt'
25.439       'r60_dc_70.txt'
26        'r60_l.prf'
2000         'r60_l.prf'
```

图 2.19 道岔廓形数据

将型面文件保存为后缀为 . vrp 格式，该数据主要有两列：第一列为该廓形文件的纵向距离；第二列为该廓形文件的名称，在 MATLAB 运行这个 . vrp 格式文件时，能调用每个截面文件。

3 基于轮径差函数的道岔转辙器区钢轨打磨廓形设计方法

车辆在经过道岔转辙器区时，由于道岔固有的结构不平顺，转辙器区的廓形随着纵向位置而不同，会产生较大的冲击和较大的横向位移，甚至出现轮缘接触，这会增加车轮与钢轨的磨耗和钢轨滚动接触疲劳的发生。由于这些原因，道岔区钢轨较区间线路更容易出现伤损情况，需要更多的成本来维护。钢轨打磨技术作为铁路养护的一种重要方法，能消除和抑制轨面伤损，延长钢轨的使用寿命。在铁路运营中，轮轨动态作用、钢轨磨耗、列车运行安全性等都与轮轨的几何外形匹配密切相关，合理地改善轮轨接触状态能够保证列车运行安全性、动力学性能，以及使轮轨磨耗处于一个较为合理的状态，从而有效地延长钢轨的使用寿命，极大地降低铁路运营成本。

对于刚性轮对而言，轮轨匹配形成后的左右车轮滚动圆半径差函数是描述车轮和钢轨接触的最主要特征之一，它对车辆的稳定性、曲线通过性以及轮轨磨耗有着重要的影响，也决定了轮对的动态性能。本章介绍了一种基于轮径差函数的道岔转辙器区的钢轨打磨廓形的逆向设计方法。该方法主要针对高速铁路、普速铁路、地铁等非重载线路的道岔，适用于以动力学性能为主的线路的道岔。首先对道岔区轮轨几何接触进行详细推导，找出车轮和钢轨型面、轮径差和轮轨接触点分布状态之间的关系，根据轮轨间的接触关系给定某些已知条件，求解出需要计算的打磨廓形，并对优化后的廓形进行静态接触应力和动力学性能分析。

3.1 钢轨打磨廓形设计的数学描述

3.1.1 设计方法的提出

大多数学者研究轮轨关系，都是在已知车轮踏面外形、钢轨廓形及其他轮轨接触参数的情况下，研究轮轨接触问题，这种研究思路称为正向研究方法。大多数学者研究轮轨接触问题都是从正向研究方法出发，已知车轮廓形、钢轨廓形，求解轮轨间的匹配特征；或者给定不同车轮踏面、钢轨廓形，得到一系列轮轨几何接触特征，再从众多轮轨接触性能中选出最合理的车轮踏面和钢轨廓形。该优化车轮踏面或者钢轨廓形的方法，只能保证局部最优，很难满足其余条件。

为了更好地求得满足一定匹配要求的车轮或者钢轨外形，就需要从逆向出发。轮轨逆向研究方法为：已知轮轨接触的某些特征和车辆必须满足的某些动力学性能，依据这些特征和动力学性能来反推设计钢轨外形。比如：给定车轮踏面外形和一定的目标匹配性能，求解出最合理的钢轨廓形。该逆向设计车轮或者钢轨外形的思想，比正向设计轮轨外形的方法更具有目标性，全局最优性。

假设左右车辆踏面$\{PW\}$的数据为

$$\begin{cases}\{PW_{\mathrm{L}}\}=\{(y_{\mathrm{wl}}(i),z_{\mathrm{wl}}(i)), & i=1,2,3,\cdots,n\}\\ \{PW_{\mathrm{R}}\}=\{(y_{\mathrm{wr}}(i),z_{\mathrm{wr}}(i)), & i=1,2,3,\cdots,n\}\end{cases} \tag{3.1}$$

左右钢轨外形$\{PR\}$的数据为

$$\begin{cases}\{PR_{\mathrm{L}}\}=\{(y_{\mathrm{rl}}(i),z_{\mathrm{rl}}(i)), & i=1,2,3,\cdots,m\}\\ \{PR_{\mathrm{R}}\}=\{(y_{\mathrm{rr}}(i),z_{\mathrm{rr}}(i)), & i=1,2,3,\cdots,m\}\end{cases} \tag{3.2}$$

定义轮轨接触计算关系为$\oplus$,轮轨匹配特征为$\{CWR\}$,则有

$$\{PW\}\oplus\{PR\}=\{CWR\} \tag{3.3}$$

式(3.3)是轮轨正向研究方法的通用数学描述。由第2章的分析中可知,在已知踏面外形、钢轨廓形以及轮轨接触参数的前提下,式(3.3)总有唯一解。

钢轨廓形逆向设计问题的通用数学表达式为

$$\{PR\}=\{CWR\}\oplus^{-1}\{PW\} \tag{3.4}$$

在刚性轮轨接触的前提下,式(3.4)是有解。当给定某些约束条件后,使得(3.4)的解是唯一的。

(1)约束条件一:车轮和钢轨均只考虑为刚性,避免一个横移量对应多个轮轨接触点,导致出现多个设计结果。

(2)约束条件二:轮轨接触点应单调变化,避免接触点往复出现多个设计结果。

(3)约束条件三:车轮和钢轨型面的数据点也应该是单调变化,避免出现重复设计现象。

(4)约束条件四:在给定横移量下,有且仅有唯一的一个轮轨接触点,这也是避免出现多个设计结果。

3.1.2 设计问题的数学描述

为了简化设计问题,分析主要矛盾,首先给出以下假设:

(1)车轮与钢轨均为刚性,其接触时的弹性变形量相对于自身的外形尺寸可以忽略,即避免同一个横移量对应多个滚动圆半径差值,导致出现多个优化的结果,应保证轮轨廓形的几何接触的唯一性。

(2)设计的钢轨区段的横坐标尽量保持单调,设计廓形在轮轨接触区段的外形是单调,即各点切线的斜率单调变化。

(3)设计的钢轨外形为凸曲线,针对道岔区特殊的结构,需要进行分段设计廓形,然后把设计的廓形拼接在一起。

(4)设计的钢轨打磨廓形不应该超过原始廓形。

(5)摇头角对轮轨接触特性曲线(轮径差曲线和接触角差曲线)的影响比较小,在摇头角的作用下,轮轨接触点不再分布在廓形主截面上,而是会产生“超前”和“滞后”现象,忽略轮对小范围内的摇头角对接触特征的影响。

假设车轮和钢轨均为刚性,道岔区铁道车辆车轮与钢轨之间存在的动态相互接触关系,如图3.1所示。

根据右手定则,建立如图3.1所示的轮轨系统坐标系。轨道坐标系的y轴(y_{r})为钢轨顶部的公切线,向右为正;z轴(z_{r})垂直于y_{r}轴,向下为正。轨道局部坐标系作为轮轨接触时的

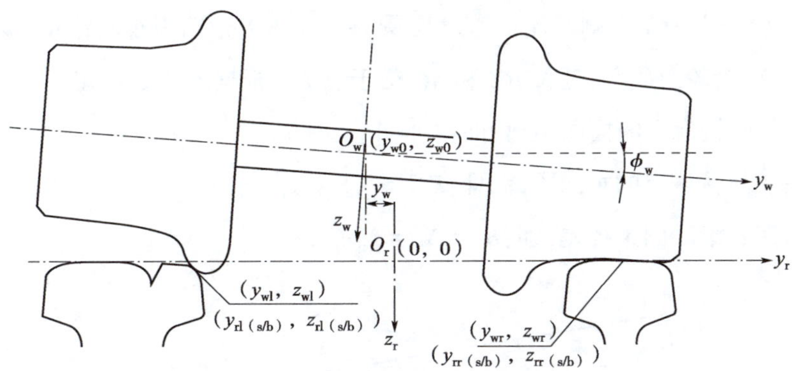

图 3.1　道岔区刚性轮轨单点接触示意

全局坐标系,轨道坐标系原点 O_r 的全局坐标(0,0)。轮对坐标系的 y 轴(y_w)为轮对轴线,向右为正;z 轴(z_w)垂直于 y_w 轴,向下为正;原点 O_w 为轮对质心。给定轮对任一横移量 y_w,轮对中心在全局坐标系下的坐标为(y_{w0},z_{w0}),将 z_{w0} 近似看成车轮滚动圆半径,且轮对具有 ϕ_w 的侧滚角。轮轨接触点分别在各自的局部坐标系下给出,即:左接触点在轮对坐标系下为(y_{wl},z_{wl}),在轨道坐标系下为($y_{rl(s/b)}$,$z_{rl(s/b)}$);右接触点在轮坐标系下为(y_{wr},z_{wr}),在轨道坐标系下为($y_{rr(s/b)}$,$z_{rr(s/b)}$)。其中下标 s 代表接触点在基本轨上,下标 b 代表接触点在尖轨上。

在轮轨为刚性的前提下,轮轨接触点必重合于空间的某一点,则有

$$\begin{pmatrix} y_{rl(s/b)} \\ z_{rl(s/b)} \end{pmatrix} = \begin{pmatrix} \cos\phi_w & -\sin\phi_w \\ \sin\phi_w & \cos\phi_w \end{pmatrix} \begin{pmatrix} y_{wl} \\ z_{wl} \end{pmatrix} + \begin{pmatrix} y_{w0} \\ z_{w0} \end{pmatrix} \tag{3.5}$$

$$\begin{pmatrix} y_{rr(s/b)} \\ z_{rr(s/b)} \end{pmatrix} = \begin{pmatrix} \cos\phi_w & -\sin\phi_w \\ \sin\phi_w & \cos\phi_w \end{pmatrix} \begin{pmatrix} y_{wr} \\ z_{wr} \end{pmatrix} + \begin{pmatrix} y_{w0} \\ z_{w0} \end{pmatrix} \tag{3.6}$$

即

$$\begin{cases} z_{rl(s/b)} = y_{wl}\sin\phi_w + z_{wl}\cos\phi_w - z_{w0} \\ z_{rr(s/b)} = y_{wr}\sin\phi_w + z_{wr}\cos\phi_w - z_{w0} \end{cases} \tag{3.7}$$

由于轮轨接触点必重合于空间上同一点,说明在车轮踏面上车轮接触点与在钢轨廓形上钢轨接触点的相切平面是相互平行的,空间接触点必存在公切面及垂直该面的法线,使得轮轨外形在各自接触点处的斜率和轮对侧滚角有如下关系:

$$\arctan\frac{dz_{wl}}{dy_{wl}} = \arctan\frac{dz_{rl(s/b)}}{dy_{rl(s/b)}} - \phi_w \tag{3.8}$$

$$\arctan\frac{dz_{wr}}{dy_{wr}} = \arctan\frac{dz_{rr(s/b)}}{dy_{rr(s/b)}} - \phi_w \tag{3.9}$$

定义:左右车轮滚动圆半径差

$$\Delta R = z_{wl} - z_{wr} \tag{3.10}$$

左右接触角差

$$\Delta\delta = \arctan\left|\frac{dz_{rl(s/b)}}{dy_{rl(s/b)}}\right| - \arctan\left|\frac{dz_{rr(s/b)}}{dy_{rr(s/b)}}\right| - 2\phi_w = \arctan\left|\frac{dz_{wl}}{dy_{wl}}\right| - \arctan\left|\frac{dz_{wr}}{dy_{wr}}\right| \tag{3.11}$$

将图 3.1 轮轨单点接触示意图抽象为图 3.2 所示的接触模型。A、B 分别为轮轨系统左右

轮轨接触点，O、O'分别为左右侧车轮的滚动圆圆心，$\overline{AO}$、$\overline{BO'}$分别为车轮滚动圆半径；O_r 为轨道坐标系原点；O_w 为轮对质心；延长 $\overline{BE}$ 和 $\overline{AC}$ 交于点 F。根据图 3.2 可知：

$\overline{AE}$ 为左右轮轨接触点的横向距离，即：$\overline{AE}=|y_{rl}|+|y_{rr}|=y_{rr}-y_{rl}$；

$\overline{BE}$ 为左右轮轨接触点的垂向距离，即：$\overline{BE}=z_{rl(s/b)}-z_{rr(s/b)}$；

$\overline{BC}$ 为左右车轮滚动圆半径差，即：$\overline{BC}=\Delta R=z_{wl}-z_{wr}$；

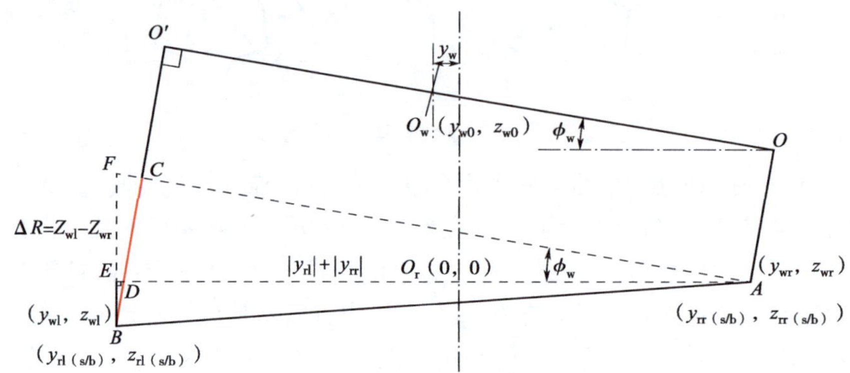

图 3.2 道岔区轮轨接触模型

轮对侧滚角有

$$\tan\phi_w=\frac{\overline{DC}}{\overline{AC}}=\frac{\overline{EF}}{\overline{AE}}=\frac{\overline{BF}-\overline{BE}}{\overline{AE}}=\frac{\dfrac{\overline{BC}}{\cos\phi_w}-\overline{BE}}{\overline{AE}} \tag{3.12}$$

即

$$\tan\phi_w=\frac{\dfrac{R_{wl}-R_{wr}}{\cos\phi_w}-[z_{rl(s/b)}-z_{rr(s/b)}]}{|y_{rl}|+|y_{rr}|} \tag{3.13}$$

道岔区钢轨廓形设计的基本描述如下：

$$\begin{cases} z_{rl(s/b)}=y_{wl}\sin\phi_w+z_{wl}\cos\phi_w-z_{w0} \\ z_{rr(s/b)}=y_{wr}\sin\phi_w+z_{wr}\cos\phi_w-z_{w0} \\ \arctan\dfrac{dz_{wl}}{dy_{wl}}=\arctan\dfrac{dz_{rl(s/b)}}{dy_{rl(s/b)}}-\phi_w \\ \arctan\dfrac{dz_{wr}}{dy_{wr}}=\arctan\dfrac{dz_{rr(s/b)}}{dy_{rr(s/b)}}-\phi_w \\ \Delta R=z_{wl}-z_{wr} \\ \Delta\delta=\arctan\left|\dfrac{dz_{wl}}{dy_{wl}}\right|-\arctan\left|\dfrac{dz_{wr}}{dy_{wr}}\right| \\ \tan\phi_w=\dfrac{\dfrac{R_{wl}-R_{wr}}{\cos\phi_w}-[z_{rl(s/b)}-z_{rr(s/b)}]}{y_{rr(s/b)}-y_{rl(s/b)}} \end{cases} \tag{3.14}$$

式(3.14)构成了钢轨廓形设计的必要条件,而非充分条件。要确保满足充分条件时,需要增加约束条件,即:在空间上,左右侧轮轨接触点有且只有一个,则有

$$\begin{cases} z_{\mathrm{wl}}(y_{\mathrm{w}})-z_{\mathrm{rl(s/b)}}(y_{\mathrm{w}})=\min\{z_{\mathrm{wl}}-z_{\mathrm{rl(s/b)}} \mid_{y=y_{\mathrm{w}}}\} \\ z_{\mathrm{wr}}(y_{\mathrm{w}})-z_{\mathrm{rr(s/b)}}(y_{\mathrm{w}})=\min\{z_{\mathrm{wr}}-z_{\mathrm{rr(s/b)}} \mid_{y=y_{\mathrm{w}}}\} \end{cases} \tag{3.15}$$

根据假设(2),在设计区段横坐标尽量单调,在轮轨接触区段外形单调,即:轮轨外形在接触区段的斜率单调变化,则有

$$\begin{cases} \mathrm{sgn}[y_{\mathrm{rl(s/b)}}(i+1)-y_{\mathrm{rl(s/b)}}(i)]=-\mathrm{sgn}[y_{\mathrm{rr(s/b)}}(i+1)-y_{\mathrm{rr(s/b)}}(i)]\equiv 1 \\ \mathrm{sgn}\left(\dfrac{\mathrm{d}z_{\mathrm{wl}}}{\mathrm{d}y_{\mathrm{wl}}}\right)=\mathrm{sgn}\left(\dfrac{\mathrm{d}z_{\mathrm{rl(s/b)}}}{\mathrm{d}y_{\mathrm{rl(s/b)}}}\right)\equiv 1 \\ \mathrm{sgn}\left(\dfrac{\mathrm{d}z_{\mathrm{wr}}}{\mathrm{d}y_{\mathrm{wr}}}\right)=\mathrm{sgn}\left(\dfrac{\mathrm{d}z_{\mathrm{rr(s/b)}}}{\mathrm{d}y_{\mathrm{rr(s/b)}}}\right)\equiv 1 \end{cases} \tag{3.16}$$

根据假设(3),设计钢轨为凸曲线,则有

$$\begin{cases} \mathrm{sgn}\left(\dfrac{\mathrm{d}^2 z_{\mathrm{wl}}}{\mathrm{d}y_{\mathrm{wl}}^2}\right)=\mathrm{sgn}\left(\dfrac{\mathrm{d}^2 z_{\mathrm{rl(s/b)}}}{\mathrm{d}y_{\mathrm{rl(s/b)}}^2}\right)\equiv 1 \\ \mathrm{sgn}\left(\dfrac{\mathrm{d}^2 z_{\mathrm{wr}}}{\mathrm{d}y_{\mathrm{wr}}^2}\right)=\mathrm{sgn}\left(\dfrac{\mathrm{d}^2 z_{\mathrm{rr(s/b)}}}{\mathrm{d}y_{\mathrm{rr(s/b)}}^2}\right)\equiv 1 \end{cases} \tag{3.17}$$

根据假设(4),打磨设计廓形不超过原始廓形,根据图 3.1 定义轮轨系统坐标系,向下为正,则有

$$\begin{cases} z_{\mathrm{rl(s/b),opt}}\geqslant z_{\mathrm{rl(s/b)}} \\ z_{\mathrm{rr(s/b),opt}}\geqslant z_{\mathrm{rr(s/b)}} \end{cases} \tag{3.18}$$

式中,$z_{\mathrm{rl(s/b),opt}}$ 和 $z_{\mathrm{rr(s/b),opt}}$ 为优化后的左右钢轨纵坐标。

假设(6),当轮对发生横移时,轮对的侧滚角很小,$\phi_{\mathrm{w}}\ll 5°(0.087\,3\ \mathrm{rad})$。轮轨接触时,轮对中心坐标为$(y_{\mathrm{w0}},z_{\mathrm{w0}})$,其纵坐标可近似为常量,则有

$$\begin{cases} \begin{pmatrix} y_{\mathrm{w0}} \\ z_{\mathrm{w0}} \end{pmatrix}=\begin{pmatrix} y_{\mathrm{w}} \\ -r_0 \end{pmatrix} \\ \phi_{\mathrm{w}}\approx\sin\phi_{\mathrm{w}}\approx\tan\phi_{\mathrm{w}} \\ \cos\phi_{\mathrm{w}}\approx 1 \end{cases} \tag{3.19}$$

对上述数学表达式进行整理可得,道岔区钢轨打磨廓形设计的数学描述为

$$\begin{cases} z_{\mathrm{rl(s/b)}}=y_{\mathrm{wl}}\sin\phi_{\mathrm{w}}+z_{\mathrm{wl}}\cos\phi_{\mathrm{w}}-r_0 \\ z_{\mathrm{rr(s/b)}}=y_{\mathrm{wr}}\sin\phi_{\mathrm{w}}+z_{\mathrm{wr}}\cos\phi_{\mathrm{w}}-r_0 \\ \dfrac{\mathrm{d}z_{\mathrm{rl(s/b)}}}{\mathrm{d}y_{\mathrm{rl(s/b)}}}=\tan\left(\arctan\dfrac{\mathrm{d}z_{\mathrm{wl}}}{\mathrm{d}y_{\mathrm{wl}}}+\phi_{\mathrm{w}}\right) \\ \dfrac{\mathrm{d}z_{\mathrm{rr(s/b)}}}{\mathrm{d}y_{\mathrm{rr(s/b)}}}=\tan\left(\arctan\dfrac{\mathrm{d}z_{\mathrm{wr}}}{\mathrm{d}y_{\mathrm{wr}}}+\phi_{\mathrm{w}}\right) \\ \Delta R=z_{\mathrm{wl}}-z_{\mathrm{wr}} \end{cases} \tag{3.20a}$$

$$\begin{cases}\Delta\delta = \arctan\left|\dfrac{dz_{wl}}{dy_{wl}}\right| - \arctan\left|\dfrac{dz_{wr}}{dy_{wr}}\right| \\ \tan\phi_w = \dfrac{\dfrac{\Delta R}{\cos\phi_w} - (z_{rl(s/b)} - z_{rr(s/b)})}{y_{rr(s/b)} - y_{rl(s/b)}}\end{cases} \tag{3.20b}$$

约束条件：

$$\begin{cases}z_{wl}(y_w) - z_{rl(s/b)}(y_w) = \min\{z_{wl} - z_{rl(s/b)} \mid_{y=y_w}\} \\ z_{wr}(y_w) - z_{rr(s/b)}(y_w) = \min\{z_{wr} - z_{rr(s/b)} \mid_{y=y_w}\}\end{cases} \tag{3.21}$$

$$\begin{cases}\mathrm{sgn}[y_{rl(s/b)}(i+1) - y_{rl(s/b)}(i)] = -\mathrm{sgn}[y_{rr(s/b)}(i+1) - y_{rr(s/b)}(i)] \equiv 1 \\ \mathrm{sgn}\left(\dfrac{dz_{wl}}{dy_{wl}}\right) = \mathrm{sgn}\left(\dfrac{dz_{rl(s/b)}}{dy_{rl(s/b)}}\right) \equiv 1 \\ \mathrm{sgn}\left(\dfrac{dz_{wr}}{dy_{wr}}\right) = \mathrm{sgn}\left(\dfrac{dz_{rr(s/b)}}{dy_{rr(s/b)}}\right) \equiv 1\end{cases} \tag{3.22}$$

$$\begin{cases}\mathrm{sgn}\left(\dfrac{d^2 z_{wl}}{dy_{wl}^2}\right) = \mathrm{sgn}\left(\dfrac{d^2 z_{rl(s/b)}}{dy_{rl(s/b)}^2}\right) \equiv 1 \\ \mathrm{sgn}\left(\dfrac{d^2 z_{wr}}{dy_{wr}^2}\right) = \mathrm{sgn}\left(\dfrac{d^2 z_{rr(s/b)}}{dy_{rr(s/b)}^2}\right) \equiv 1\end{cases} \tag{3.23}$$

$$\begin{cases}z_{rl(s/b),opt} \geqslant z_{rl(s/b)} \\ z_{rr(s/b),opt} \geqslant z_{rr(s/b)}\end{cases} \tag{3.24}$$

3.2 道岔区钢轨打磨廓形的设计方法

3.2.1 数学模型的建立

对于刚性轮对而言，当轮对相对于钢轨有横向移动时，左右侧轮轨接触点所对应的车轮滚动圆的半径也发生了改变，轮径差随着轮对横移量的变化而变化，它是轮对横移量的非线性函数。轮径差函数是描述轮对和钢轨接触的最主要特征之一，直接决定轮对的动态性能，对轨道车辆直线的稳定性、曲线的通过性以及轮轨磨耗有着重要的影响。

文献[46]基于轮径差函数和给定钢轨上接触点的分布反推设计了车轮型面，文献[47]基于轮径差函数和给定车轮上接触点的分布反推设计了非对称钢轨型面。他们这样设计出来的轮轨外形均为连续的线性，并且设计出的区段的凹凸性是一致的。在道岔转辙器区，当尖轨贴靠基本轨时，尖轨的非工作边与基本轨的工作边之间形成特有的凹曲线特征。因此，他们设计轮轨外形的方法不能直接用于道岔转辙器区的钢轨廓形的设计。本节在他们的轮轨外形设计方法的基础上，进一步提出了以优化道岔区轮轨动力学性能为核心的钢轨打磨廓形设计方法。

对式(3.20)分析可知，一共有 12 个独立变量(y_w，$y_{rl(s/b)}$，$z_{rl(s/b)}$，$y_{rr(s/b)}$，$z_{rr(s/b)}$，y_{wl}，z_{wl}，y_{wr}，z_{wr}，ϕ_w，ΔR，$\Delta\delta$)，但是独立方程只有 7 个。为了得到求解方程(3.20)的唯一解，则必须对式(3.20)进行变换。

对钢轨廓形进行优化设计时,车轮踏面的外形就是已知的。当给定车轮踏面的横坐标时,车轮踏面的纵坐标也是唯一的。这说明左右车轮踏面的横坐标和纵坐标并非都是独立变量,假设车轮踏面的横坐标为独立变量,那么车轮纵坐标即为

$$\begin{cases} z_{wl} = z_{wl}(y_{wl}) \\ z_{wr} = z_{wr}(y_{wr}) \end{cases} \tag{3.25}$$

这样独立变量就只剩下 10 个。

根据轮径差函数来设计钢轨的打磨廓形时,轮径差函数就是给定的。因此,ΔR 和 y_w 就是已知的。当轮径差函数为给定时,那么设计的目标之一就是尽量满足给定的轮径差函数,即独立的变量就剩下 8 个。

而接触角差函数与目标轮径差函数没有联系,因此,去除独立变量 $\Delta\delta$ 和接触角函数的等式,此时独立变量剩下 7 个,独立方程为 6 个,还不能满足求解得到唯一解的要求。

当设计出的廓形满足目标轮径差函数时,也只是满足了给定的某些动力学性能。为了使设计出的廓形满足轮轨间接触应力、滚动疲劳接触、均匀磨耗等其他要求,就需要对多出的自由变量进行优化。假设给定某侧轮轨接触点的均匀分布参数,比如左侧道岔区钢轨的横坐标 $y_{rl(s/b)}$,那么独立变量也只剩下 6 个,而独立方程也正好是 6 个,正好满足求解得到唯一解的要求。

通过分析可知,式(3.20)是轮对发生横移量 y_w 的必要条件。每个方程的组成都与轮对的横移量相关。因此,为了方便后续求解方程,假设轮对横移量 y_w 为自变量,其余未知数均为因变量。

由于道岔区特殊的"凹形"特征,要求设计出的廓形仍满足这个特征,那么对于自由变量就不能随便给定。若给定车轮上某侧的轮轨接触点的均匀分布参数,则设计出来的钢轨廓形为连续的曲线,不会出现"凹形"特征。因此,需给定道岔区含有尖轨侧的钢轨上的接触点的分布参数,即道岔区含有尖轨侧的钢轨横坐标。不能给定道岔区含有尖轨侧的钢轨纵坐标的原因是:道岔区钢轨的横坐标是单调变化,给定某一横坐标,可以得到唯一的纵坐标;而道岔区钢轨的纵坐标是非单调,给定某一纵坐标,可以插值得到多个横坐标。为了确保设计的结果的唯一性,避免出现错误的设计结果,需要给定道岔区含有尖轨侧的钢轨横坐标。

由以上分析可知,钢轨廓形的设计目标不仅需要满足某些动力学性能(式 3.26),还得满足接触应力和磨耗的要求(式 3.27)。而道岔区的钢轨不仅要满足单一截面的动力学要求,还需要考虑沿纵向变化时的情况,在纵向上,需要满足接触光带的尽可能光顺,车轮上可能发生接触区域的横向宽度尽量窄(式 3.28),减小接触点跳跃对轮对横向运行的影响,有利于提升车辆运行的稳定性,减小轮轨横向力。因此,道岔区钢轨打磨廓形的数学模型的优化目标如下:

$$\text{obj1}:\quad f_1 = \min\left\{\frac{\int_{-y_{w,\max}}^{y_{w,\max}} \left(\left|\Delta R_{real}(y_w) - \Delta R_{opt}(y_w)\right|\right) dy_w}{\int_{-y_{w,\max}}^{y_{w,\max}} \Delta R_{opt}(y_w)\, dy_w} \times 100\%\right\} \tag{3.26}$$

$$\text{obj2}:\quad f_2 = \min\left(\sum_{i=1}^{k-1}\left|y_{rl}^{(i+1)}(y_w) - y_{rl}^{(i)}(y_w)\right| + \sum_{i=1}^{k-1}\left|y_{rr}^{(i+1)}(y_w) - y_{rr}^{(i)}(y_w)\right|\right) \tag{3.27}$$

$$\text{obj3:}\quad f_3 = \min[\max|y_{wl}(y_w = m) - y_{wl}(y_w = n)| + \max|y_{wr}(y_w = m) - y_{wr}(y_w = n)|] \tag{3.28}$$

式中，ΔR_{real} 为优化后实际计算得到的轮径差曲线；ΔR_{opt} 为优化时需要满足的目标轮径差曲线；k 为轮轨接触点的个数；m 为轮对最小横移量；n 为轮对最大横移量。

3.2.2 目标轮径差曲线的构造

目标轮径差曲线的设计是钢轨打磨廓形设计的关键环节，只有合理的轮径差曲线才能确保设计出的廓形满足预期效果。根据第 2 章可知，理想的目标轮径差曲线应该包含以下几个特点：

（1）当车辆在直线上运行，轮对横移量较小时，此时目标的轮径差函数的数值应尽量较小，以确保在直线上有较高的稳定性。

（2）当车辆在曲线上运行，由于内外轨长度不一致，要求目标轮径差函数的数值较大，以确保车辆具有良好的曲线通过性能。

（3）当车辆在某些条件较差的线路上运行，轮对横移量很大时，应具有较高的防脱轨系数，要求目标轮径差曲线尽量大，以确保车辆运行的安全性。

（4）当列车在实际运行时，轮对横移量出现变化时，轮轨接触点无明显跳跃，避免出现两点接触，要求轮径差曲线尽量光滑，以保证轮轨在接触区段的均匀磨耗。

为了更好方便快捷地获得轮径差函数，根据以上几个特点，将利用 5 个关键点来控制单侧轮径差函数，如图 3.3 所示。对于整条轮径差曲线而言，一共需要 9 个点来控制。虽然控制点越精细越好，但是需要修改和调整的数据点就越多，过多的控制点给设计人员也带来了麻烦。

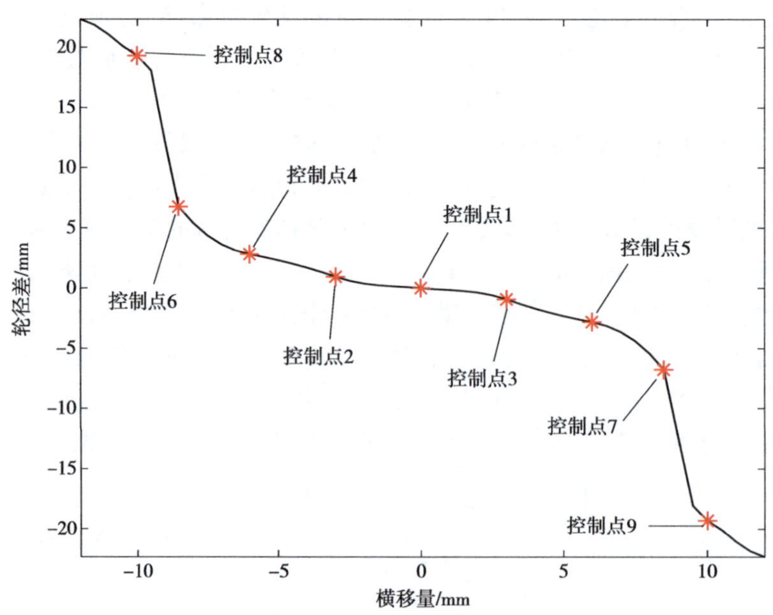

图 3.3　目标轮径差曲线的构造

控制点 1：这个控制点对应的轮对横移量为 0，它是左右侧轮径差曲线的连接点，这个点也间接决定了轮径差为 0 时的轮对横移量。

控制点 2 和控制点 3:该控制点对应的轮对横移量为±(3~4) mm,该点的数值直接影响直线上稳定性,一般而言,该点的数值应尽量较小,以便轮对有较低的等效锥度。

控制点 4、控制点 5 和控制点 6、控制点 7:这些控制点对应的轮对横移量为±(6~9) mm,它是车辆在曲线上运行的控制点,该控制点处对应的轮径差函数不宜太低,以便能提供足够的轮径差数值确保车辆顺利通过曲线。该点范围内的曲线也尽量光滑,避免车辆从直线进入缓和曲线,再进入圆曲线时,轮轨接触点出现较大的跳跃现象,导致接触点分布不均匀,甚至出现两点接触情况。

控制点 8 和控制点 9:该控制点对应的轮对横移量为±10 mm,该点的数值应尽量大,以确保在通过某些极端条件下的线路时,仍然具有较高的防脱轨性能。

仅仅利用几个控制点的数值和导数,根据不同的插值方法可以得到不同轮径差曲线。本书选用的两点三次埃尔米特插值方法,保证了目标曲线的一阶导数连续,确保了在插值区间内的二阶导数连续,但是不确保关键点处的二阶导数连续,正是放松了这个约束条件,可以避免插值后的轮径差曲线出现波浪形。

两点三次埃尔米特插值多项式 $H_3(x)$ 的表达式为

$$H_3(x)=y_1\alpha_1(x)+y_2\alpha_2(x)+m_1\beta_1(x)+m_2\beta_2(x) \tag{3.29}$$

关键点处的函数值 y_i 和导数值 m_i 为

$$y_i=f(x_i),\quad m_i=f'(x_i),\quad (i=1,2) \tag{3.30}$$

而插值基函数 $\alpha_1(x)$、$\alpha_2(x)$、$\beta_1(x)$、$\beta_2(x)$ 均为次数不超过 3 次的多项式,一般形式为

$$\begin{cases}\alpha_1(x)=\left(1+2\dfrac{x-x_1}{x_2-x_1}\right)\left(\dfrac{x-x_2}{x_1-x_2}\right)\\ \beta_1(x)=(x-x_1)\left(\dfrac{x-x_2}{x_1-x_2}\right)^2\\ \alpha_2(x)=\left(1+2\dfrac{x-x_2}{x_1-x_2}\right)\left(\dfrac{x-x_1}{x_2-x_1}\right)\\ \beta_2(x)=(x-x_2)\left(\dfrac{x-x_1}{x_2-x_1}\right)^2\end{cases} \tag{3.31}$$

将给定的关键点处的函数值和导数值代入式(3.30)和式(3.31)中,即可得到该区段的插值曲线。

利用 9 个关键点处的数值和导数可以求出整条轮径差的样条曲线,在后续廓形设计时,需要根据所有横移量来插值得到目标轮径差曲线,再根据该目标轮径差曲线设计廓形。

3.2.3 设计流程

首先给定具有代表性的车轮踏面外形,基本的轮轨接触参数,以及待优化设计的道岔区钢轨廓形。利用轮轨接触几何算法求出原始的轮径差曲线和轮轨接触点的分布状态,再根据车辆的动力学性能及接触应力、磨耗等要求,设计出合理的轮径差函数及给定理想的接触点分布范围。利用轮径差函数反推设计该区段的钢轨外形,再将设计出的钢轨外形与原始钢轨外形进行拼接(只有发生轮轨接触的地方才能根据接触点的信息设计出钢轨)。将拼接后的钢轨进行验算分析,看是否满足预期的设计要求,若不满足设计要求,则进一步

优化,直到满足设计要求为止,最后输出优化设计好的廓形。道岔区单一截面钢轨优化设计流程如图 3.4 所示。

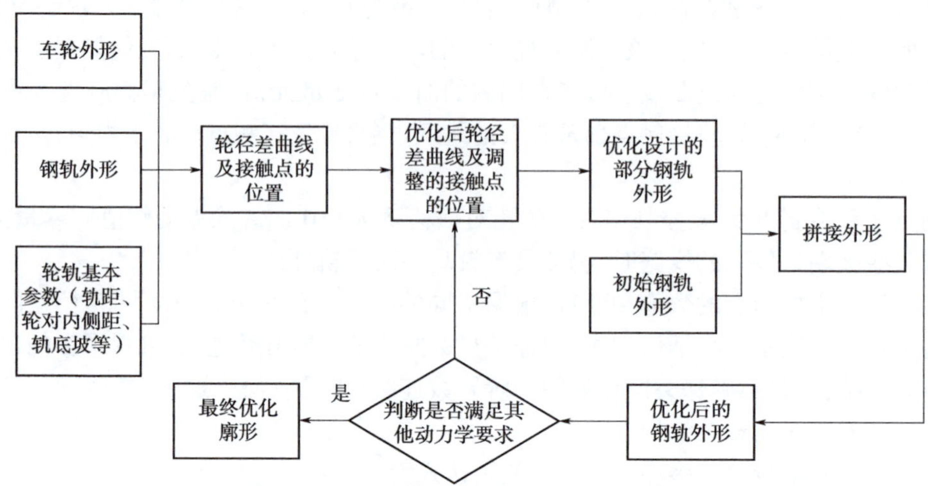

图 3.4　道岔区单一截面钢轨优化设计流程

道岔转辙器区钢轨廓形的设计,不仅需要考虑单一横截面的廓形,还需要综合考虑沿纵向的变化。当单一截面的廓形满足了设计要求后,将这个截面的优化设计廓形替换原来的廓形,进行道岔区动力学仿真分析,如果不满足要求,则仍需要修改设计参数,重新进行计算,直到道岔区所有的廓形都能满足预期的设计要求,最终输出整个道岔区所有关键截面的优化后的廓形。

3.3　设计算法的影响分析及参数改进措施

本节选用铁路上最常见的 LM 型磨耗踏面和 60 kg/m 钢轨(某 12 号道岔尖轨尖端 0 处)进行分析,给定轮轨接触的基本参数:车轮滚动圆直径为 915 mm,轮对内侧距为 1 353 mm,轨距为 1 435 mm,轨距的测量点为轨顶向下 16 mm,轨底坡为 1∶40。

3.3.1　算法验证

在利用轮径差函数设计道岔区钢轨打磨廓形之前,需要验证该算法是否可靠,设计结果是否能满足设计要求。

本节中钢轨参考廓形来源于现阶段普速铁路上使用最多的 12 号普速道岔。该廓形是根据设计的标准设计图纸得到;车轮参考外形选自普速铁路客车使用最多的 LM 型磨耗踏面,该廓形也是根据标准设计图纸得到。选取普速铁路使用最多的廓形表明该算法的一般性,实用性强,同时该算法还能设计高速道岔。普速道岔和高速道岔的转辙器区结构是完全相同的,只是道岔型号和廓形不同。对于算法验证时所进行的廓形拼接原则如下:

(1)设计廓形不能超过原始的参考廓形;

(2)为延长钢轨的使用寿命,在满足尖轨降低值的要求时,使用打磨量最小原则,这样的目的是减少人为磨削钢轨的材料。

首先对 LM 型磨耗踏面和某 12 号道岔尖轨尖端(尖轨尖宽为 0)截面处的钢轨进行轮轨

几何接触计算,得到轮径差曲线,并得到初始钢轨上的接触点的分布范围,以原始轮径差曲线和初始接触点分布为优化目标,如图 3.5 所示。逆向设计尖轨尖宽为 0 处的钢轨廓形,设计得到的结果如图 3.6 所示。

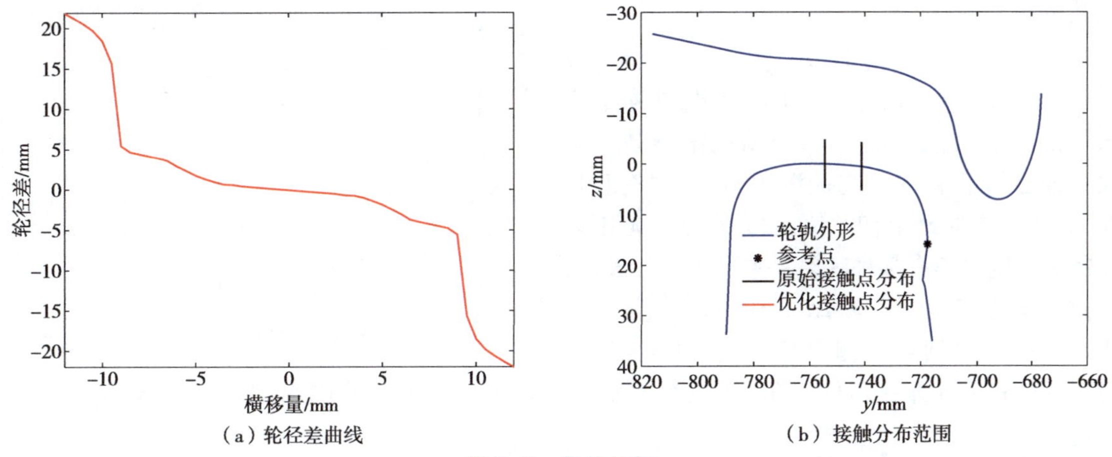

(a) 轮径差曲线　　(b) 接触分布范围

图 3.5　优化目标

从图 3.6 中可以看出,设计出的结果较为理想,设计区段与原廓形基本重合,设计出的廓形沿是单调,并且为凸曲线。从局部放大图中可以看出,仍然存在一定的差异。将设计的局部区段与原廓形进行拼接,得到完整的设计廓形,如图 3.7 所示。

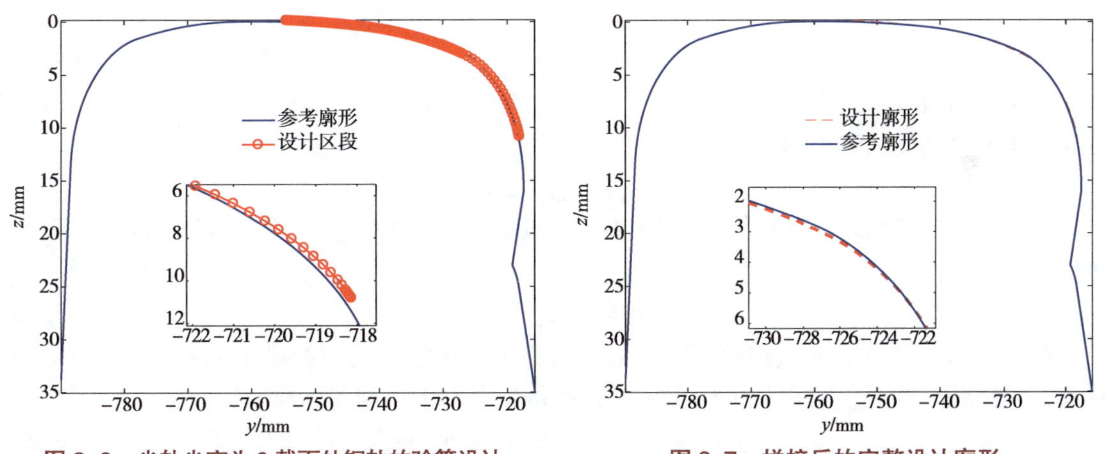

图 3.6　尖轨尖宽为 0 截面处钢轨的验算设计　　图 3.7　拼接后的完整设计廓形

从图 3.7 中可以看出,设计后的尖轨尖宽为 0 截面处钢轨的廓形与原廓形基本一致,在轨距角附近存在一定的差异,主要原因是积分误差的累积和轨距角处的斜率较大,轮轨接触点发生在轨距角处时,轮对的侧滚角也较大,而在优化设计的时候,对侧滚角进行了简化处理。

对设计目标轮径差进行误差分析,最大误差为 3.86%,整体误差为 1.55%。误差的数值较小,满足设计的要求,说明该算法设计出的廓形合理有效。

3.3.2　算法初始值的确定

利用欧拉方法求解微分方程时,需要给定初始值。而初始值的不同,会导致精确解也不相同,这样会导致计算结果出现差异。

假定在初始条件下，给定初始侧的钢轨廓形的第一个设计点仍然在已知钢轨型面上，则通过已知钢轨的横坐标信息，可以插值出初始钢轨的纵坐标，即

$$z_{rl0}=f(y_{rl},z_{rl})\big|_{y_{rl}=y_{rl0}} \tag{3.32}$$

从式(3.5)和式(3.6)可以看出，这 4 个变量($y_{rr0},z_{rr0},y_{wl0},y_{wr0}$)均与初始侧滚角 ϕ_{w0} 有关。而已知量 y_{rl}、ΔR 与侧滚角 ϕ_w 也没有直接联系，为了方便确定初始值，假设在某一范围内轮径差与侧滚角有某种映射关系[$\phi_w=f(\Delta R)$]，通过给定的初始轮径差 ΔR_0，插值($\Delta R,\phi_w$)所组成的函数得到初始侧滚角 ϕ_{w0}。注意：为了避免插值得到不唯一的侧滚角，要求在初始横移量的一定插值范围内，侧滚角和轮径差一一对应。

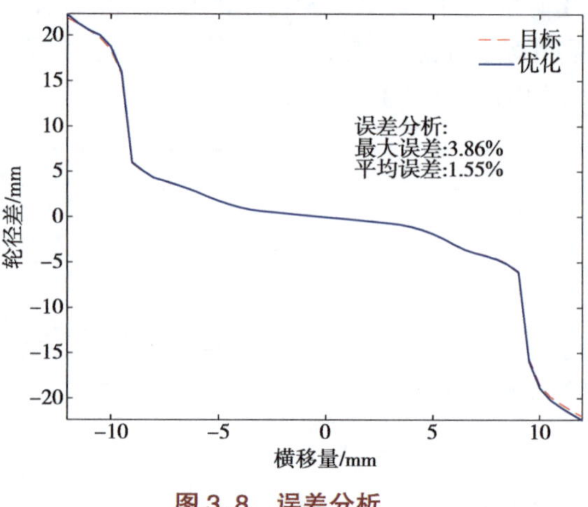

图 3.8 误差分析

在已知初始侧滚角 ϕ_{w0}、初始横移量 y_{w0}、左侧钢轨接触点的初始横坐标 y_{rl0}、左侧钢轨接触点的初始纵坐标 z_{rl0}，可以根据轮轨接触关系得到左侧车轮接触点的初始横坐标

$$y_{wl0}=(y_{rl0}-y_{w0})\cos\phi_{w0}+(z_{rl0}+r_0)\sin\phi_{w0} \tag{3.33}$$

在给定车轮踏面外形的前提下，根据左侧车轮初始横坐标 y_{wl0}，可以插值得到左侧车轮的纵坐标

$$z_{wl0}=f(y_{wl},z_{wl})\big|_{y_{wl}=y_{wl0}} \tag{3.34}$$

轮径差函数也是给定的，那么根据已知的轮径差函数，左侧车轮初始的纵坐标 z_{wl0}，可以得到右侧车轮初始的纵坐标

$$z_{wr0}=z_{wl0}-\Delta R_0 \tag{3.35}$$

在给定车轮踏面外形的前提下，根据右侧车轮初始纵坐标 z_{wl0}，可以插值得到右侧车轮的横坐标

$$y_{wr0}=f(y_{wr},z_{wr})\big|_{z_{wr}=z_{wr0}} \tag{3.36}$$

在已知初始侧滚角 ϕ_{w0}、初始横移量 y_{w0}、右侧车轮接触点的初始横坐标 y_{wr0}、右侧车轮接触点的初始纵坐标 z_{wr0}，可以根据轮轨接触关系得到右侧钢轨的初始横坐标

$$y_{rr0}=y_{wr0}\cos\phi_{w0}+z_{wr0}\sin\phi_{w0}+y_{w0} \tag{3.37}$$

右侧钢轨的初始纵坐标

$$z_{rr0}=y_{wr0}\sin\phi_{w0}+z_{wr0}\cos\phi_{w0}-r_0 \tag{3.38}$$

对初始假设进行判断，分析这些假设得到的初始值是否都满足给定的约束精度，假设侧滚角的约束精度为 ε，则有

$$\left|\phi_{w0}-\frac{\Delta R_0-(z_{rl0}-z_{rr0})}{y_{rr0}-y_{rl0}}\right|\leqslant\varepsilon \tag{3.39}$$

若不满足给定的精度，则调整初始侧滚角，有

$$\phi_{w0}=0.5\times\left[\phi_{w0}+\frac{\Delta R_0-(z_{rl0}-z_{rr0})}{y_{rr0}-y_{rl0}}\right] \tag{3.40}$$

再重新计算，直至满足为止。

3.3.3　积分步长的影响

欧拉方法求解微分方程的主要思想是，用当前时刻求得的数值 y_k，再加上积分步长 h 乘以当前时刻求得给定的函数关系式 $f(x_k, y_k)$ 的值，作为下一时刻的数值 y_{k+1}。这种近似求解的误差主要是由于在积分步长 h 时刻内，函数关系式 $f(x_k, y_k)$ 是变化，而非固定。

积分步长的长短对算法的收敛性和稳定性有很大的影响，虽然积分步长越小，积分算法就越能收敛，也越能接近求解的真实值。但是积分步长过小，会造成计算效率的缓慢，求解数据量也会增加很多。积分步长过大，可能会导致计算结果失真，甚至出现不收敛现象。

图 3.9 为积分步长取 0.01 mm、0.02 mm、0.05 mm、0.10 mm、0.20 mm、0.30 mm 时，钢轨踏面优化设计的结果。从图中可以看出，当积分步长大于 0.20 mm 时，只能设计部分区间，不能完成整个区间的设计，积分出现发散。而误差总面积随着积分步长的增加而线性增加，积分时长随着积分步长的增大呈指数下降。在兼顾计算效率以及计算精度的同时，建议钢轨优化设计的积分步长应该采用 0.02 mm。

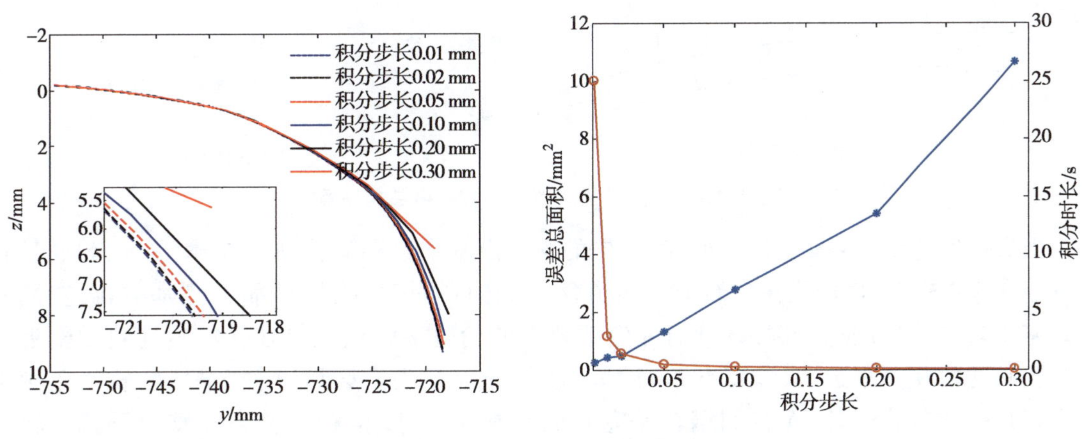

图 3.9　积分步长对设计结果的影响

3.4　道岔区钢轨的设计

在实际现场中，90% 的道岔为单开道岔。根据道岔号码的大小，道岔主要分为 9 号道岔、12 号道岔、18 号道岔、30 号道岔、42 号道岔、62 号道岔等。站在道岔尖端，面向尖轨，侧向线路向直股线路左侧岔出，称为左开道岔；反之，侧向线路向直股线路右侧岔出，称为右开道岔。普速道岔中最常见的是 12 号道岔，因此本书主要研究对象为某 12 号右开道岔。

在道岔区变截面部分，钢轨廓形随着纵向位置而不断变化，但是在特定的截面上，道岔区钢轨的廓形是一定的。因此，在这些特定的截面上，可将它们以多个离散的坐标点描述。鉴于机械加工后这些特定截面外形必须得到保证，因而这些截面又称为关键截面。

3.4.1　转辙器区横向廓形的设计

根据文献[50]，道岔区钢轨有几个关键截面处的廓形在加工过程中必须保证，其余非关键截面可以通过插值得到。12 号道岔转辙器区关键截面有：尖轨尖端（尖轨尖宽为 0）、尖轨尖宽为 3 mm、尖轨尖宽为 5 mm、尖轨尖宽为 10 mm、尖轨尖宽为 20 mm、尖轨尖宽为 35 mm、尖轨尖宽为 50 mm、尖轨全宽(尖轨尖宽为 70 mm)。一般而言,当尖轨尖宽在 20 mm 以下时,车轮载荷完全由基本轨承载,尖轨不受力;当尖轨尖宽在 20~50 mm 之间时,车轮载荷由基本轨和尖轨共同承载;当尖轨尖宽大于 50 mm 时,车轮载荷由尖轨完全承载,基本轨不受力。因此,本书研究的主要关键截面为:尖轨尖宽为 0、尖轨尖宽为 20 mm、尖轨尖宽为 35 mm、尖轨尖宽为 50 mm、尖轨尖宽为 70 mm。

以某右开道岔为例,列车侧向通过时,道岔转辙器区结构示意如图 3.10 所示,红色虚线表示轮轨接触点的可能路径线。

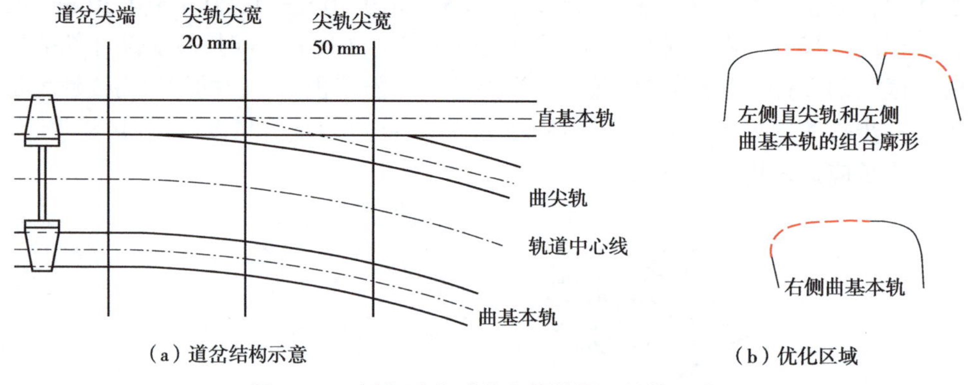

图 3.10　侧向过岔时道岔转辙器区结构示意

当尖轨尖宽在 20~50 mm 之间时,车轮的载荷由基本轨和尖轨共同承载,因此,轮轨接触点可能在基本轨上,也可能在尖轨上。当道岔为侧向通过时,尖轨贴靠左侧基本轨,左侧钢轨是基本轨和尖轨的组合廓形,此时左侧钢轨上的轮轨接触点主要在基本轨的轨顶附近以及在尖轨的轨距角附近,只能优化设计基本轨轨顶以及尖轨区域,而基本轨的轨距角则不能进行理想的优化设计;而右侧钢轨是完整的基本轨,轮轨接触点分布在整个钢轨的轨顶以及轨距角侧,可以设计整个基本轨外形,如图 3.10(b)所示,红色线型区域为优化设计区域(接触点区域)。

以某右开道岔为例,列车直向通过时,道岔转辙器区结构示意如图 3.11 所示,红色虚线表示轮轨接触点的可能路径线。

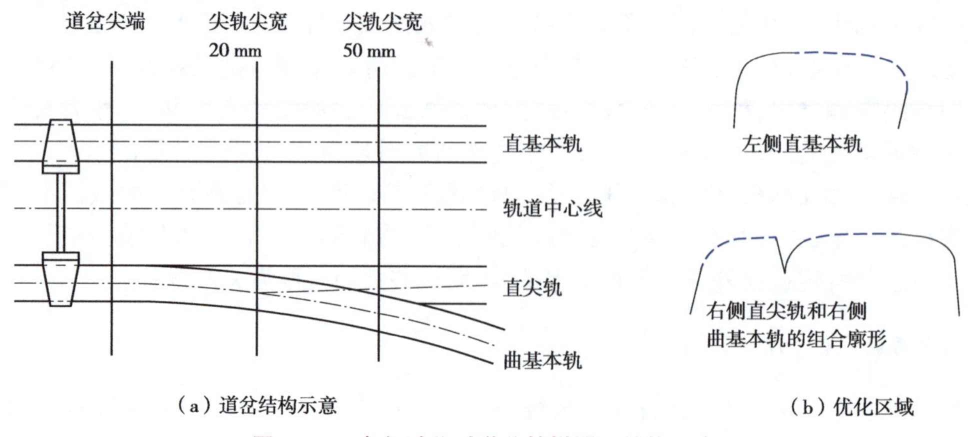

图 3.11　直向过岔时道岔转辙器区结构示意

同样,当尖轨尖宽在 20~50 mm 之间,车轮的载荷由基本轨和尖轨共同承载,因此,轮轨接触点可能在基本轨上,也可能在尖轨上。道岔为直向通过时,左侧钢轨是完整的基本轨,左侧轮轨接触点分布在整个钢轨的轨顶以及轨距角侧,可以设计整个基本轨外形;而右侧钢轨是基本轨和尖轨的组合廓形,此时右侧钢轨的轮轨接触点主要在基本轨的轨顶附近以及在尖轨的轨距角附近,只能优化设计基本轨轨顶以及尖轨区域,而基本轨的轨距角则不能进行理想的优化设计,如图 3.11(b)所示,蓝色线型区域为优化设计区域(接触点区域)。

对于左右两侧基本轨的轨顶而言,被优化设计了 2 次,如图 3.12 所示。但是基本轨的轨顶是相对较平,此时轮径差函数曲线的数值也不大,虽然是根据两条不同的轮径差函数设计同一个轨顶区域,但实际上设计出的外形差异不大。因此,当道岔的尖轨尖宽为 20~50 mm 时,针对同一截面位置的廓形应根据尖轨贴靠左侧或右侧时的两条轮径差函数分别设计,然后再拼接,这样才能设计出完整的道岔外形。

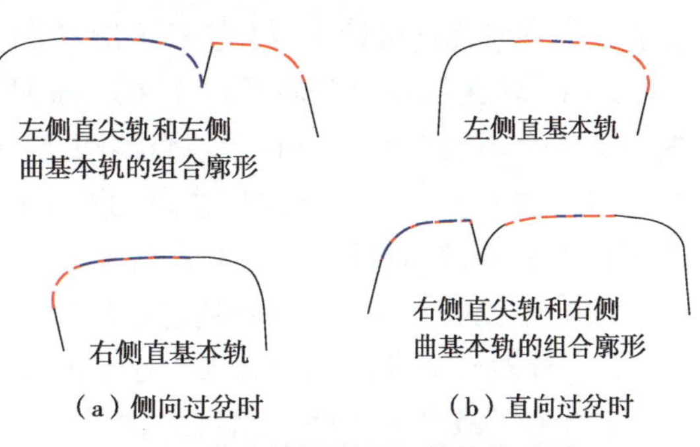

图 3.12　道岔转辙器区钢轨优化区域

3.4.2　转辙器区纵向廓形的设计

在道岔区,钢轨的廓形随着纵向距离的变化而变化,并且存在尖轨贴靠基本轨而形成凹陷区域,如图 3.12 所示。首先对某一关键截面进行优化设计,当单一横向截面满足设计要求后,再设计下一个关键截面,直到所有关键截面都优化完毕。其他非关键截面可以通过插值的方式来获得。

道岔区钢轨廓形虽然可以将其分为几个关键截面进行优化设计,但是每个截面之间的廓形并非完全独立,需要考虑每个关键廓形在纵向上的关系。为了减缓车辆过岔时的动态冲击,要求轮轨接触点纵向上尽可能光滑,即沿道岔方向,接触点的接触区域尽量窄些,这样可以减小接触点的跳跃对车辆横向运动的影响,有利于提高稳定性和减缓动力作用。

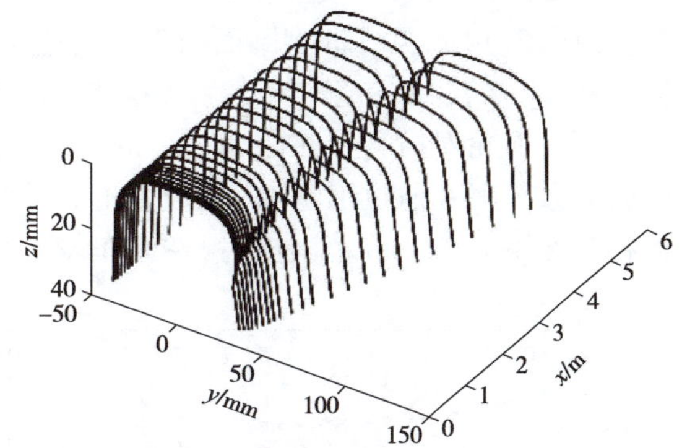

图 3.13　道岔转辙器区三维示意

道岔转辙器区不仅廓形沿纵向方向是变化的,尖轨的降低值也随着纵向方向的延长而变化,尖轨降低值的合理设置是保证车辆安全、平稳通过道岔的核心技术。因此,在设计打磨廓形时,不仅需要对横向廓形进行设计,还需要对关键截面处的尖轨降低值进行控制,第 3 章的核心算法是根据轮轨接触参数进行廓形的设计,如果轮轨接触不到的地方就设计不了廓形,但是为了满足尖轨降低值的要求,需要综合考虑道岔为曲线通过时和直向通过时两种工况,以确保该截面上的降低值满足要求。理论尖轨降低值详见表 3.1。

表 3.1　理论尖轨降低值

尖轨各控制断面轨顶宽度/mm	0	20	35	50	70
尖轨顶面降低值/mm	23	3	1.4(1.5)	0	0

3.5 设计算例

本节分析了我国普速线路上常用的 LM 型车轮踏面与某 12 号普速道岔 CN60-350-1∶12(曲线半径 350 m,辙叉角为 1∶12)关键截面几何匹配关系存在的问题,应用本节介绍的优化方法对其进行优化设计,改善列车过岔时的动力学性能,最后还校验 JM 型踏面过岔时的动力学性能。在本节优化设计中,给定车轮滚动圆直径为 915 mm,轮对内侧距为 1 353 mm,轨距为 1 435 mm,轨距测量点为轨顶以下 16 mm 处,轨底坡为 1/40。为了确保优化后的钢轨廓形,在纵向上不会出现波浪线形状,特将优化后的廓形的最大打磨量设定为恒定的常数(在本节中,设定每个关键截面处的最大打磨量为 0.4 mm)。

在本节中,针对目标廓形的评价原则主要有:

(1)优化设计的廓形不能超过原始廓形。

(2)针对转辙器区组合廓形(尖轨和基本轨组合廓形),首先需要满足尖轨降低值的要求。

(3)为了减少人为磨削钢轨的材料,在拼接时选择打磨量最小的拼接方法。

3.5.1 尖轨尖宽为 0 mm

当尖轨尖宽为 0 时,车轮的垂向载荷完全由左右轨的基本轨承担,此时,只需要对左右轨的基本轨进行设计。虽然当尖轨贴靠不同基本轨时,侧向过岔和直向过岔时尖轨尖端的组合廓形不同,但是在尖轨尖宽为 0 时,尖轨的降低值为 23 mm。此时,无论列车是直向过岔还是侧向过岔,均不与尖轨发生接触。

由图 3.14 可见,LM 型踏面与尖轨尖宽为 0 匹配时,钢轨上接触点的区域较宽,但是轮对横移量在[-6,3]mm 范围内时,接触点较为集中,这样可能会造成轨顶出现滚动疲劳接触和过度磨耗。轮对横移量在[-9,-8]mm 和[8,9]mm 范围内出现了轮轨接触点跳跃现象,这样会导致车辆在通过道岔时,造成瞬时冲击过大的现象,不利于曲线的通过性能。当轮对横移量在[-6,6]mm 范围内时,左侧车轮的接触点的横坐标范围为[-722.8,-748.9]mm;

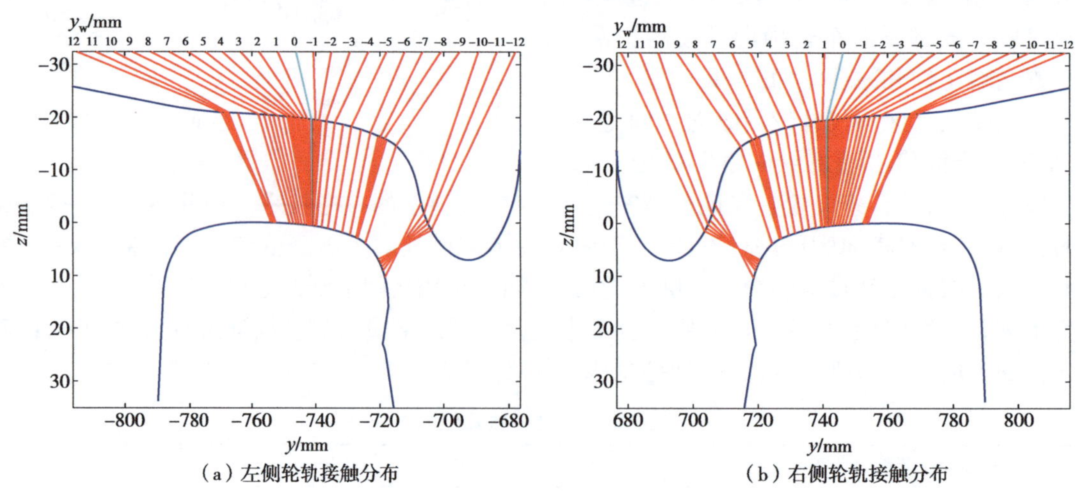

(a) 左侧轮轨接触分布　　(b) 右侧轮轨接触分布

图 3.14　优化前的轮轨几何接触特征

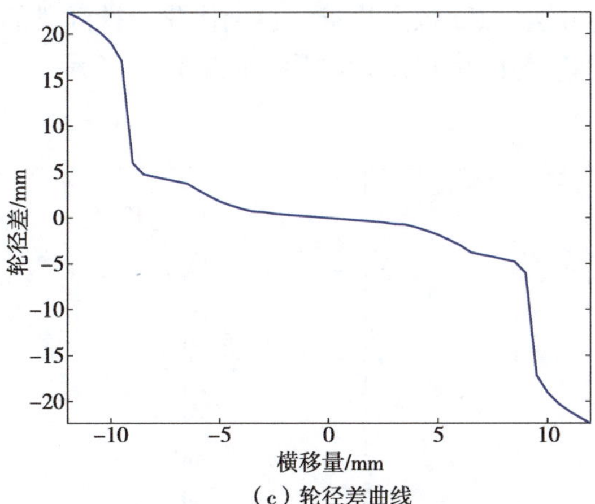

（c）轮径差曲线

图 3.14 优化前的轮轨几何接触特征（续）

左侧钢轨接触点的横坐标范围为[-729.2,-742.6]mm；右侧车轮接触点的横坐标范围为[748.8,723.2]mm；右侧钢轨接触点的横坐标范围为[742.4,729.6]mm。

为了确保优化设计后的廓形在轮对横移量较小(±3 mm)时，仍然有较高的稳定性，需要保留较小横移量范围内的轮径差的数值；为了减少车辆在曲线上的瞬时冲击，需要将轮径差曲线调整为较为光滑，减小接触点的跳跃现象，并设定每个关键截面处的最大打磨量为 0.4 mm。根据上述分析，给定优化设计的优化目标如图 3.15 所示。

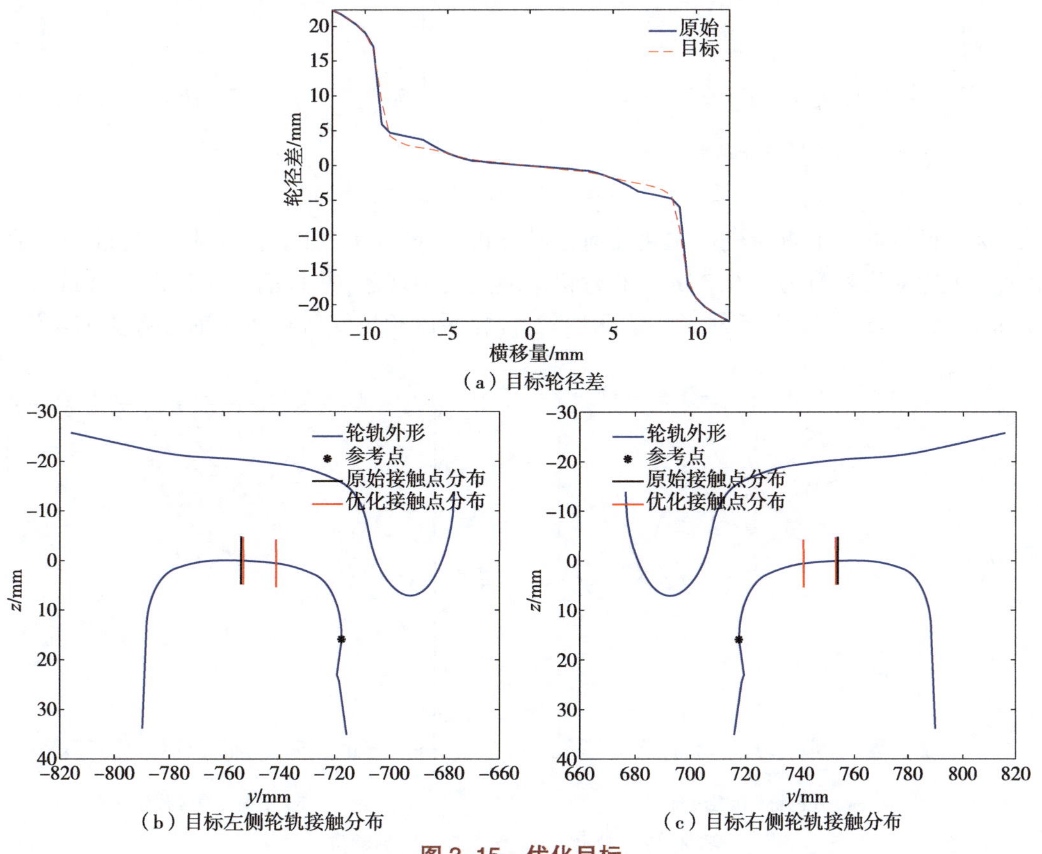

（a）目标轮径差

（b）目标左侧轮轨接触分布

（c）目标右侧轮轨接触分布

图 3.15 优化目标

根据本章介绍的优化方法,以欧拉方法求解得到优化设计区段的廓形,再将优化设计的区段与原廓形进行拼接,得到完整的优化设计廓形,如图 3.16 所示。左右侧打磨廓形的最大打磨量均为 0.4 mm。

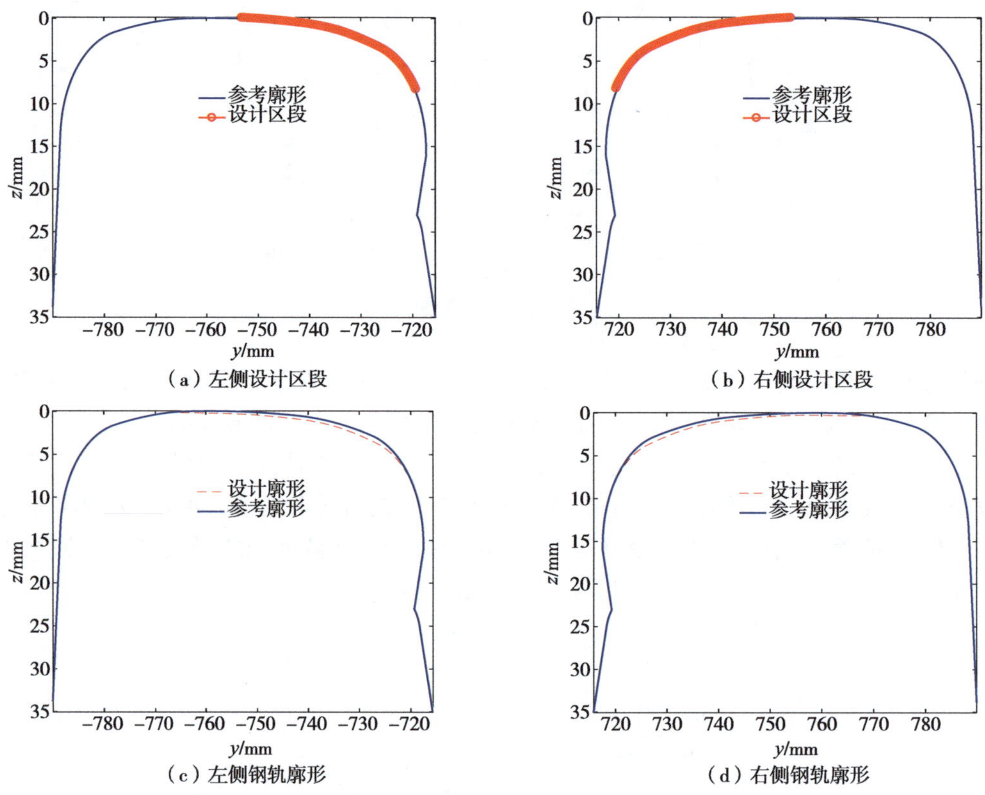

(a) 左侧设计区段　(b) 右侧设计区段

(c) 左侧钢轨廓形　(d) 右侧钢轨廓形

图 3.16　优化后的设计区段及完整廓形

对优化设计的廓形重新进行轮轨几何接触分析,如图 3.17 所示。可见,优化设计之后,基本上消除了轮对横移量为[-6,3]mm 的轮轨接触点集中现象,并且消除了轮对横移量为[-9,-8]mm 和[8,9]mm 时轮轨接触点的跳跃现象,优化后的轮轨接触点较之前分布更加均匀。当

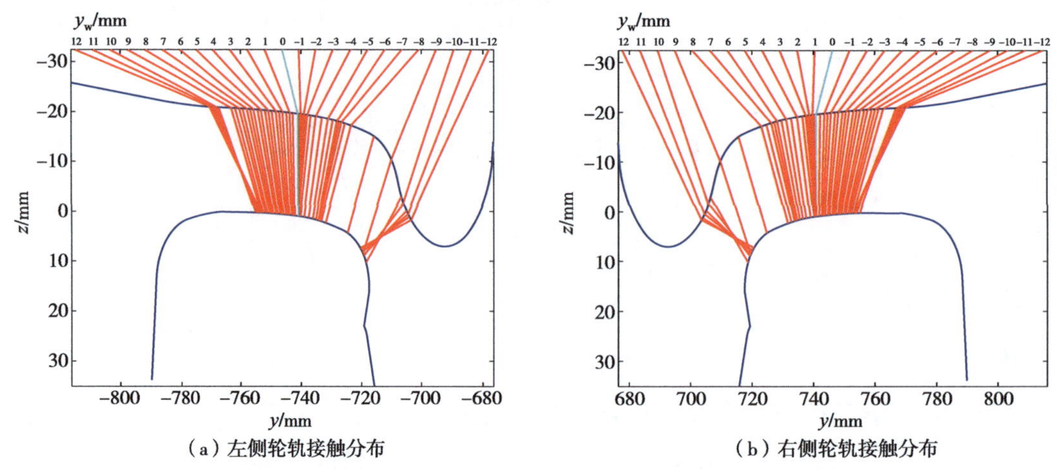

(a) 左侧轮轨接触分布　(b) 右侧轮轨接触分布

图 3.17　优化后的轮轨几何接触特征

轮对横移量在[-6,6]mm 范围内时,左侧车轮的接触点的横坐标范围为[-727.8,-755.6]mm;左侧钢轨接触点横坐标范围为[-734.1,-749.3]mm;右侧车轮的接触点的横坐标范围为[755.3,728.3]mm;右侧钢轨接触点横坐标范围为[749.1,734.6]mm。

将优化设计后的廓形重新计算轮径差曲线,并与给定的目标轮径差曲线对比,如图 3.18 所示。可见,平均误差为 3.16%,最大误差为 4.29%,基本满足设计要求。

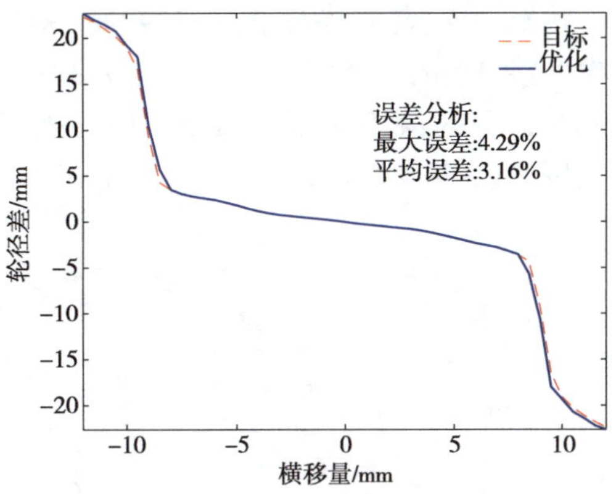

图 3.18 优化后的结果校验

对优化前后的廓形进行接触应力分析,其非赫兹法向接触应力的结果如图 3.19 所示。可见,优化后由于轮轨接触点的分布更加均匀,其轮轨法向接触应力也降低了。虽然部分接触点处的接触应力略大于优化前,主要原因是优化设计之后,在相同横移量下,轮轨接触点的位置发生变化,导致某些接触点处的接触应力超前发生。但是从总体来看,优化后的接触应力较优化前也得到了降低。初步说明,该截面处的优化设计结果是可行的,并且初步通过校验。

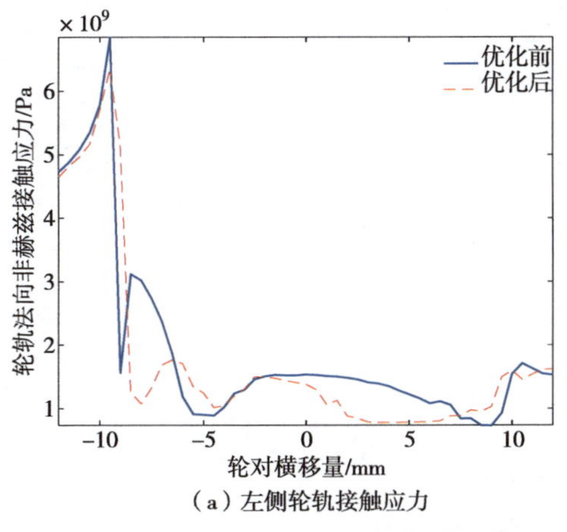

(a) 左侧轮轨接触应力

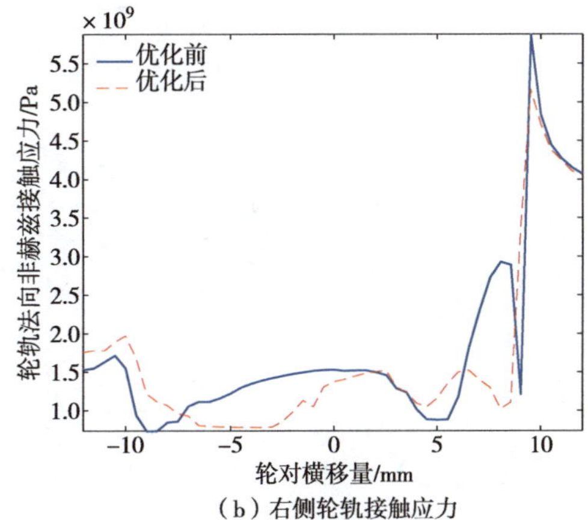

(b) 右侧轮轨接触应力

图 3.19 优化前后的轮轨接触应力分析

3.5.2 尖轨尖宽为 20 mm

由上述分析可知:当尖轨尖宽在 20~50 mm 之间时,车轮的载荷由基本轨和尖轨共同承载,需要对此截面的廓形根据尖轨贴靠左侧直基本轨(道岔为侧向通过状态)和右侧曲基本轨(道岔为直向通过状态)两种情况一起设计,应根据尖轨贴靠左侧直基本轨和右侧曲基本轨时的两条轮径差曲线分别设计,然后再拼接。

1. 道岔为侧向通过状态时

假设尖轨先贴靠左侧直基本轨(道岔为侧向通过状态时),不考虑轮对摇头角对几何接触特征的影响,轮轨几何接触特征如图 3.20 所示。从图中可以看出,轮轨接触点主要集中在左侧的基本轨上,左侧尖轨上也出现了接触点跳跃现象(轮对横移量为[-6,-7]mm 时和[-9,-10]mm 时),并且右侧的基本轨存在接触点集中(轮对横移量为[-6,3.5]mm 范围内)和部分跳跃现象(轮对横移量为[8,9]mm 范围内)。当轮对横移量在[-9,9]mm 范围内时,左侧车轮的接触点的横坐标范围为[-717.9,-773.9]mm;左侧钢轨接触点横坐标范围为[-727.1,-763.9]mm;右侧车轮的接触点的横坐标范围为[755.6,710.2]mm;右侧钢轨接触点横坐标范围为[746.4,720.2]mm。

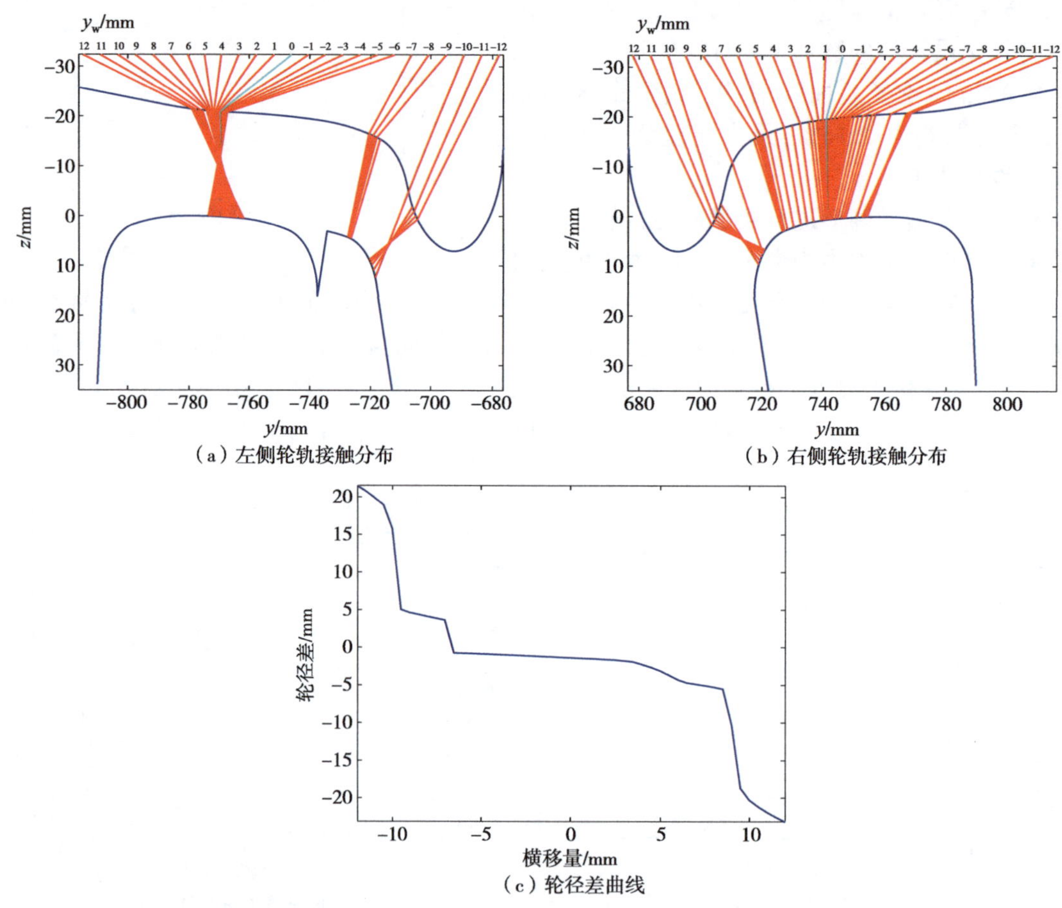

(a)左侧轮轨接触分布

(b)右侧轮轨接触分布

(c)轮径差曲线

图 3.20 优化前的轮轨几何接触特征

由于道岔为侧向通过状态(尖轨贴靠左侧基本轨),左侧轮轨接触点主要集中在基本轨的轨顶上,并且在横移量为[-6,-7]mm 时,左侧轮轨接触点从基本轨上移动尖轨上;右侧轮轨接触点在轨距角附近过于集中,并且在横移量为[8,9]mm 时,存在轮轨接触点较大的跳跃,这样可能造成过曲线时产生较大的振动冲击,因此,需要对轮径差曲线进行修改。减小轮轨接触点的瞬时跳跃,能减少过曲线时的瞬时较大冲击;适当增大列车侧向过岔时的轮径差曲线,能减少车辆在曲线通过时的磨耗,降低接触应力从而减小轮轨疲劳发生的概率。依据给定每个关键截面处的最大打磨量为 0.4 mm,优化后的轮径差曲线如图 3.21(a)所示,蓝色(实线)为原始轮径差曲线,红色(虚线)为优化设计的轮径差曲线。

借助本章的优化方法,对原始廓形进行优化设计,优化设计的结果如图 3.22 所示。经过优化设计之后,左侧钢轨优化基本轨的轨顶区域,钢轨轨顶打磨量约为 0.05 mm,左侧尖轨主要优化轨距角附近,钢轨轨顶打磨量约为 0.40 mm;右侧钢轨优化整个轨头区域,钢轨轨顶打磨量约为 0.40 mm。但是对于左侧基本轨的轨距角区域,此时没有发生轮轨接触,因此不能对

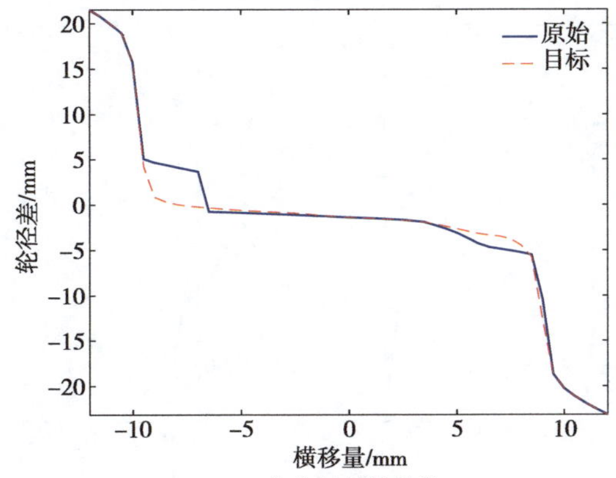

（a）目标轮径差

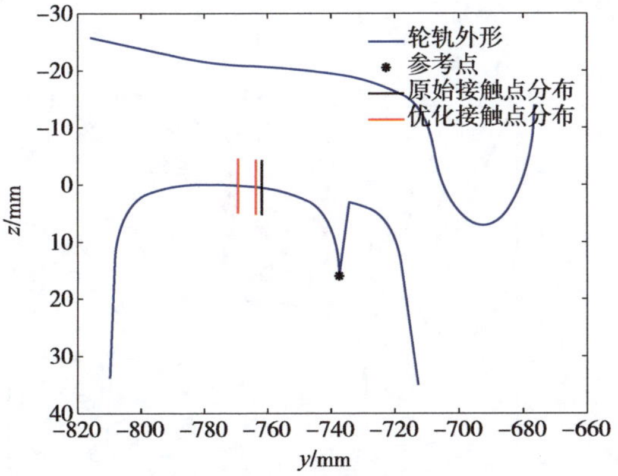

（b）目标左侧轮轨接触分布范围

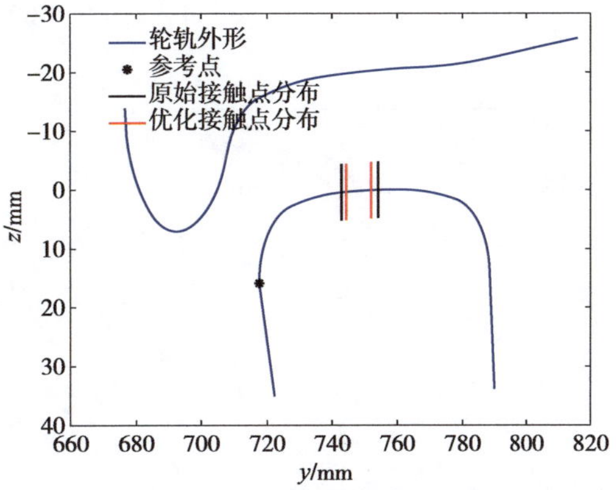

（c）目标右侧轮轨接触分布范围

图 3.21 优化目标

其有更好的优化设计。

对优化设计的廓形重新进行轮轨几何接触分析，如图 3.23 所示。可见，优化设计之后，基本上消除了左侧钢轨在轮对横移量为[-6,-7]mm 时轮轨接触点的跳跃现象，右侧钢轨在轮对横移量为[8,9]mm 时轮轨接触点的跳跃现象，并且优化后的右侧轮轨接触点较之前分布更加均匀。

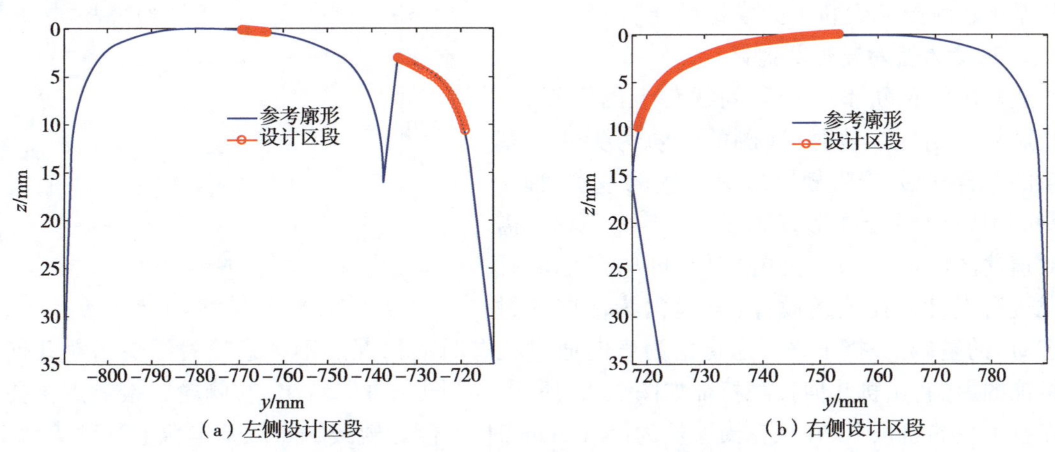

（a）左侧设计区段

（b）右侧设计区段

图 3.22 优化后的设计区段及完整廓形

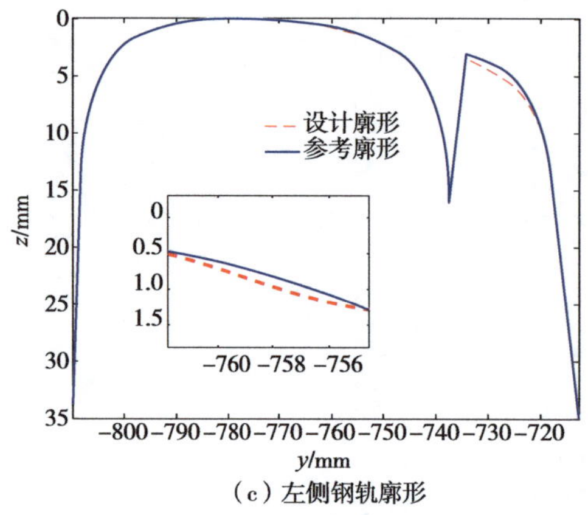

(c) 左侧钢轨廓形

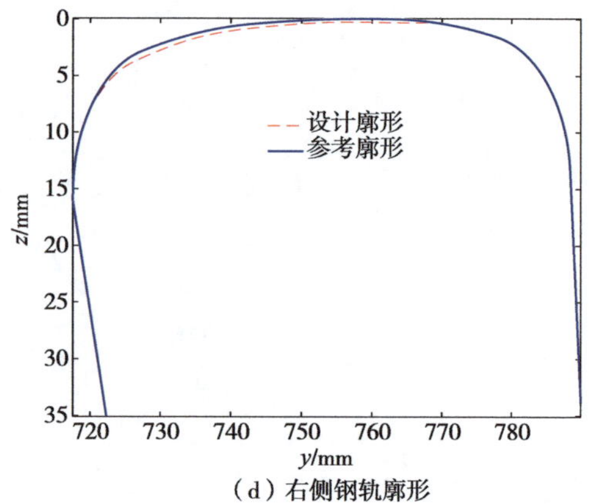

(d) 右侧钢轨廓形

图 3.22 优化后的设计区段及完整廓形(续)

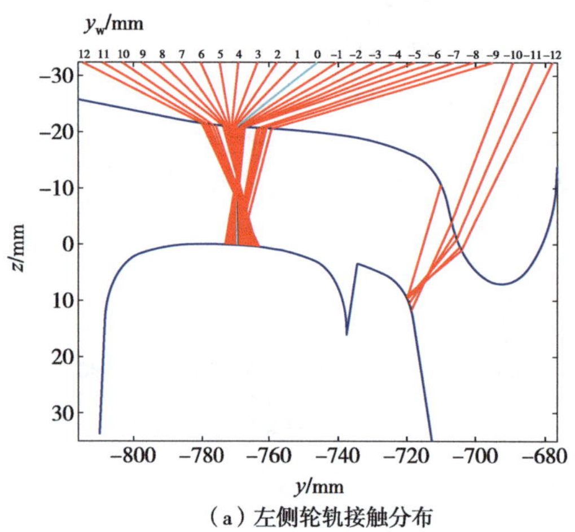

(a) 左侧轮轨接触分布

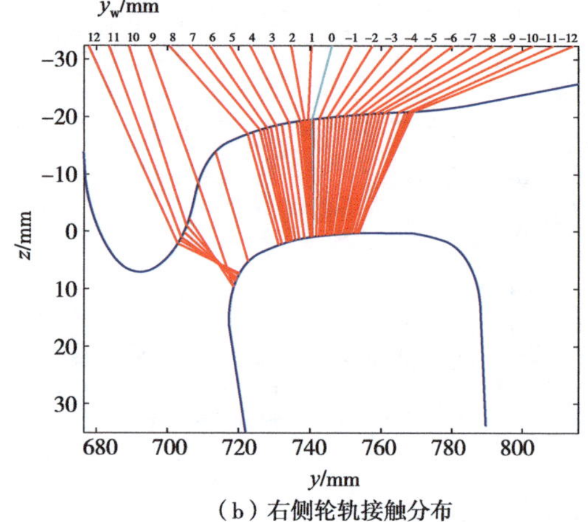

(b) 右侧轮轨接触分布

图 3.23 优化后的轮轨几何接触特征

从图 3.24 可见,优化后的轮径差曲线与优化设计的目标曲线基本一致,最大误差仅 9.16%,平均误差仅 5.67%,并且误差的横移量主要在接触点从基本轨跳跃到尖轨上的横移量处。

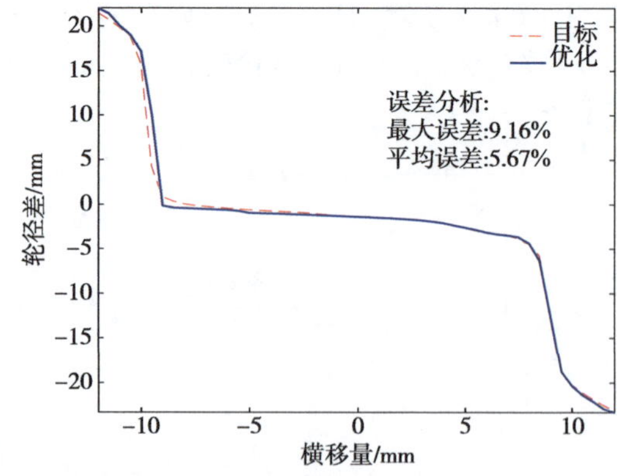

图 3.24 优化后的结果校验

2. 道岔为直向通过状态时

道岔区的钢轨不同于区间线路上的钢轨,当尖轨贴靠一侧基本轨时,这侧的钢轨为尖轨和基本轨的组合廓形,当尖轨贴靠另一次的基本轨时,这侧的钢轨由组合廓形变为了基本轨。因此,需要对道岔区的同一截面处的钢轨,同时考虑两种情况进行设计。在上述设计(当道岔为侧向通过状态时)的基础上,接下来考虑道岔为直向通过状态时的情况。不考虑轮对摇头角对几何接触特征的影响,轮轨几何接触特征如图 3.25 所示。从图中可以看出,右侧轮轨接触点主要集中在基本轨的轨顶上,并且在横移量为[5,6]mm 时,右侧轮轨接触点从基本轨上移动尖轨上;左侧轮轨接触点在轨顶附近过于集中。

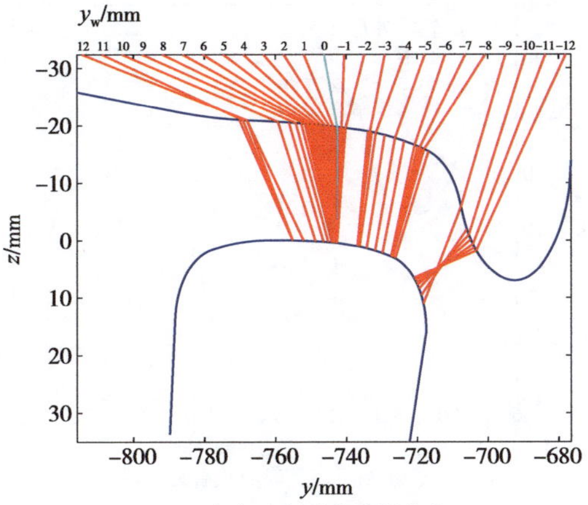

（a）左侧轮轨接触分布

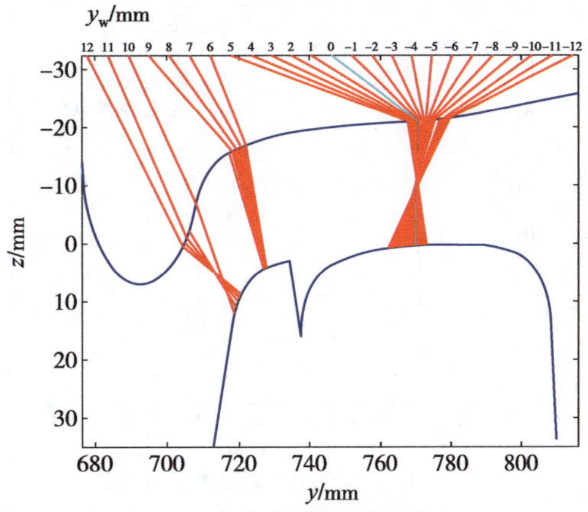

（b）右侧轮轨接触分布

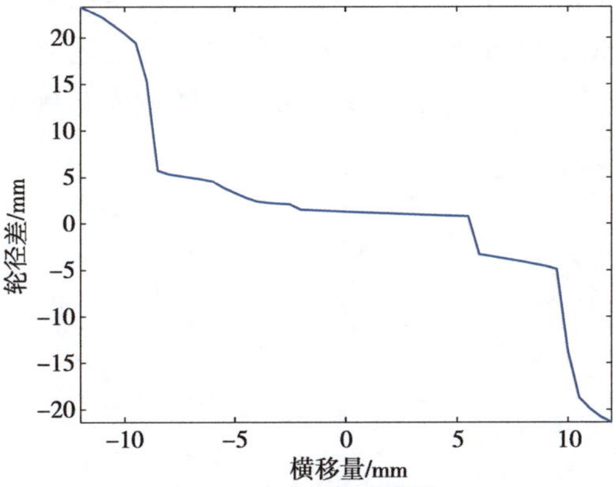

（c）轮径差曲线

图 3.25 优化前的轮轨几何接触特征

由于道岔为直向通过状态，因此，需要确保车辆在直向通过具有较高的稳定性，即在较小横移量下，轮径差的值应较小，并设定每个关键截面处的最大打磨量为 0.4 mm。根据上述分析，给定优化设计的优化目标如图 3.26 所示。

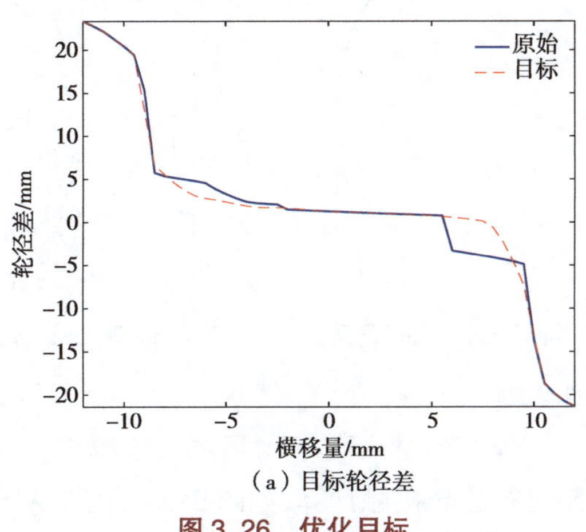

（a）目标轮径差

图 3.26 优化目标

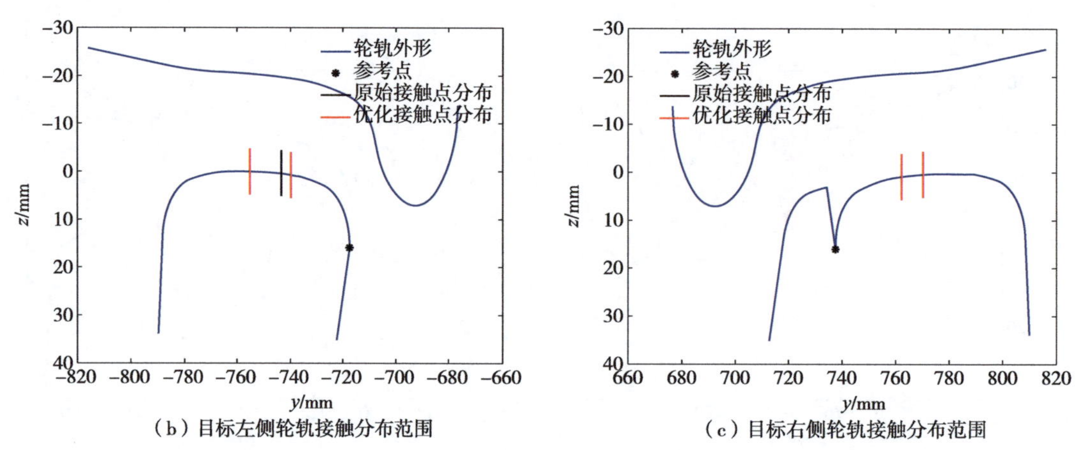

（b）目标左侧轮轨接触分布范围　（c）目标右侧轮轨接触分布范围

图 3.26　优化目标(续)

优化设计的结果如图 3.27 所示,经过优化设计之后,左侧钢轨优化基本轨的整个轨头区域,钢轨最大打磨量为 0.35 mm;右侧左侧尖轨主要优化轨距角附近,钢轨轨顶打磨量为 0.4 mm,右侧的基本轨只优化了基本轨轨顶区域,钢轨轨顶最大打磨量为 0.06 mm。

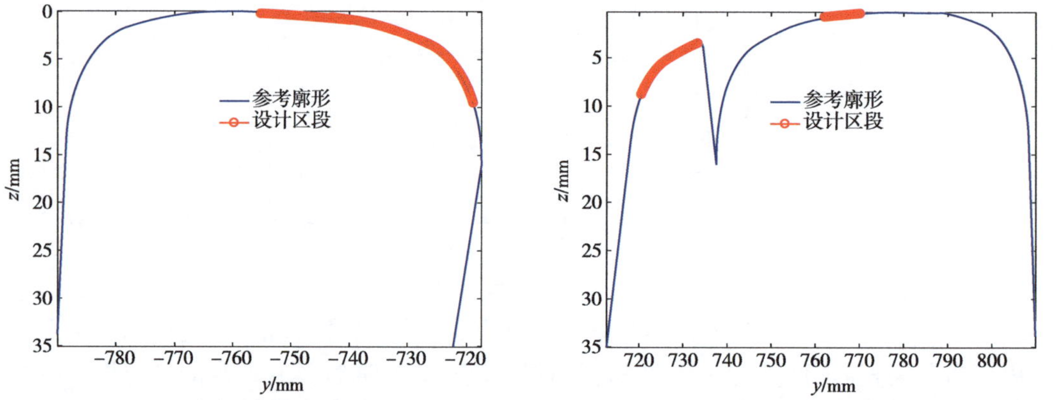

（a）左侧设计区段　（b）右侧设计区段

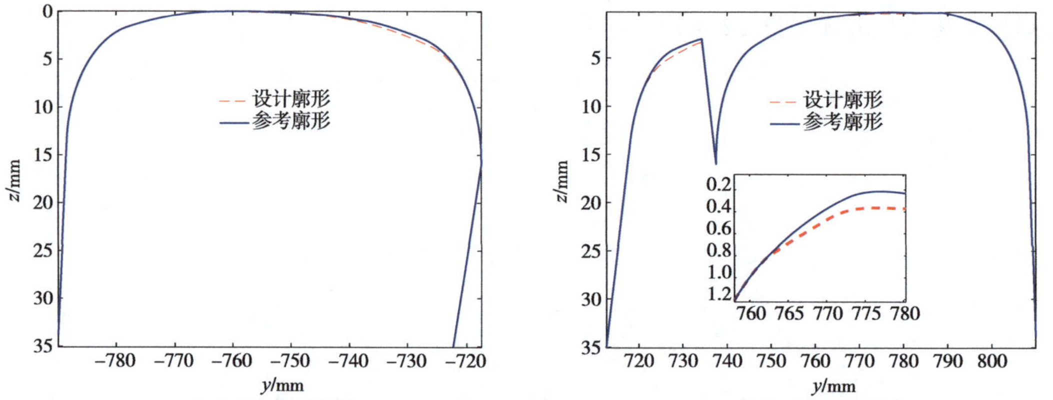

（c）左侧钢轨廓形　（d）右侧钢轨廓形

图 3.27　优化后的设计区段及完整廓形

对优化之后的廓形重新进行轮轨接触计算,如图 3.28 所示,从图中可以看出,优化后的左侧钢轨上的接触点均匀分布,消除了轮轨接触点跳跃的现象。

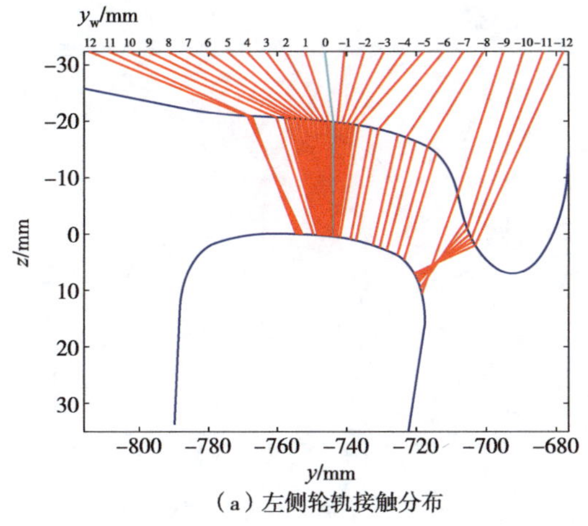
(a) 左侧轮轨接触分布

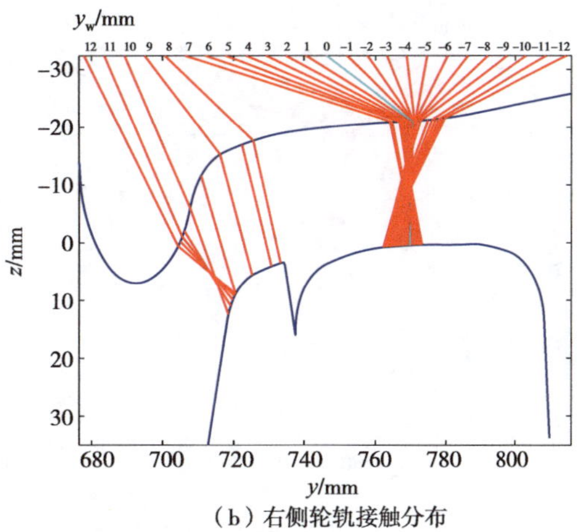
(b) 右侧轮轨接触分布

图 3.28 优化后的轮轨几何接触特征

从图 3.29 可见,优化后的轮径差曲线与优化设计的目标曲线基本一致,最大误差仅 8.75%,最大误差是由于接触点从基本轨上跳跃到尖轨上导致,平均误差仅 4.88%,满足设计要求。

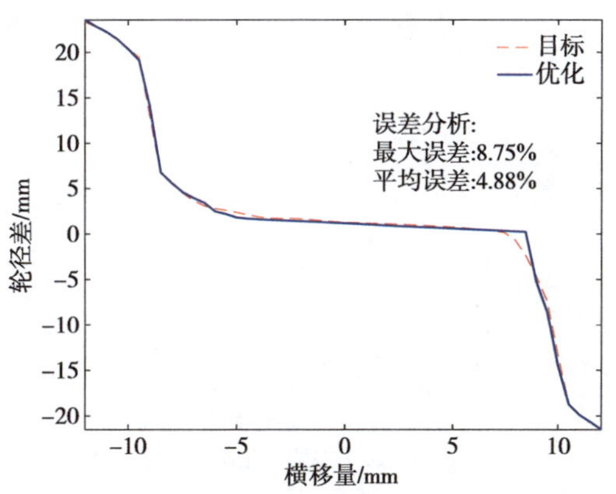

图 3.29 优化后的结果校验

3. 拼接为完整的新廓形

单一只考虑道岔为侧向通过状态时或直向通过状态时,都不能完整地优化设计整个钢轨廓形。因此,需要同时考虑两种工况来优化设计钢轨,然后将两种工况设计后的结果进行拼接,得到完整的设计廓形。道岔为侧向通过状态时的完整设计结果如图 3.30 所示。道岔为直向通过状态时的完整设计结果如图 3.31 所示。

有上述可见,优化设计之后,轮轨接触点的分布较之前都均匀,基本上消除了钢轨轨距角附近的跳跃现象,优化后的轮轨法向非赫兹接触应力较优化前也有一定程度的下降,某些横移量下轮轨间的接触应力略有增大,主要原因是:优化后调整了接触点的位置,导致原来在轨顶

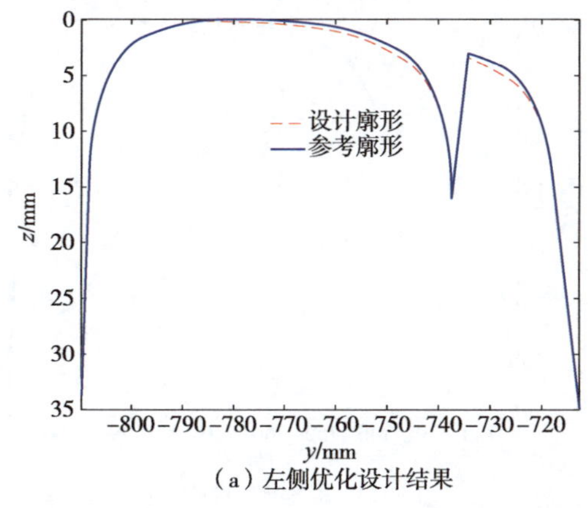

(a) 左侧优化设计结果

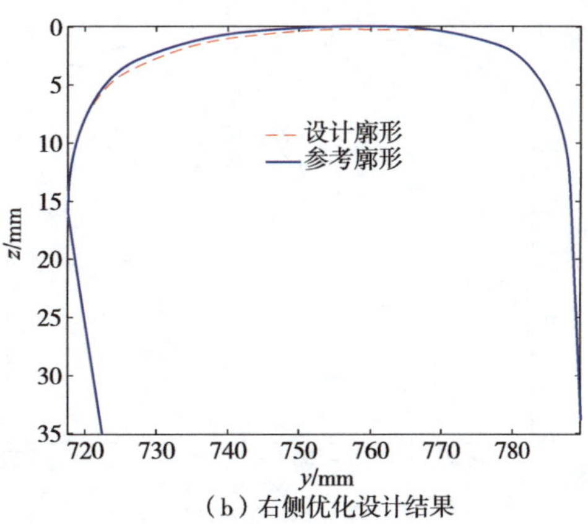

(b) 右侧优化设计结果

图 3.30 道岔为侧向通过状态时

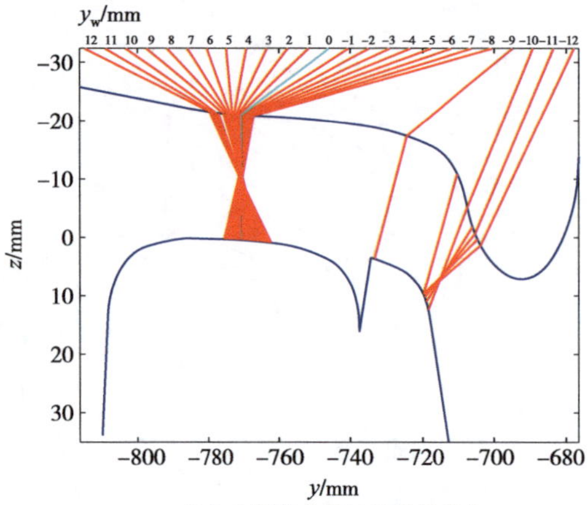

(c) 左侧优化设计后接触分布 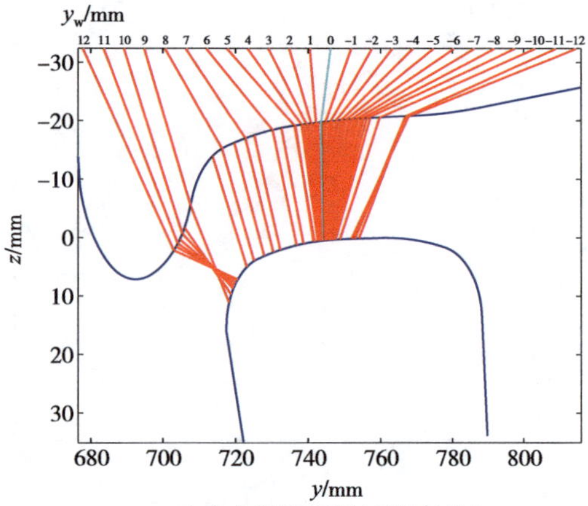　　(d) 右侧优化设计后接触分布

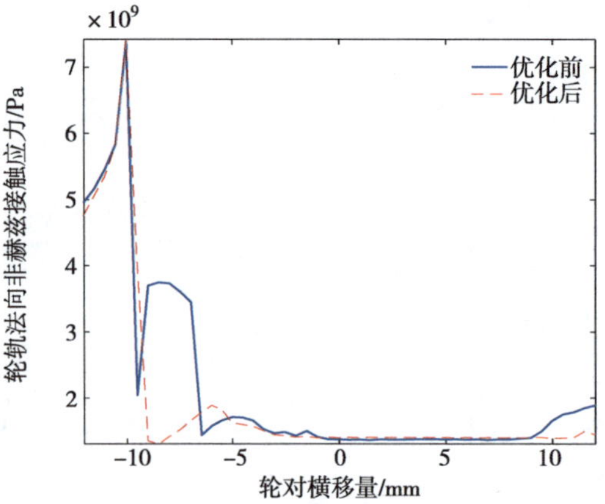

(e) 左侧优化设计后的接触应力 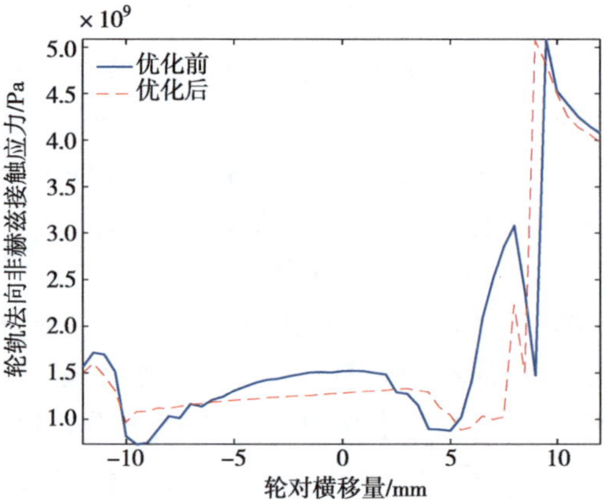　　(f) 右侧优化设计后的接触应力

图 3.30　道岔为侧向通过状态时(续)

接触,优化后在轨距角附近接触,从而导致接触应力局部变大,但都在可接受范围内。虽然两侧基本轨的轨顶进行了两次设计,但是轨顶打磨量均在 0.40~0.45 mm 之间,而尖轨最大打磨量在 0.40 mm,这样也确保了在该关键截面处,尖轨降低值为 3 mm 的要求。因此,优化设计结果满足设计要求。

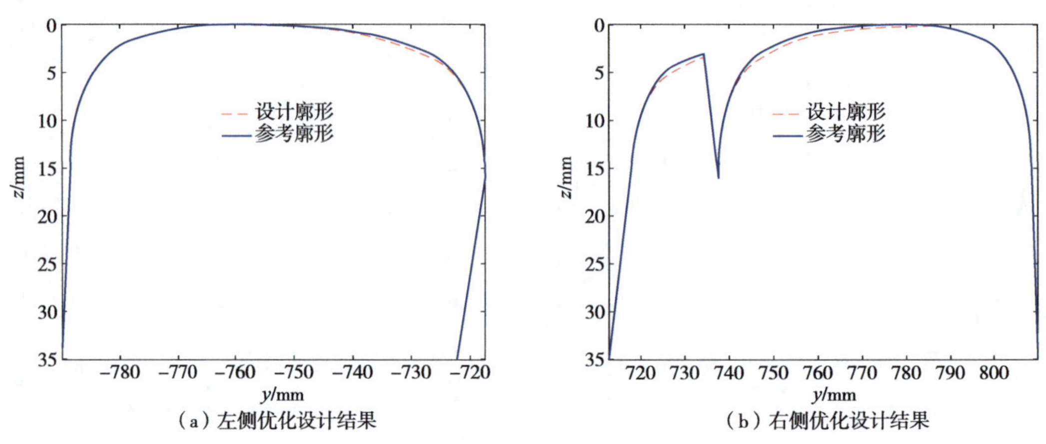

(a) 左侧优化设计结果　　(b) 右侧优化设计结果

图 3.31　道岔为直向通过状态时

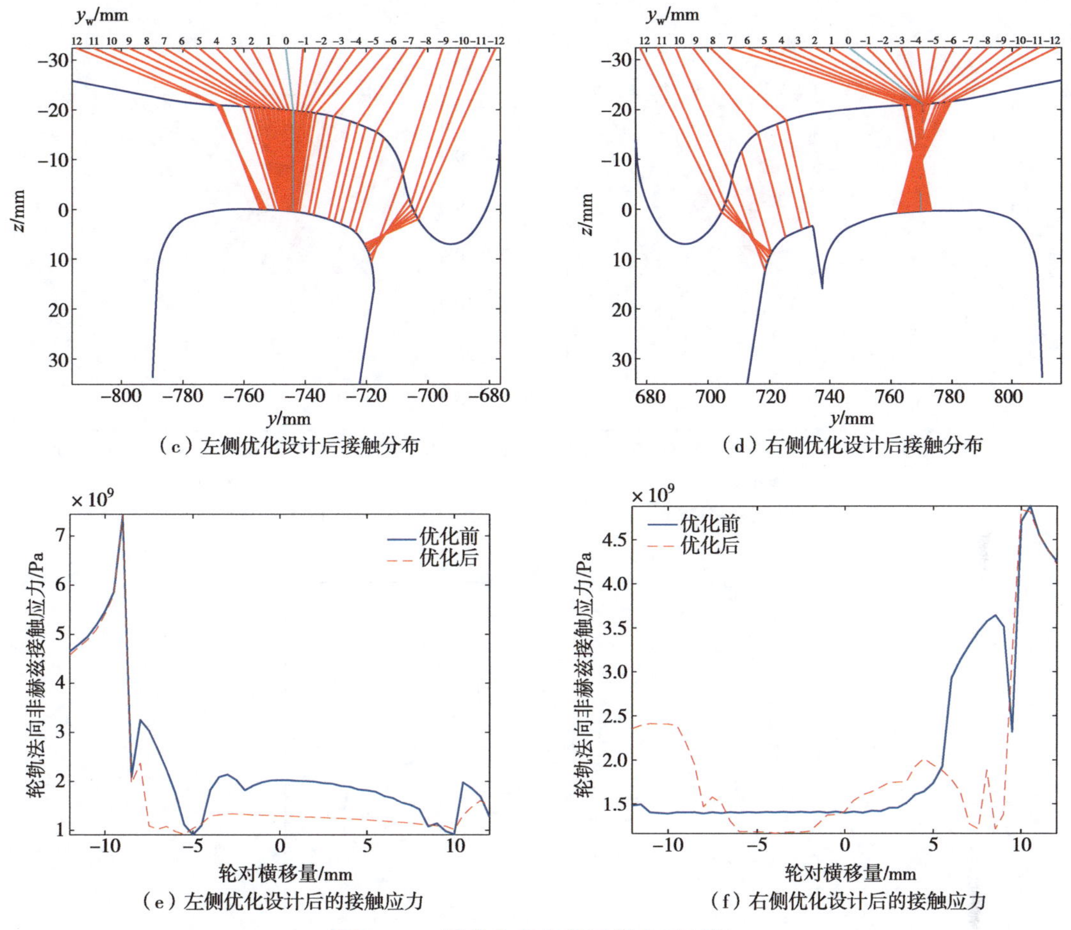

图 3.31　道岔为直向通过状态时(续)

3.5.3　尖轨尖宽为 35 mm

1. 道岔为侧向通过状态时

假设尖轨先贴靠左侧直基本轨(道岔为侧向通过状态时),轮轨几何接触特征如图 3.32 所示。在此截面上,左侧轮轨接触点全部从基本轨移到尖轨上,但是在轮对的横移量为[-9,-4]mm 和[-1,7]mm 范围内,存在轮轨接触点集中现象,可能会导致滚动接触疲劳或过度磨耗;轮对横移量在[-10,-9]mm 范围内出现跳跃现象,可能会造成车辆在过曲线时的瞬时冲击过大。

减小轮轨接触点的瞬时跳跃,能减少过曲线时的瞬时较大冲击,适当增大列车侧向过岔时的轮径差曲线,能减少车辆在曲线通过时的磨耗,减小接触应力,从而降低轮轨疲劳发生的概率。并设定每个关键截面处的最大打磨量为 0.4 mm。优化后的轮径差曲线如图 3.33(a)所示,目标接触点分布范围如图 3.33(b)和图 3.33(c)所示。

借助本章的优化方法,对原始廓形进行优化设计,优化设计的结果如图 3.34 所示。左侧曲尖轨的最大打磨量为 0.4 mm,但是左侧的直基本轨没有得到优化设计;右侧曲基本轨的最大打磨量也为 0.4 mm。

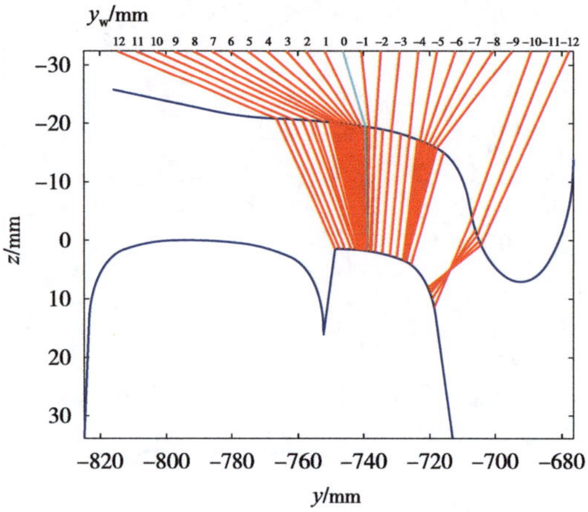

（a）左侧轮轨接触分布

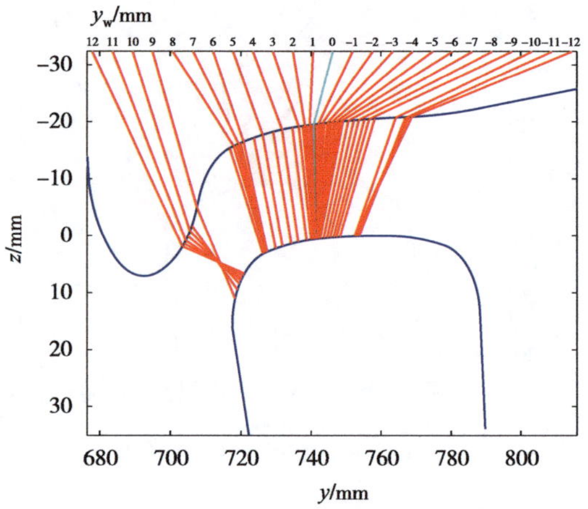

（b）右侧轮轨接触分布

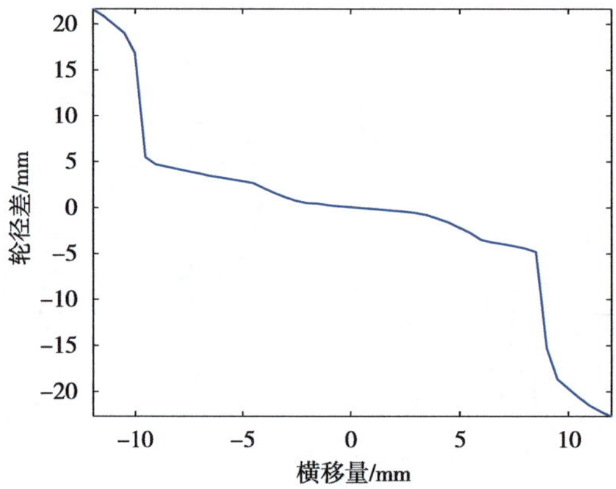

（c）轮径差曲线

图 3.32　优化前的轮轨几何接触特征

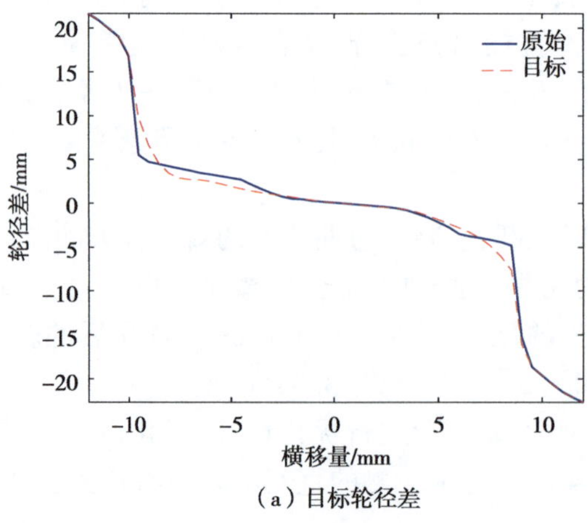

（a）目标轮径差

图 3.33　优化目标

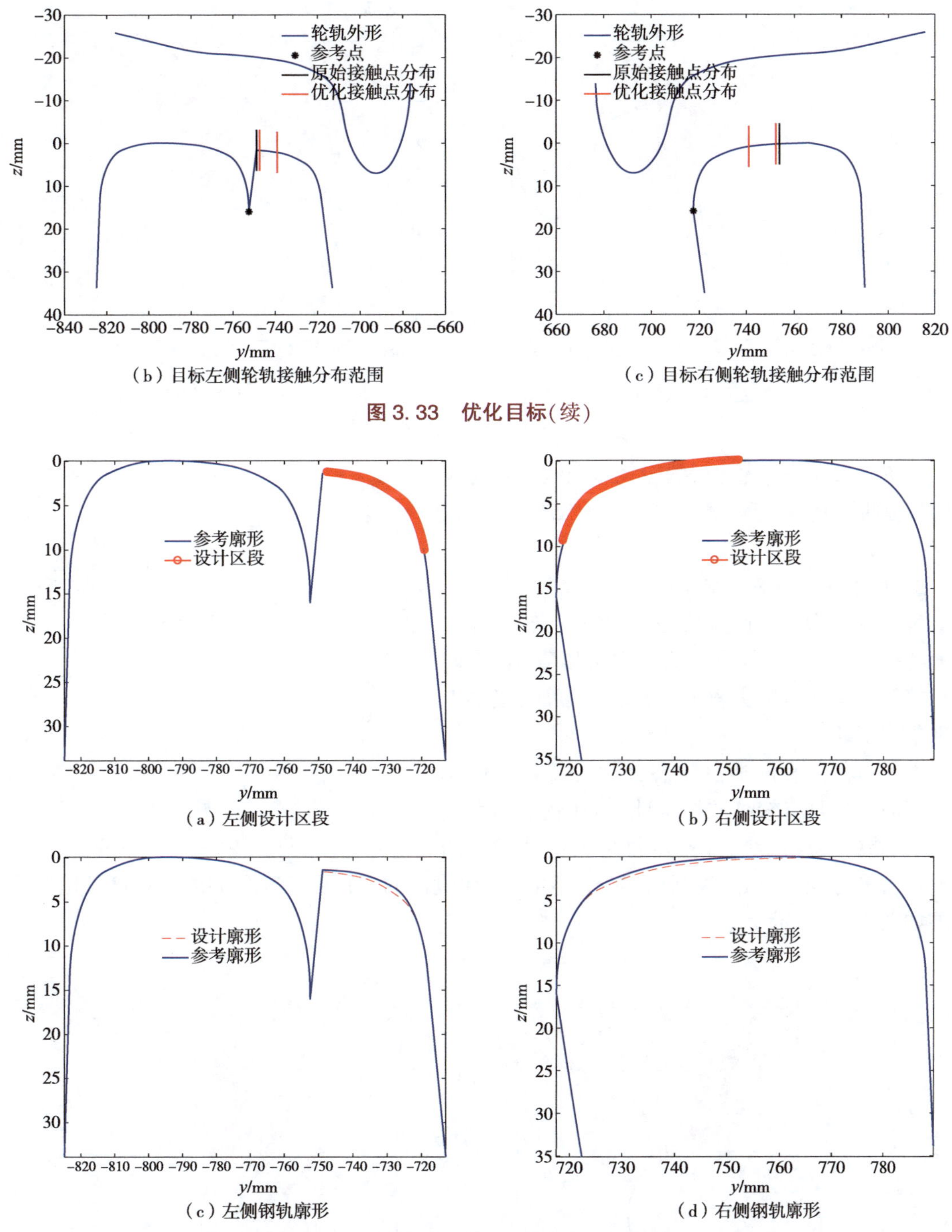

（b）目标左侧轮轨接触分布范围

（c）目标右侧轮轨接触分布范围

图 3.33　优化目标(续)

（a）左侧设计区段

（b）右侧设计区段

（c）左侧钢轨廓形

（d）右侧钢轨廓形

图 3.34　优化后的设计区段及完整廓形

对优化设计的廓形重新进行轮轨几何接触分析，如图 3.35 所示。可见，优化设计之后，基本上消除了左侧钢轨在轮对横移量为[-10,-9]mm 时轮轨接触点的跳跃现象，右侧钢轨在轮对横移量为[8,9]mm 时轮轨接触点的跳跃现象，并且优化后的左右侧轮轨接触点较之前分布更加均匀。

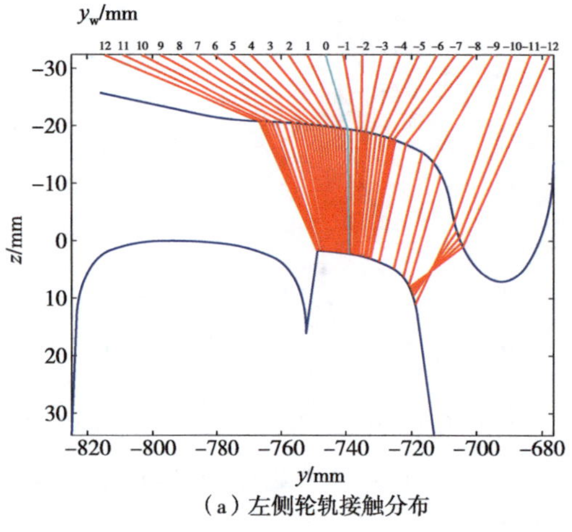

（a）左侧轮轨接触分布

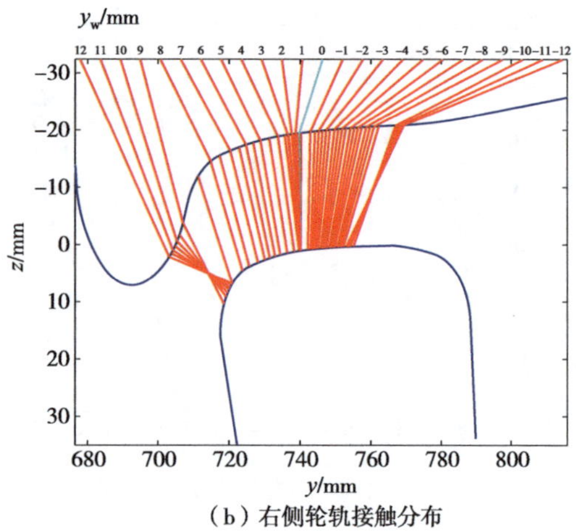

（b）右侧轮轨接触分布

图 3.35　优化后的轮轨几何接触特征

从图 3.36 可见，优化后的轮径差曲线与优化设计的目标曲线基本一致，最大误差仅 4.25%，平均误差仅 1.55%。

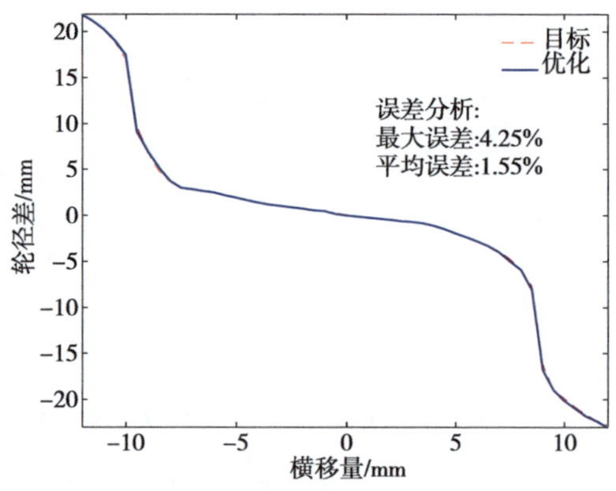

图 3.36　优化后的结果校验

2. 道岔为直向通过状态时

考虑道岔为直向通过状态时的情况，轮轨几何接触特征如图 3.37 所示。从图中可以看出，右侧轮轨接触点均在右侧尖轨上。在轨顶区域，接触点出现集中现象。

由于道岔为直向通过状态，因此，需要确保车辆在直向通过具有较高的稳定性，即在较小横移量下，轮径差的值应较小，并设定每个关键截面处的最大打磨量为 0.4 mm。根据上述分析，给定优化设计的优化目标和预期的轮轨接触点的分布范围如图 3.38 所示。

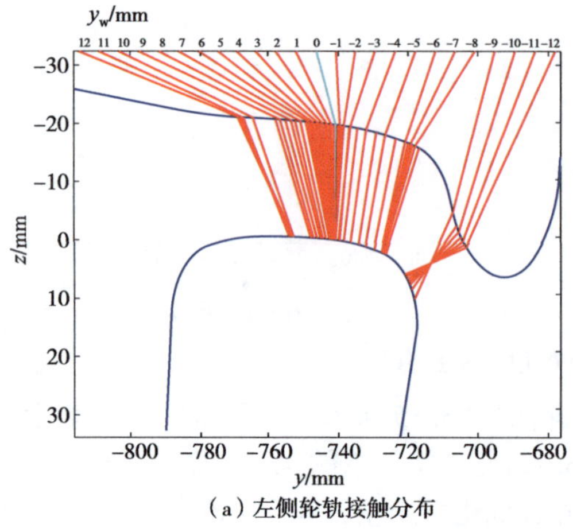

（a）左侧轮轨接触分布

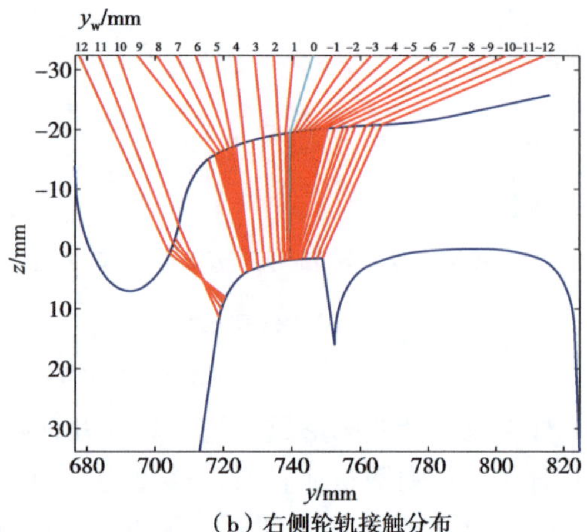

（b）右侧轮轨接触分布

图 3.37　优化前的轮轨几何接触特征

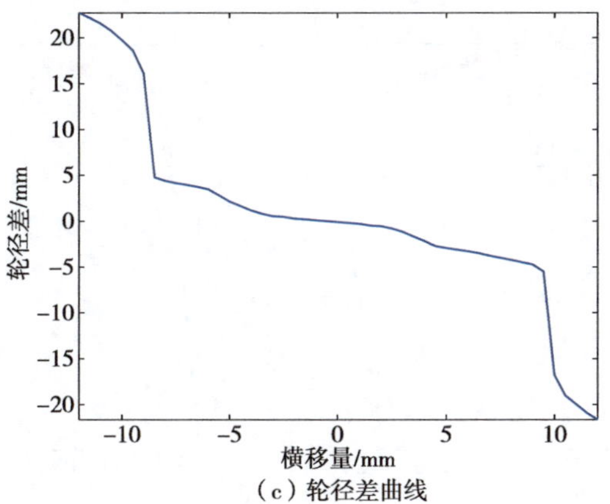

（c）轮径差曲线

图 3.37 优化前的轮轨几何接触特征(续)

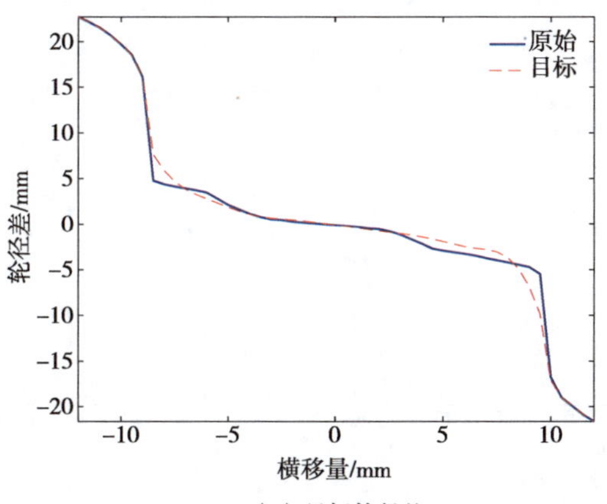

（a）目标轮径差

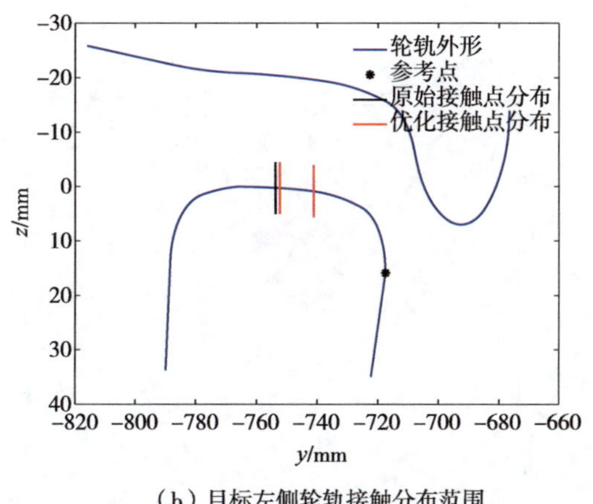

（b）目标左侧轮轨接触分布范围

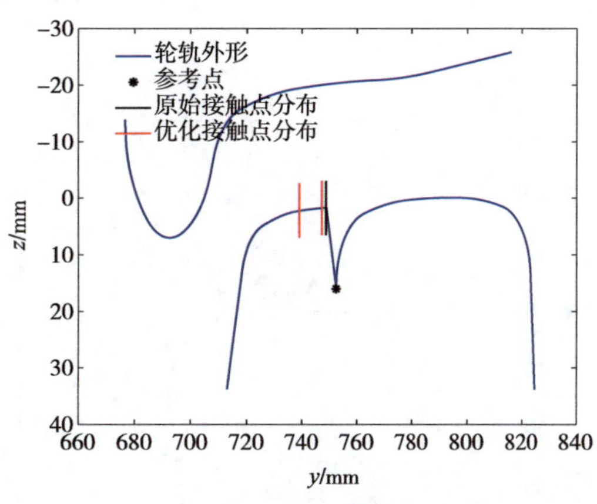

（c）目标右侧轮轨接触分布范围

图 3.38 优化目标

优化设计结果如图 3.39 所示,左侧直基本轨的最大打磨量为 0.4 mm,右侧直尖轨最大打磨量为 0.4 mm,右侧曲基本轨却没有得到优化设计。

对优化之后的廓形,重新进行轮轨接触计算,如图 3.40 所示,从图中可以看出,优化后的左侧钢轨上的接触点分布均匀,消除了轮轨接触点跳跃的现象。

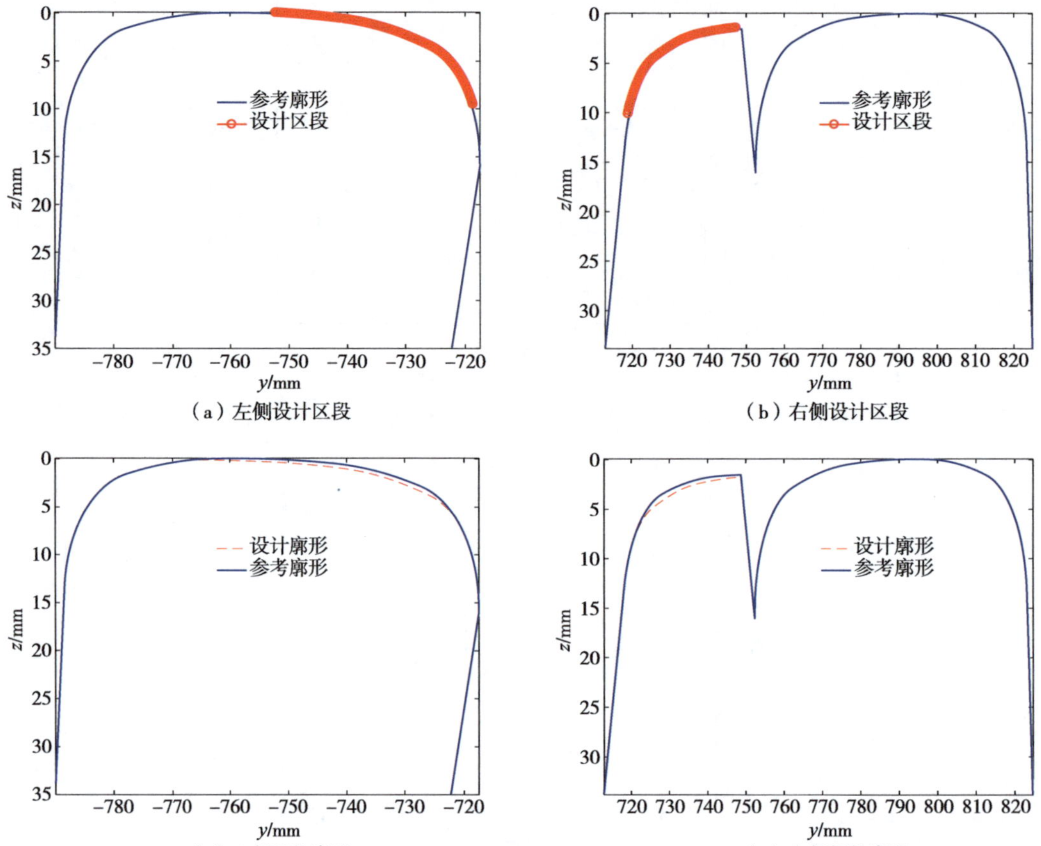

（a）左侧设计区段　　（b）右侧设计区段

（c）左侧钢轨廓形　　（d）右侧钢轨廓形

图 3.39　优化后的设计区段及完整廓形

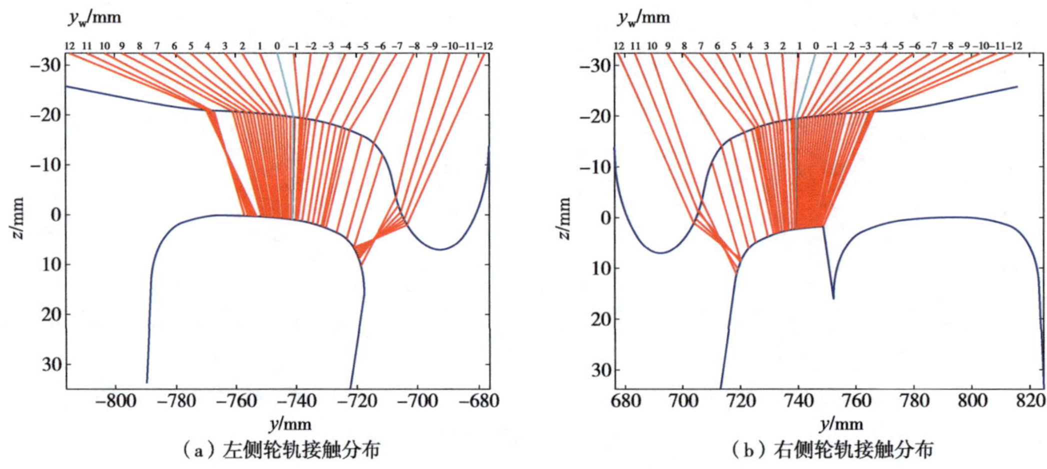

（a）左侧轮轨接触分布　　（b）右侧轮轨接触分布

图 3.40　优化后的轮轨几何接触特征

从图 3.41 可见，优化后的轮径差曲线与优化设计的目标曲线基本一致，最大误差仅 3.91%，平均误差仅 1.70%，满足设计要求。

3. 拼接为完整的新廓形

仅考虑道岔为侧向通过状态时或直向通过状态时,都不能完整的优化设计整个钢轨廓形。因此,需要同时考虑两种工况来优化设计钢轨,然后将两种工况设计后的结果进行拼接,得到完整的设计廓形。道岔为侧向通过状态时的完整设计结果如图 3.42 所示。

对优化设计前后的结果计算非赫兹法向接触应力,计算结果如图 3.43 所示。可见,优化后的接触应力较优化前有较大降低,局部有增大现象,但是均能满足设计要求。

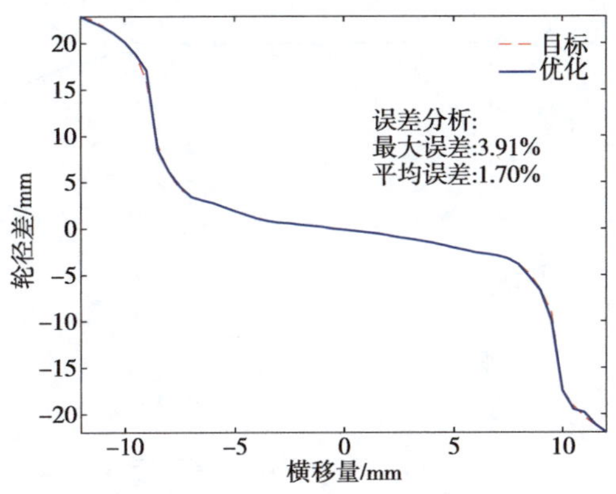

图 3.41 优化后的结果校验

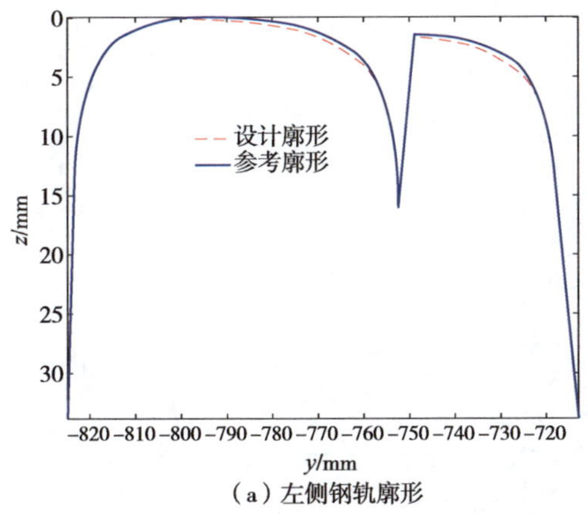

(a) 左侧钢轨廓形

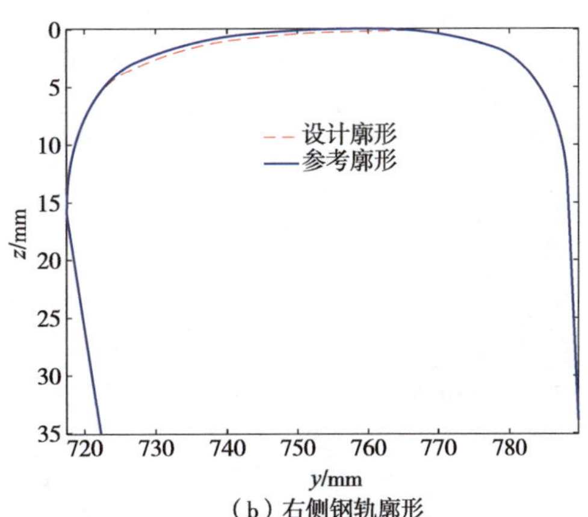

(b) 右侧钢轨廓形

图 3.42 侧向通过时优化后的完整廓形

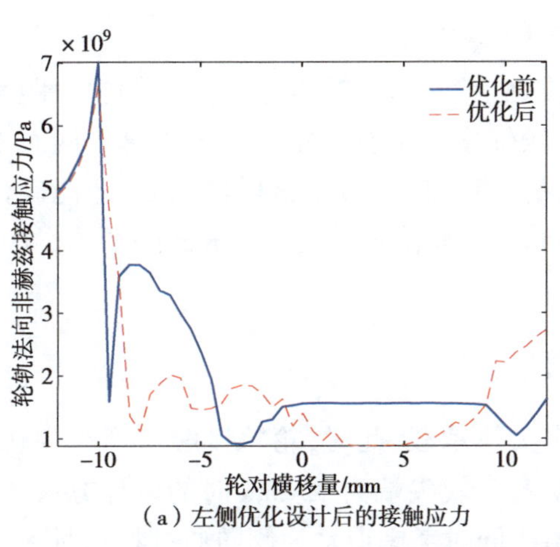

(a) 左侧优化设计后的接触应力

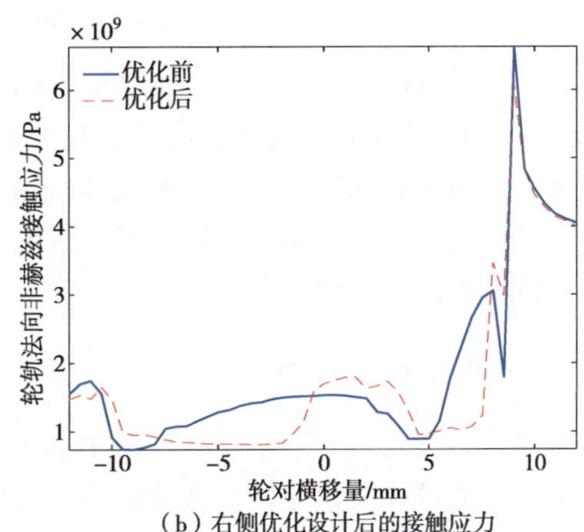

(b) 右侧优化设计后的接触应力

图 3.43 道岔为侧向通过状态时

道岔为直向通过状态时的完整设计结果如图 3.44 所示。

对优化设计前后的结果计算非赫兹法向接触应力,计算结果如图 3.45 所示。可见,优化后的接触应力较优化前有较大降低,局部有增大现象,但是均能满足设计要求。

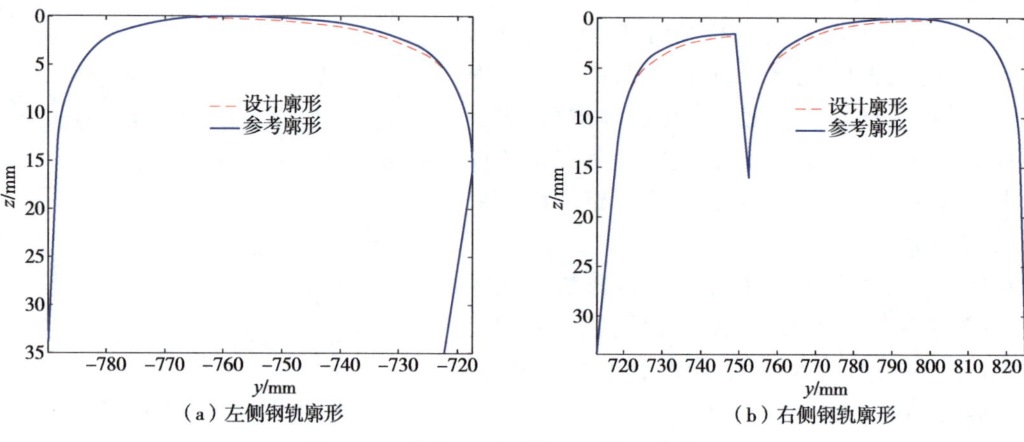

（a）左侧钢轨廓形　（b）右侧钢轨廓形

图 3.44　直向通过时优化后的完整廓形

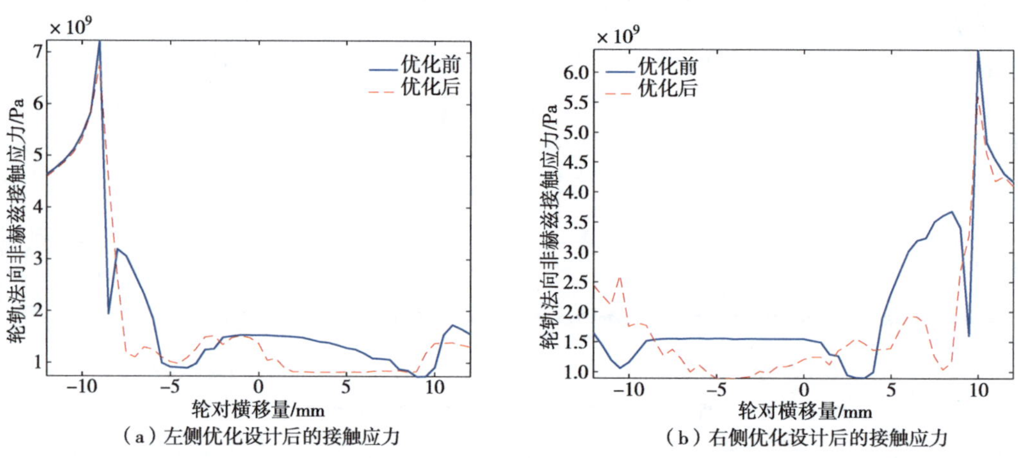

（a）左侧优化设计后的接触应力　（b）右侧优化设计后的接触应力

图 3.45　道岔为直向通过状态时

由此可见，优化设计之后，轮轨接触点的分布较之前都均匀，基本上消除了钢轨轨距角附近的跳跃现象，优化后的轮轨法向非赫兹接触应力较优化前也有一定程度的下降。同时考虑道岔为侧向通过时和道岔为直向通过时，才能完整的设计整个廓形，这样优化后，还能确保满足尖轨降低值的要求。这样也确保了在该关键截面处，尖轨降低值为 1.4 mm 的要求。因此，优化设计结果满足设计要求。

3.5.4　尖轨尖宽为 50 mm

当尖轨尖宽大于 50 mm 时，车轮的载荷全部由尖轨承载，此时，轮轨接触点都在尖轨上，优化设计只能设计尖轨部分。该截面处的优化方法与尖轨尖端为 35 mm 时的设计方法类似，为避免冗长，本小节（尖轨尖宽为 50 mm 截面）只给出同时考虑道岔为侧向通过状态时和道岔为直向通过状态时后的优化结果。

当道岔为侧向通过状态时，该截面处原始轮轨几何接触特征如图 3.46 所示。可见，该截面左侧轮轨接触点（当轮对横移量在[-2,12]mm 范围内）在轨顶处出现集中现象，并且左右侧均存在接触点跳跃现象。

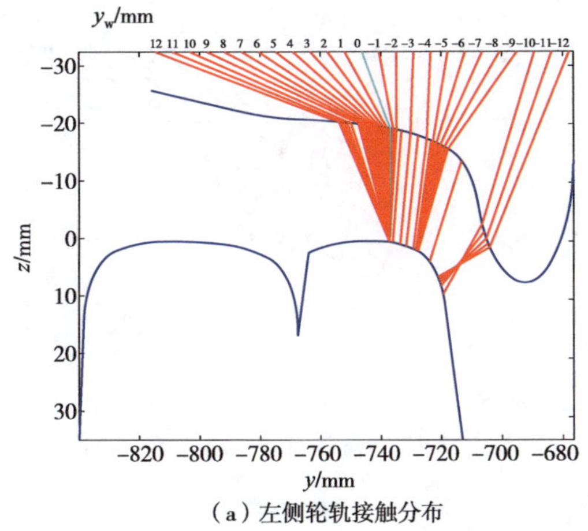

（a）左侧轮轨接触分布

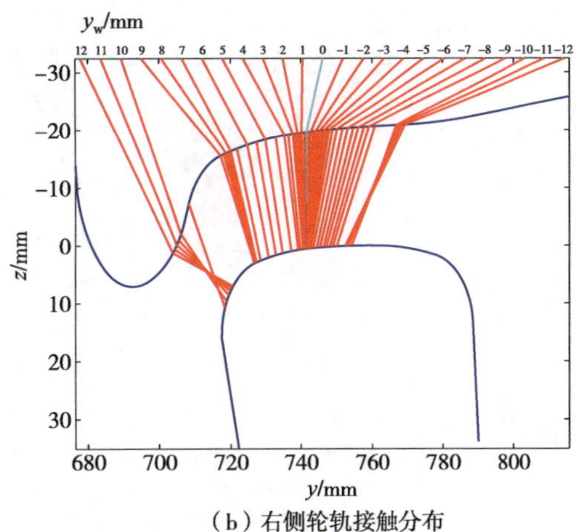

（b）右侧轮轨接触分布

图 3.46　优化前的轮轨几何接触特征

同时考虑道岔为侧向通过状态和道岔为直向通过状态后，将优化后的廓形拼接为完整的设计廓形，如图 3.47 所示。可见，对于左侧道岔的组合廓形而言，拼接后的廓形相对于原始廓形不仅基本轨整个轨面得到了设计，尖轨也得到了优化设计，同时它们的最大打磨量均为 0.4 mm，这样也就确保了该截面处尖轨降低值为 0。

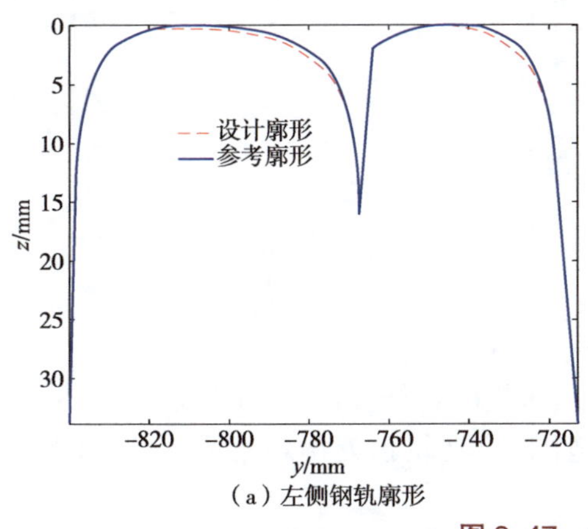

（a）左侧钢轨廓形

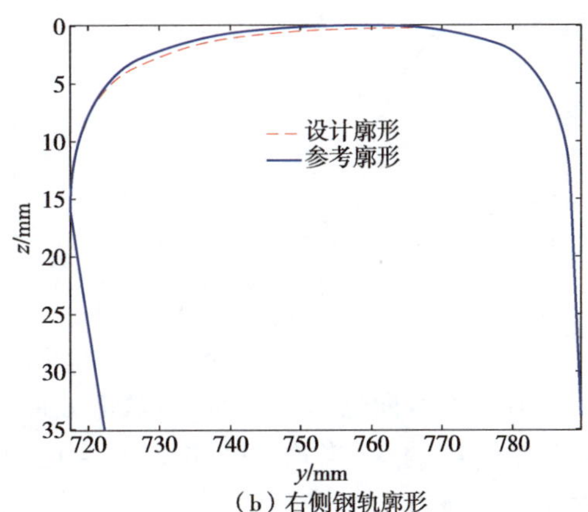

（b）右侧钢轨廓形

图 3.47　优化设计拼接廓形

对优化后的廓形重新计算轮轨接触分析，将得到的轮径差曲线与目标轮径差对比，如图 3.48 所示。可见，优化后的轮径差曲线与优化设计的目标曲线基本一致，最大误差仅 4.83%，平均误差仅 2.83%，满足设计要求。

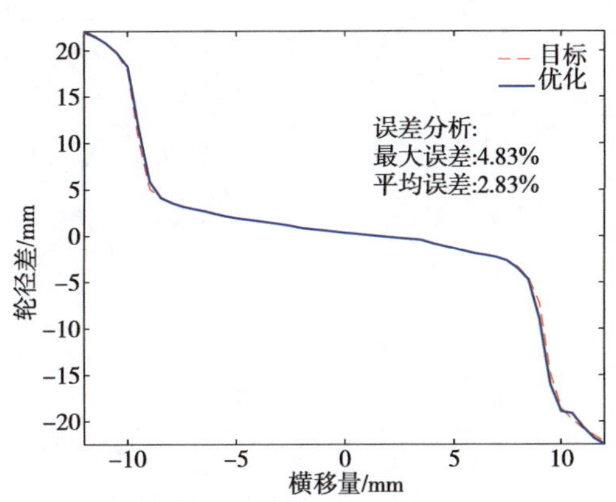

图 3.48　优化后的轮径差校验

优化后的轮轨几何接触特征如图 3.49 所示，优化后轮轨接触点较之前更加均匀，并且消除了接触点跳跃现象。

对优化前后的廓形进行非赫兹法向接触应力计算，结果如图 3.50 所示。优化后的接触应力得到了较大程度的降低，某些横移量略有增加。从总体来看，轮轨接触应力优化后改善效果明显。

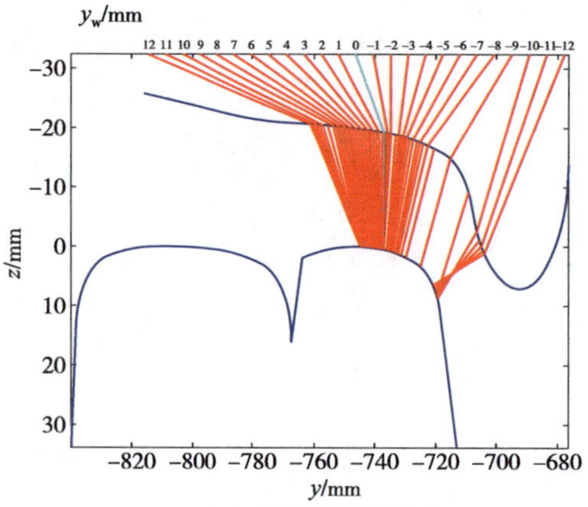

（a）左侧轮轨接触分布　　（b）右侧轮轨接触分布

图 3.49　优化后的轮轨几何接触特征

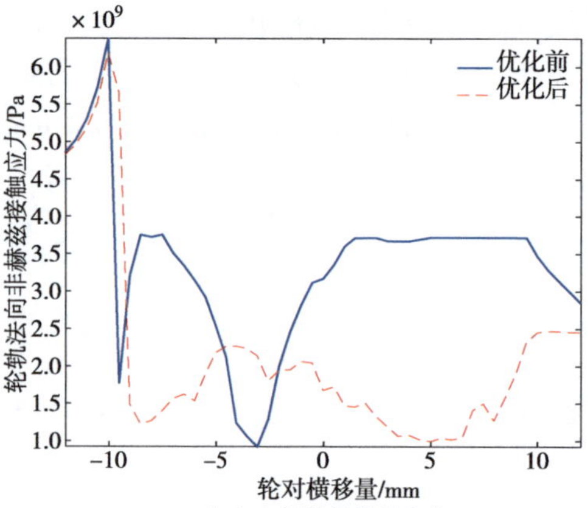

（a）左侧轮轨接触应力　　（b）右侧轮轨接触应力

图 3.50　优化前后的轮轨接触应力分析

当道岔为直向通过状态时，该截面处原始轮轨几何接触特征如图 3.51 所示。可见，该截面右侧轮轨接触点（当轮对横移量在[-12,2]mm 范围内）在轨顶处出现集中现象，并且左右侧均存在接触点跳跃现象。

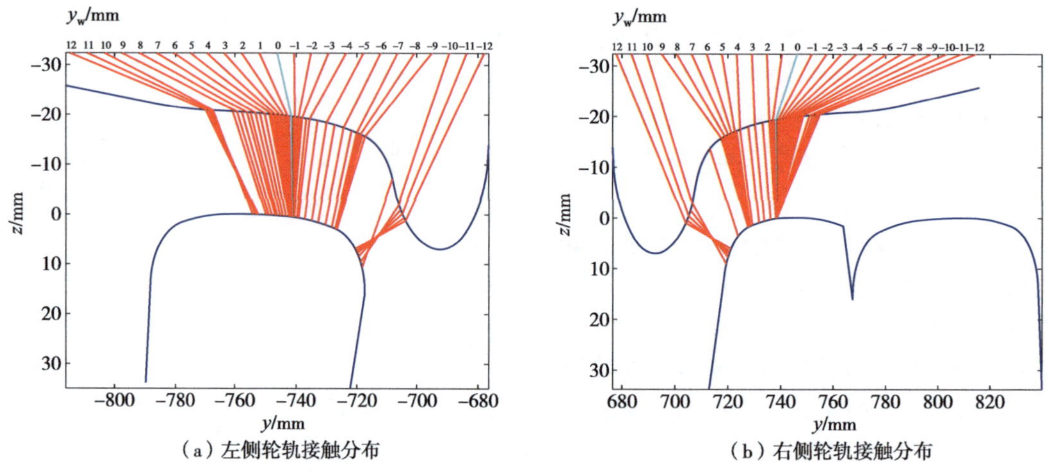

（a）左侧轮轨接触分布　　（b）右侧轮轨接触分布

图 3.51　优化前的轮轨几何接触特征

同时考虑道岔为侧向通过状态和道岔为直向通过状态后，将优化后的廓形拼接为完整的设计廓形，如图3.52所示。可见，对于右侧道岔的组合廓形而言，拼接后的廓形相对于原始廓形不仅基本轨整个轨面得到了设计，尖轨也得到了优化设计，同时它们的最大打磨量均为0.4 mm，这样也就确保了该截面处尖轨降低值为0。

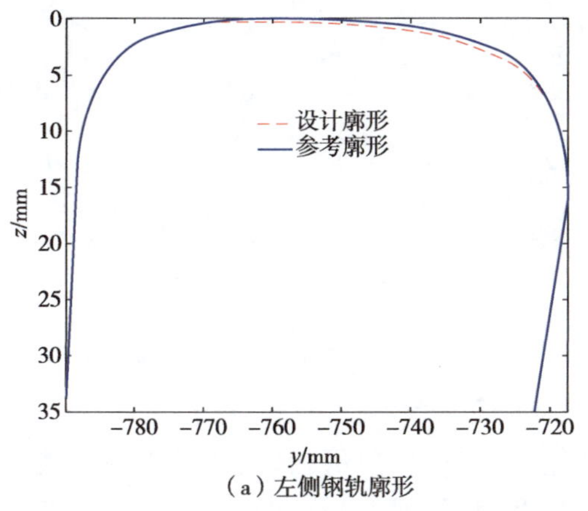

（a）左侧钢轨廓形

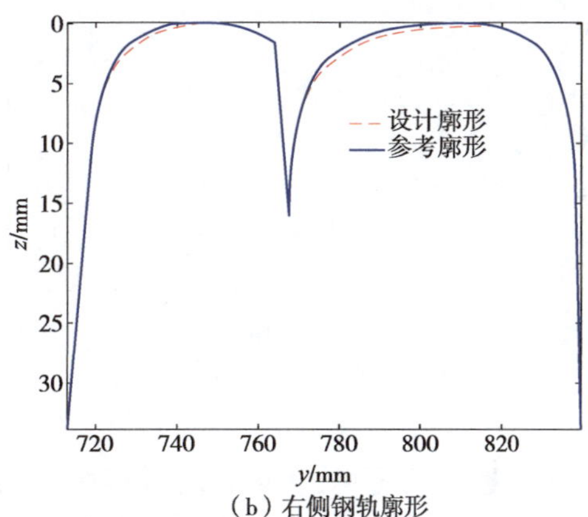

（b）右侧钢轨廓形

图3.52　优化设计拼接廓形

对优化后的廓形重新计算轮径差函数，与目标轮径差函数进行对比，如图3.53所示。可见，优化后的轮径差与目标轮径差基本一致，最大误差仅4.08%，平均误差仅1.94%，满足设计要求。

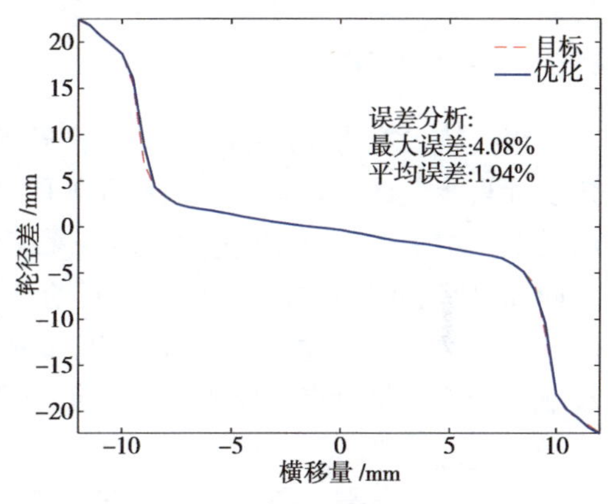

图3.53　优化后的结果校验

优化后的轮轨几何接触特征如图3.54所示，优化后轮轨接触点较之前更加均匀，并且消除了接触点跳跃现象。

对优化前后的廓形进行非赫兹法向接触应力计算，结果如图3.55所示。优化后的接触应力得到了较大程度的降低，某些横移量略有增加。从总体来看，轮轨接触应力优化后改善效果明显。

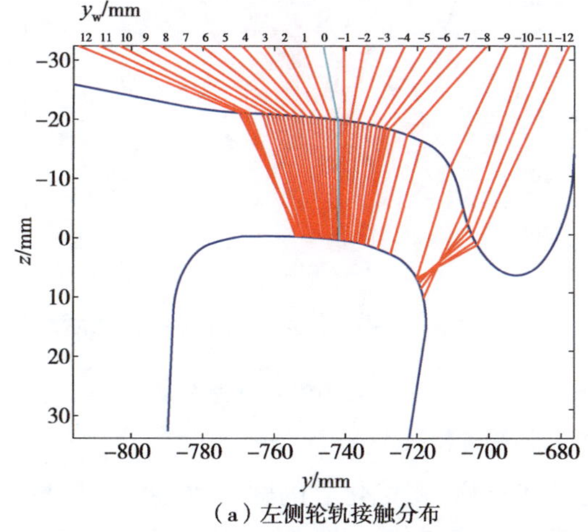

（a）左侧轮轨接触分布

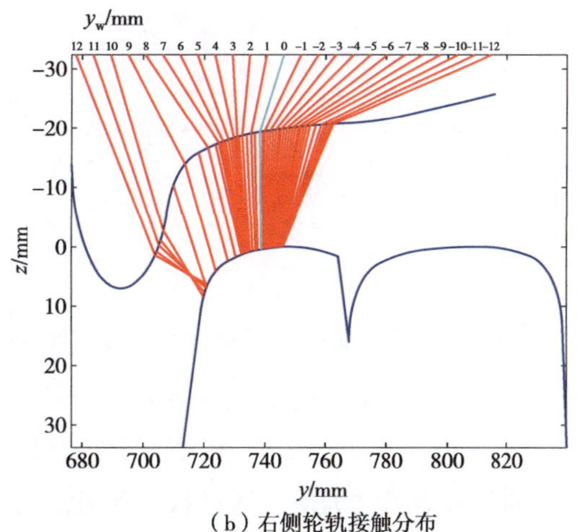

（b）右侧轮轨接触分布

图3.54　优化后的轮轨几何接触特征

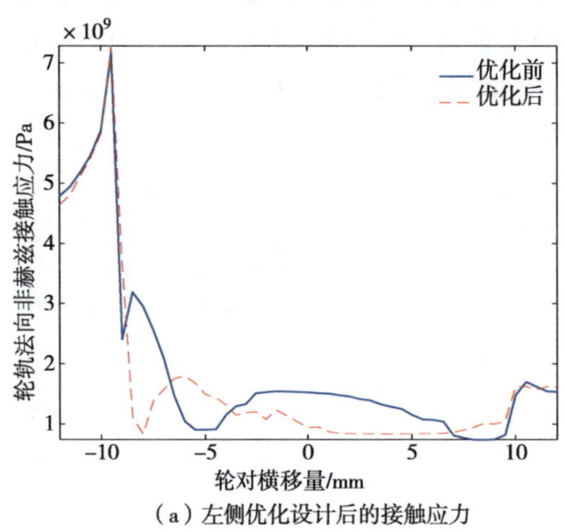

（a）左侧优化设计后的接触应力

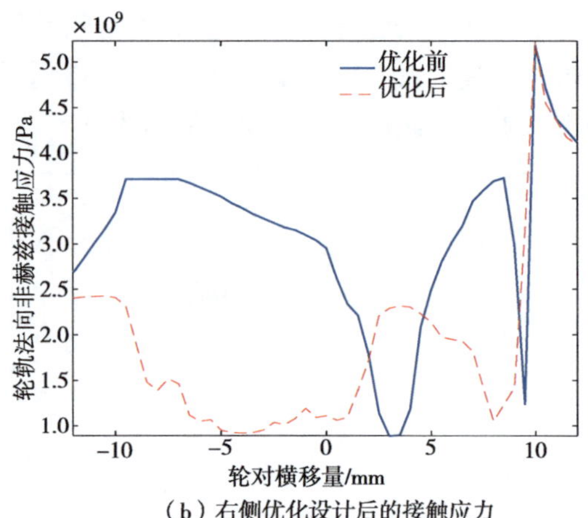

（b）右侧优化设计后的接触应力

图 3.55　优化前后的轮轨接触应力分析

由上述分析可见，优化后的拼接廓形的轮轨接触点较优化前更均匀，并且消除了跳跃现象；优化后的轮轨法向非赫兹接触应力也得到了一定程度的改善。优化后的廓形均能满足尖轨降低值的要求。因此，该截面处优化设计的结果初步满足设计要求。

3.5.5　尖轨尖宽为 70 mm

当尖轨尖宽为 70 mm 时，车轮的载荷全部由尖轨承载，此时，轮轨接触点都在尖轨上，优化设计只能设计尖轨部分。该截面处的优化方法与尖轨尖端为 35 mm 和 50 mm 时的设计方法类似。本小节（尖轨尖宽为 70 mm 截面）只给出同时考虑道岔为侧向通过状态时和道岔为直向通过状态时后的优化结果，不再给出具体的优化过程。

当道岔为侧向通过状态时，该截面处原始轮轨几何接触特征如图 3.56 所示，左右侧轮轨接触点均存在接触点跳跃和接触点集中现象。

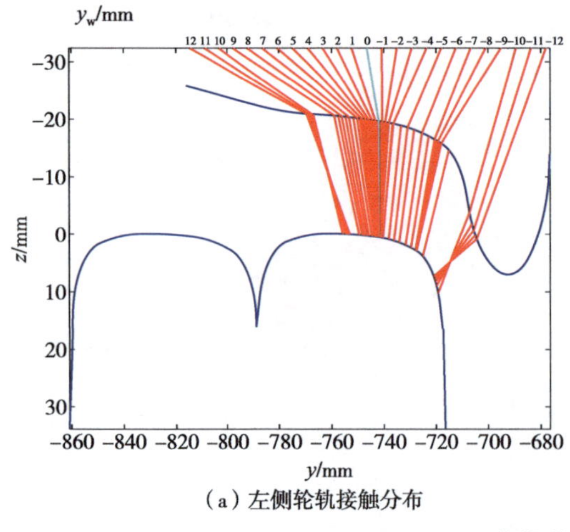

（a）左侧轮轨接触分布

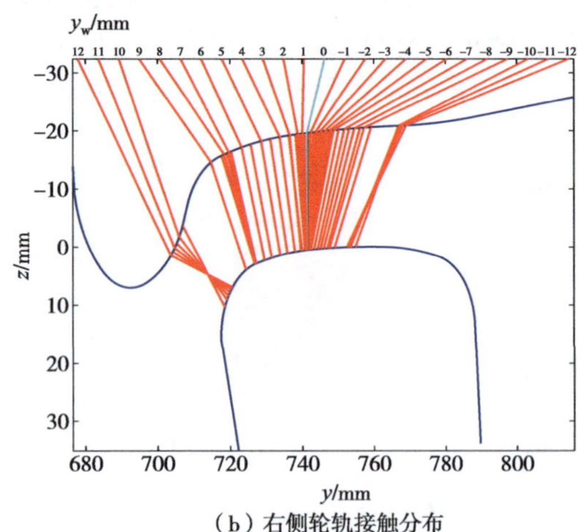

（b）右侧轮轨接触分布

图 3.56　优化前的轮轨几何接触特征

同时考虑道岔为侧向通过状态和道岔为直向通过状态后，将优化后的廓形拼接为完整的设计廓形，如图 3.57 所示。可见，对于左侧道岔的组合廓形而言，拼接后的廓形相对于原始廓形不仅基本轨整个轨面得到了设计，尖轨也得到了优化设计，同时它们的最大打磨量均为 0.4 mm，这样也就确保了该截面处尖轨降低值为 0。

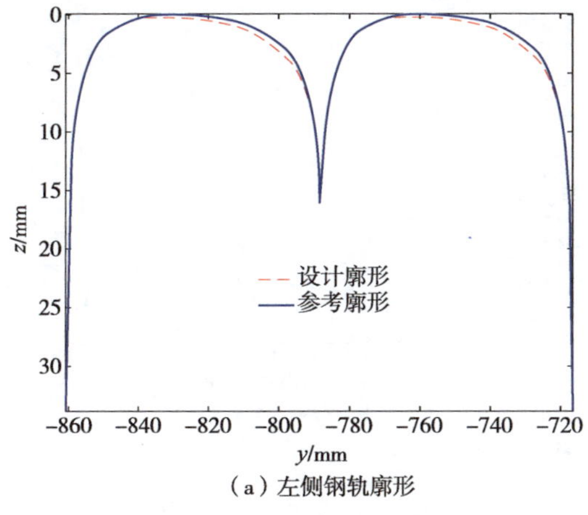

(a) 左侧钢轨廓形

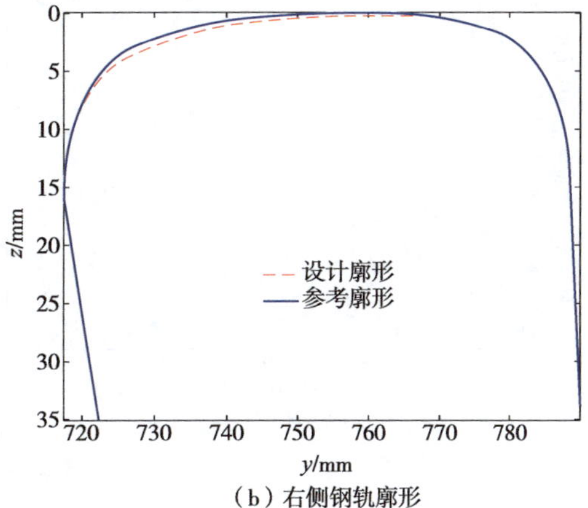

(b) 右侧钢轨廓形

图 3.57　优化设计拼接廓形

对优化后的廓形重新计算轮轨接触分析，将得到的轮径差曲线与目标轮径差对比，如图 3.58 所示。可见，优化后的轮径差曲线与优化设计的目标曲线基本一致，最大误差仅 5.10%，平均误差仅 2.68%，满足设计要求。

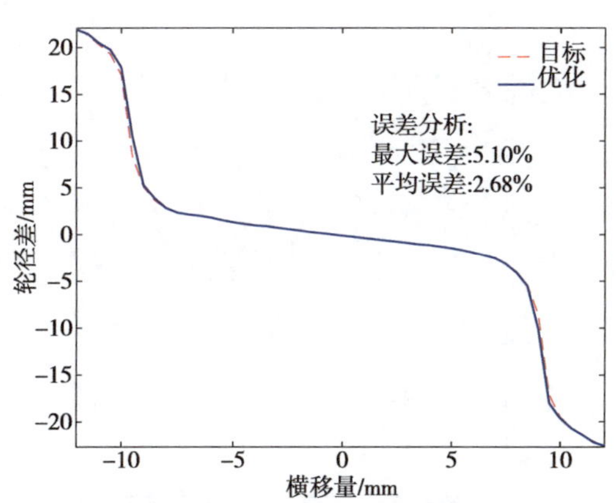

图 3.58　优化后的轮径差校验

优化后的轮轨几何接触特征如图 3.59 所示，优化后轮轨接触点较之前更加均匀，并且消除了接触点跳跃现象。

对优化前后的廓形进行非赫兹法向接触应力计算，结果如图 3.60 所示。优化后的接触应力得到了较大程度的降低，某些横移量略有增加。从总体来看，轮轨接触应力优化后改善效果明显。

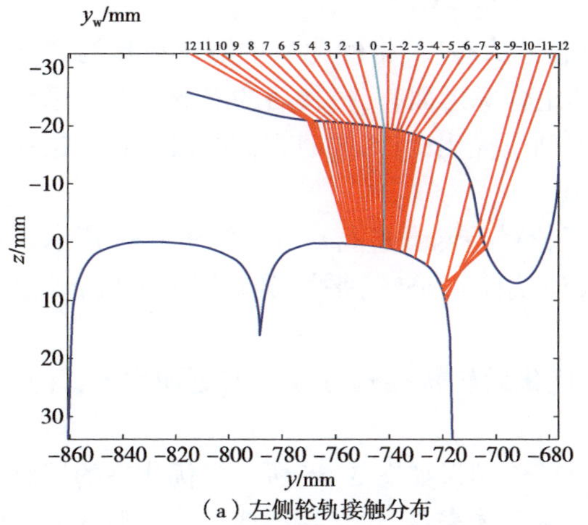

(a) 左侧轮轨接触分布

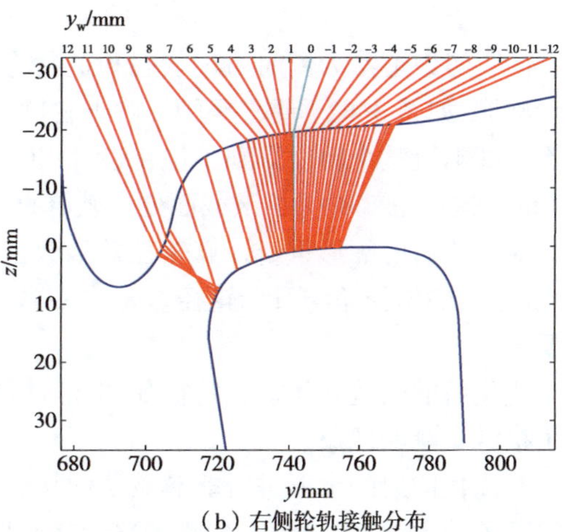

(b) 右侧轮轨接触分布

图 3.59　优化后的轮轨几何接触特征

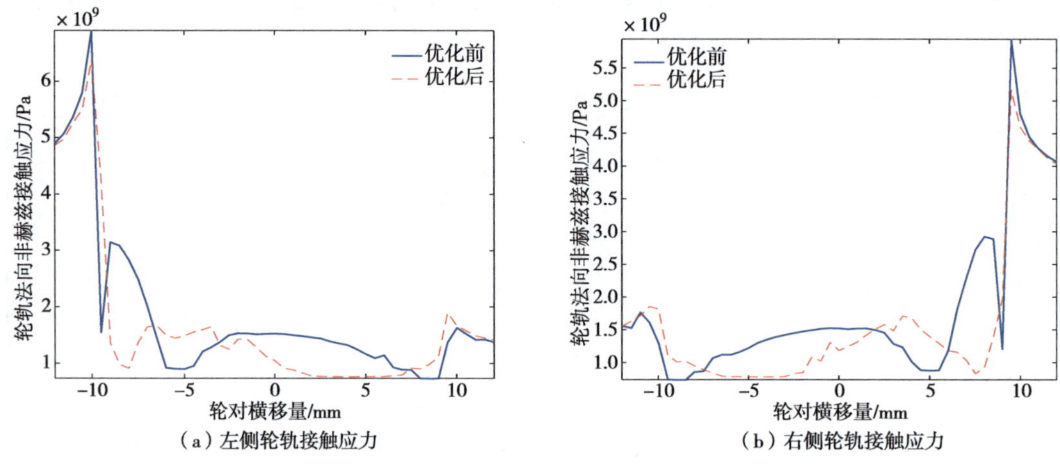

（a）左侧轮轨接触应力　　（b）右侧轮轨接触应力

图 3.60　优化前后的轮轨接触应力分析

当道岔为直向通过状态时，该截面处原始轮轨几何接触特征如图 3.61 所示，左右侧轮轨接触点均存在接触点跳跃和接触点集中现象。

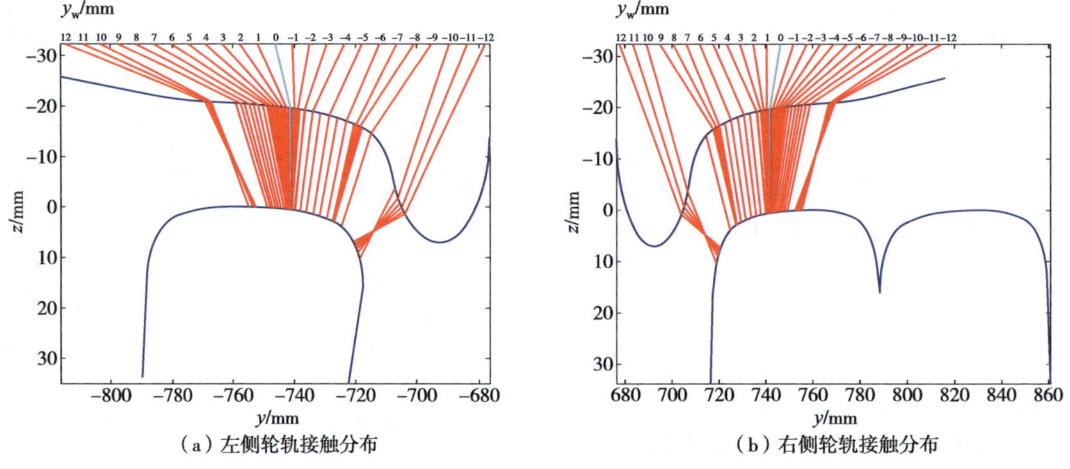

（a）左侧轮轨接触分布　　（b）右侧轮轨接触分布

图 3.61　优化前的轮轨几何接触特征

同时考虑道岔为侧向通过状态和道岔为直向通过状态后，将优化后的廓形拼接为完整的设计廓形，如图 3.62 所示。可见，对于右侧道岔的组合廓形而言，拼接后的廓形相对于原始廓形不仅基本轨整个轨面得到了优化设计，尖轨也得到了优化设计，同时它们的最大打磨量均为 0.4 mm，这样也就确保了该截面处尖轨降低值为 0。

对优化后的廓形重新计算轮径差函数，与目标轮径差函数进行对比，如图 3.63 所示。可见，优化后的轮径差与目标轮径差基本一致，最大误差仅 4.65%，平均误差仅 2.45%，满足设计要求。

优化后的轮轨几何接触特征如图 3.64 所示，优化后轮轨接触点较之前更加均匀，并且消除了接触点跳跃现象。

对优化前后的廓形进行非赫兹法向接触应力计算，结果如图 3.65 所示。优化后的接触应力得到了较大程度的降低，某些横移量略有增加。从总体来看，轮轨接触应力优化后的效果明显得到改善。

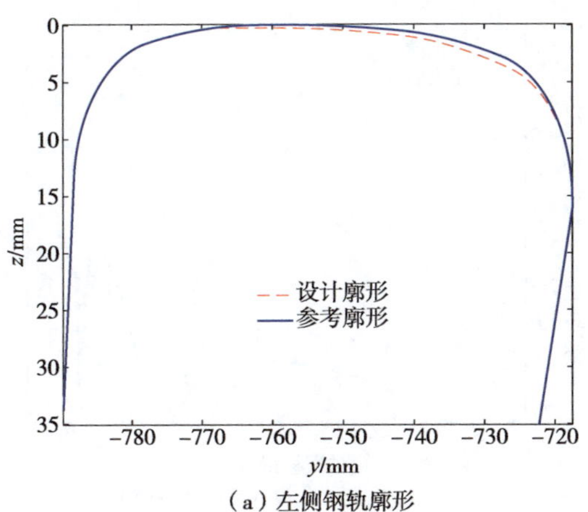

(a) 左侧钢轨廓形

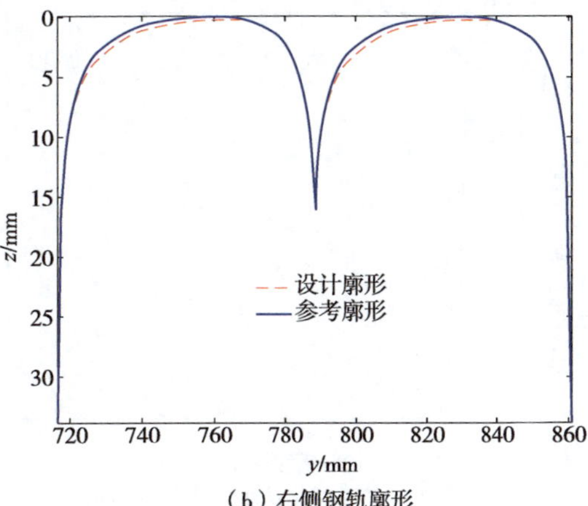

(b) 右侧钢轨廓形

图 3.62 优化设计拼接廓形

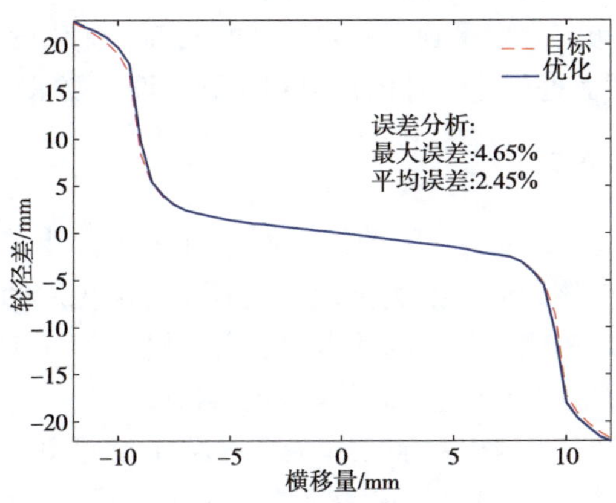

图 3.63 优化后的结果校验

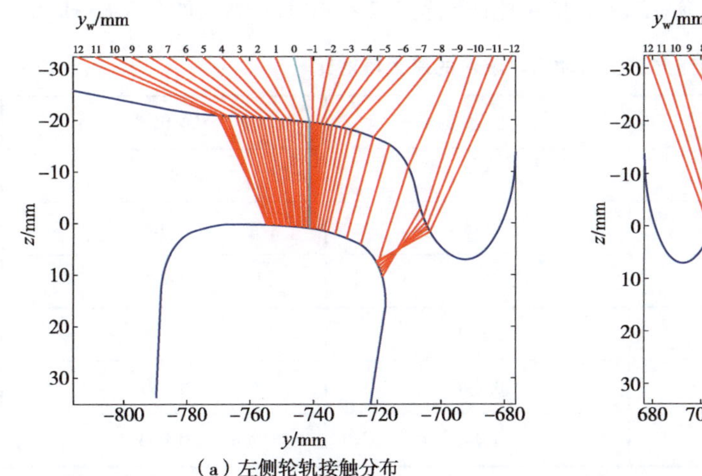

(a) 左侧轮轨接触分布

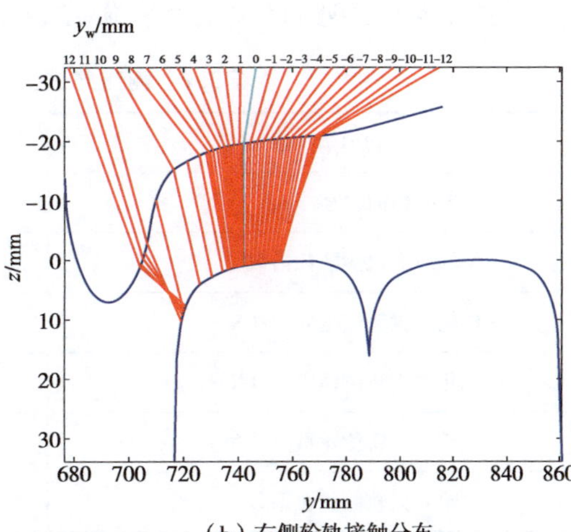

(b) 右侧轮轨接触分布

图 3.64 优化后的轮轨几何接触特征

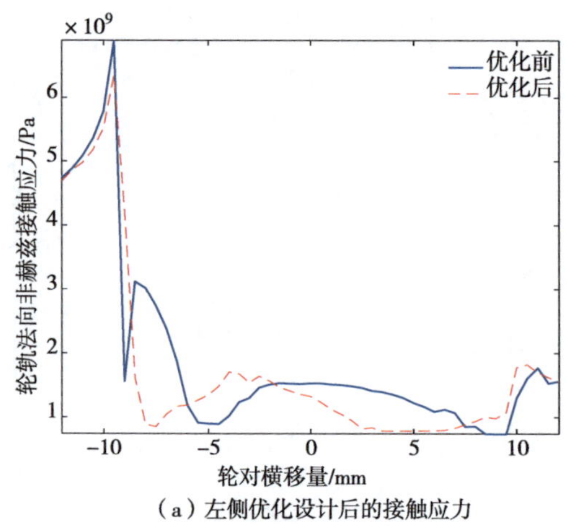

（a）左侧优化设计后的接触应力

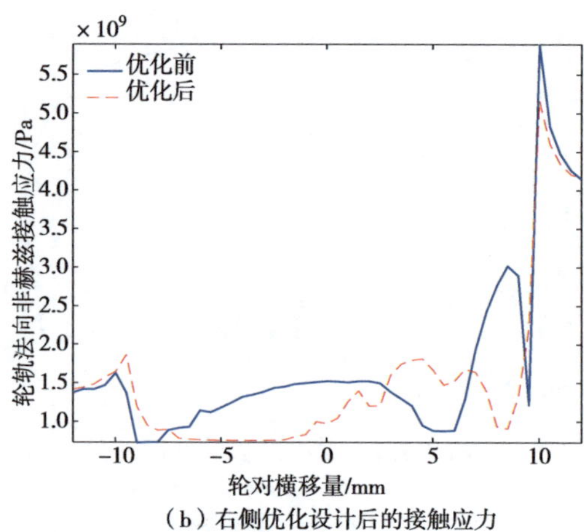

（b）右侧优化设计后的接触应力

图 3.65　优化前后的轮轨接触应力分析

由上述分析可见，优化后的拼接廓形的轮轨接触点较之前更均匀，并且消除了跳跃现象；优化的轮轨法向非赫兹接触应力也得到了一定程度的改善。优化设计后的廓形均能满足尖轨降低值的要求。因此，该截面处优化设计的结果初步满足设计要求。

3.5.6　LM 型车轮踏面的校验

3.5.1 节~3.5.5 节中对 12 号道岔的关键截面进行优化设计，但仅从静态的轮轨接触以及接触应力的角度进行了校核。而道岔优化设计还需要对优化后的廓形进行动态校验，从而验证优化后的廓形是否满足车辆过岔时的动力学要求。根据 2.3 节搭建的车辆—道岔动力学模型，仿真分析车辆侧向过岔和直向过岔时的动力学响应。

当道岔为侧向通过状态时，根据相关标准，车辆侧向通过 12 号道岔的速度不超过 50 km/h，圆曲线半径为 350 m。道岔区线路没有超高和缓和曲线，假设直线段长度为 15 m，之后全部为圆曲线，圆曲线半径为 350 m。车辆侧逆向通过道岔转辙器区时，仿真分析的速度也为 50 km/h，无轨道不平顺，车轮踏面为 LM 型踏面，其动力学响应的最大值对比详见表 3.2，优化前后结果如图 3.66 所示。

表 3.2　侧逆向过岔时动力学响应的最大值对比

动力学参数	优 化 前	优 化 后
一位轮对横向位移/mm	9.6	9.1
一位轮对尖轨侧磨耗指数	355	340
一位轮对尖轨侧垂向力/kN	71.4	69.3
一位轮对尖轨侧横向力/kN	31.2	28.4
一位轮对尖轨侧轮重减载率	0.296	0.291
一位轮对尖轨侧脱轨系数	0.448	0.423

由表 3.2 可见，优化前轮对横移量最大值为 9.6 mm，优化后为 9.1 mm。尖轨侧轮轨间最大磨耗指数由优化前 355 下降到了 340，减小了 4.4%。优化后尖轨侧轮轨垂向力、轮轨横向

力、轮重减载率、脱轨系数均有减小,并且轮重减载率、脱轨系数均在合格标准之内。优化前车辆通过道岔时的动力学响应主要有进道岔处、道岔尖轨尖宽为 20 mm 的关键截面和出道岔处等 3 个位置的峰值,尖轨尖宽为 20 mm 处主要是由轮轨接触点从基本轨过渡到尖轨区域导致;优化后轮轨接触点沿纵向更平顺,削减了尖轨尖宽为 20 mm 处峰值。

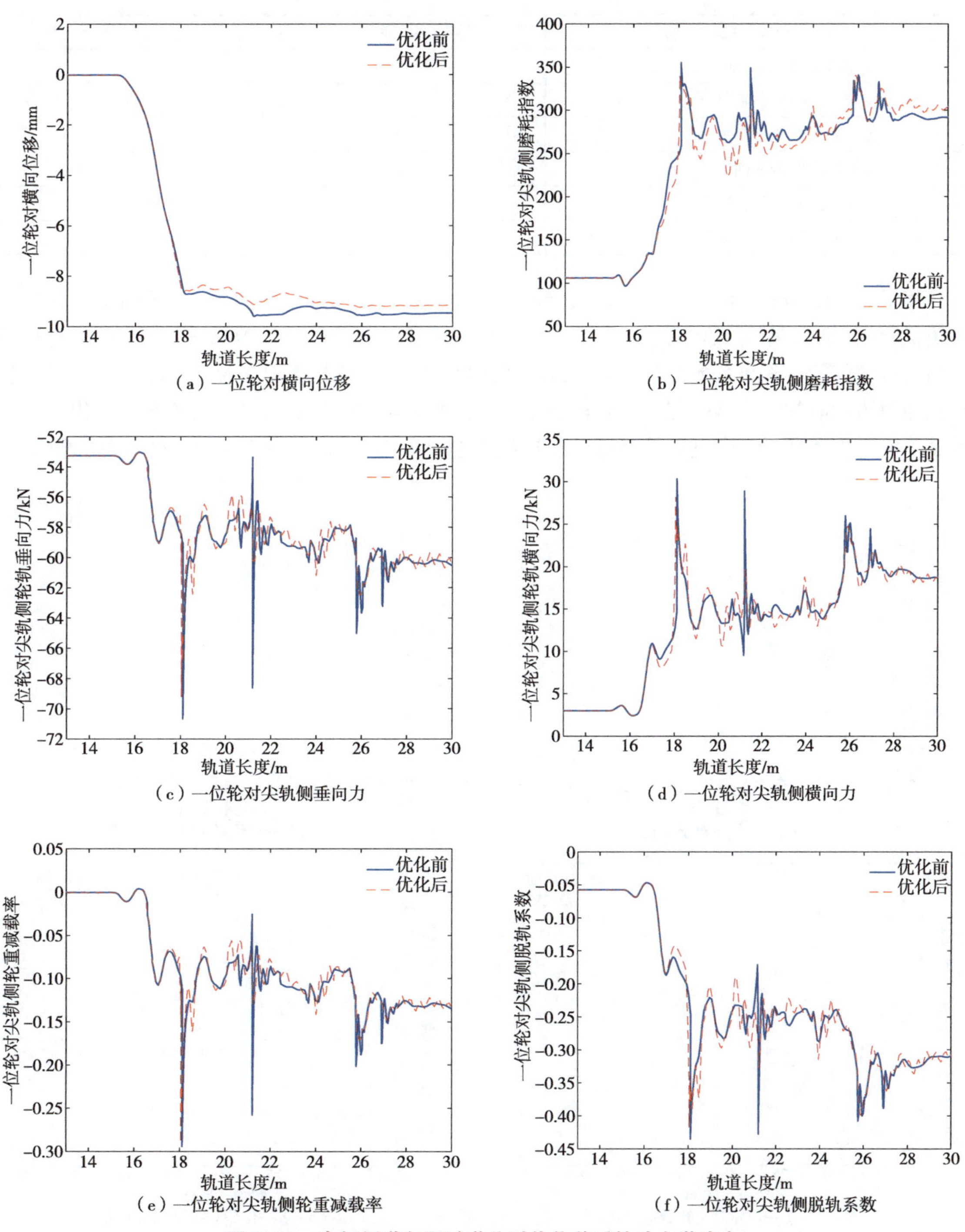

(a) 一位轮对横向位移

(b) 一位轮对尖轨侧磨耗指数

(c) 一位轮对尖轨侧垂向力

(d) 一位轮对尖轨侧横向力

(e) 一位轮对尖轨侧轮重减载率

(f) 一位轮对尖轨侧脱轨系数

图 3.66 车辆侧逆向通过道岔时优化前后的动力学响应

当道岔为直向通过状态时,根据相关标准,车辆侧向通过 12 号道岔的速度不超过 120 km/h。假设车辆直逆向通过道岔转辙器区时,仿真分析的速度也为 120 km/h,无轨道不平顺,车轮踏面为 LM 型踏面,其动力学响应的最大值对比详见表 3.3,优化前后结果如图 3.67 所示。

表 3.3　直逆向过岔时动力学响应的最大值对比

动力学参数	优 化 前	优 化 后
一位轮对横向位移/mm	5.58	5.32
一位轮对尖轨侧磨耗指数	238	196
一位轮对尖轨侧垂向力/kN	59.6	58.9
一位轮对尖轨侧横向力/kN	12.2	9.9
一位轮对尖轨侧轮重减载率	0.13	0.11
一位轮对尖轨侧脱轨系数	0.21	0.16

可见,优化前轮对横移量最大值为 5.58 mm,优化后为 5.32 mm。尖轨侧轮轨间最大磨耗指数由优化前 238 下降到了 196,减小了 21.4%。优化后尖轨侧轮轨磨耗指数、轮轨垂向力、轮轨横向力、轮重减载率、脱轨系数均略有减小,并且脱轨系数、轮重减载率均在合格标准之内。优化前车辆通过道岔时的动力学响应主要有进道岔处、道岔尖轨尖宽为 20 mm 的关键截面和出道岔处等 3 个位置的峰值,由于优化后接触点沿纵向方向更光顺,因此削减了这三个峰值处动力学数值。

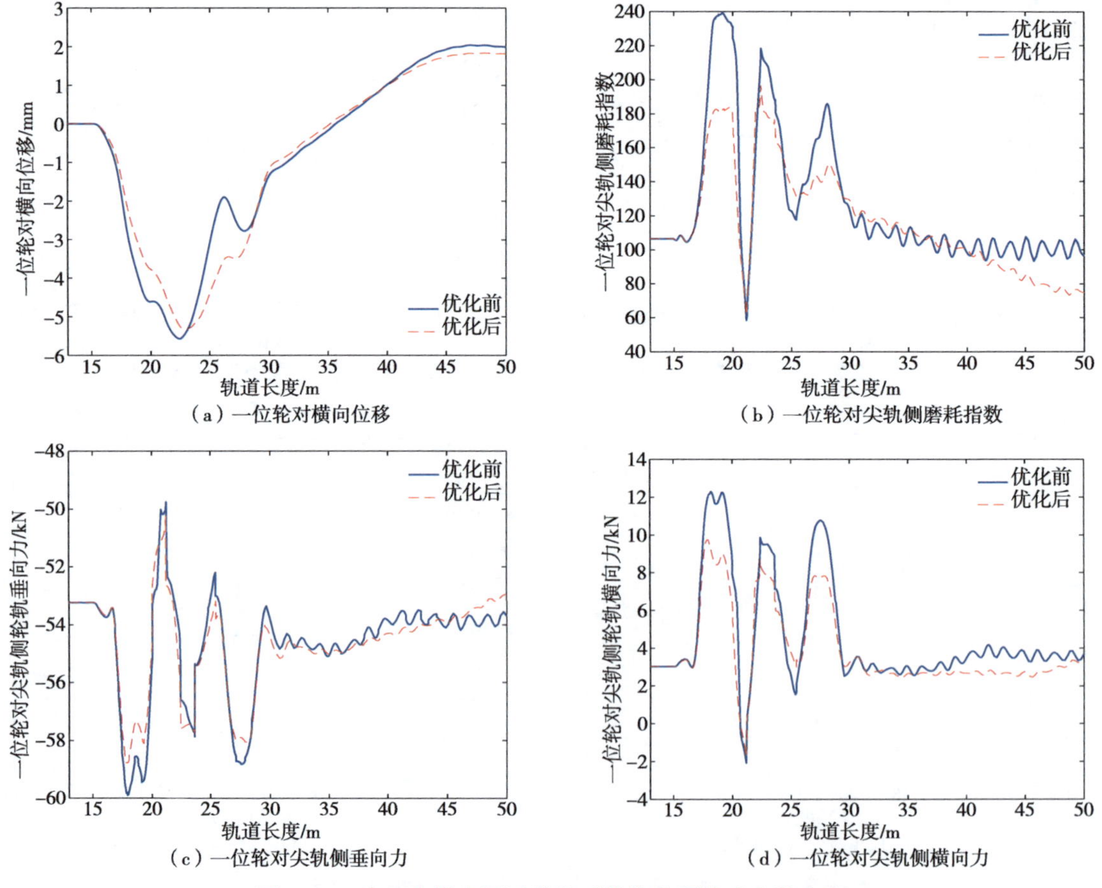

(a) 一位轮对横向位移　(b) 一位轮对尖轨侧磨耗指数

(c) 一位轮对尖轨侧垂向力　(d) 一位轮对尖轨侧横向力

图 3.67　车辆直逆向通过道岔时优化前后的动力学响应

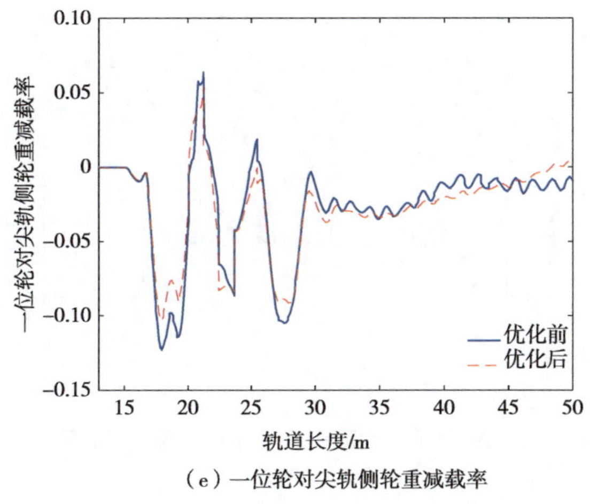

（e）一位轮对尖轨侧轮重减载率

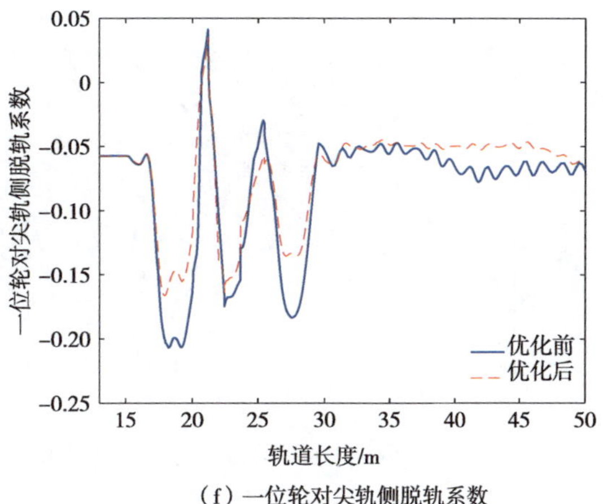

（f）一位轮对尖轨侧脱轨系数

图 3.67　车辆直逆向通过道岔时优化前后的动力学响应（续）

3.5.7　JM 型车轮踏面的校验

上述优化设计的廓形是基于 LM 型车轮踏面的已知条件，虽然上述结果能很好地满足已知的 LM 型踏面，但是线路上机车踏面和车辆踏面的外形是不一样的，因此还需要校验优化前后的钢轨廓形，是否满足机车 JM 型踏面要求。首先验证静态条件下，机车 JM 型踏面与优化前后道岔的轮轨几何接触关系，机车车轮半径为 625 mm。

1. 静态轮轨几何接触分析

从图 3.68 至图 3.72 可知，优化后的钢轨廓形也能与 JM 型踏面较好地匹配，优化后的钢轨与 JM 型踏面匹配时，轮轨接触点分布更加均匀，并且减少了轮轨接触点的跳跃。虽然不能完全消除接触点的跳跃现象，但从总体来看，优化后的廓形也能较好满足 JM 型车轮踏面。

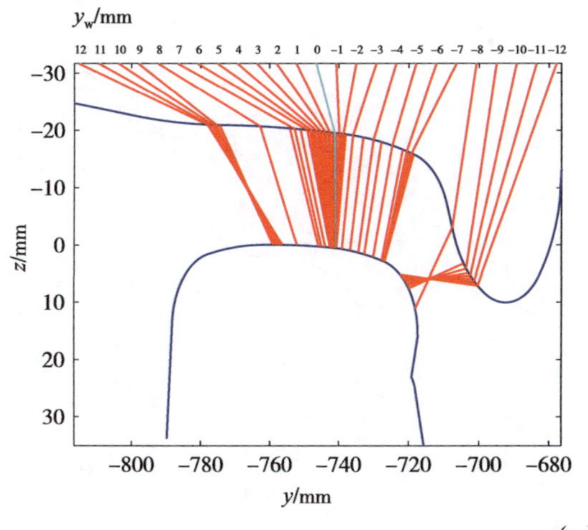

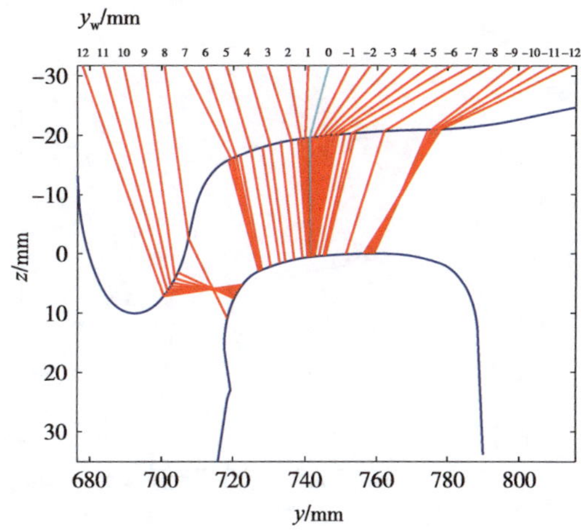

（a）优化前

图 3.68　轮轨接触分布（尖轨尖宽为 0）

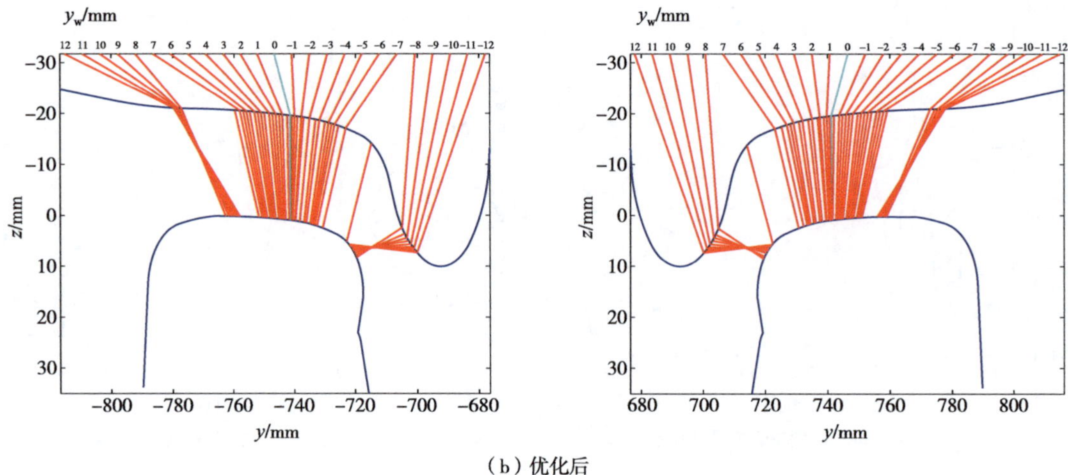

（b）优化后

图 3.68　轮轨接触分布（尖轨尖宽为 0）（续）

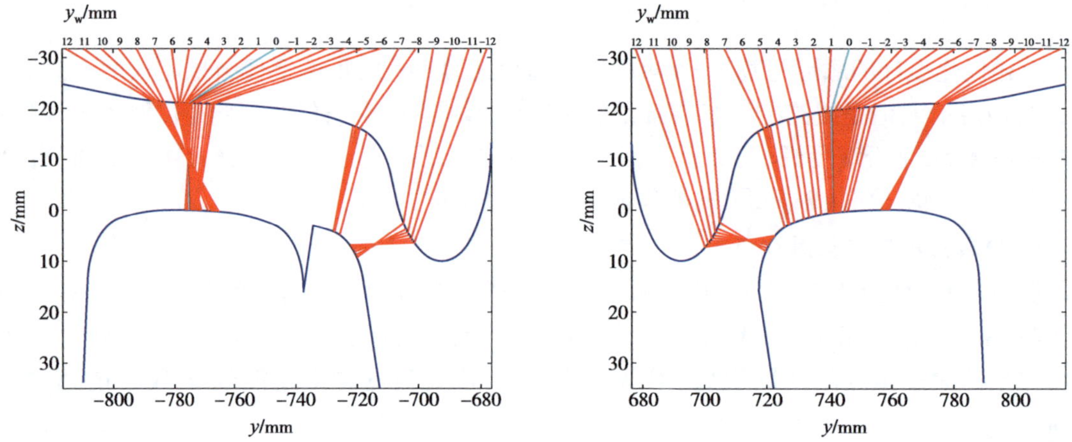

（a）优化前

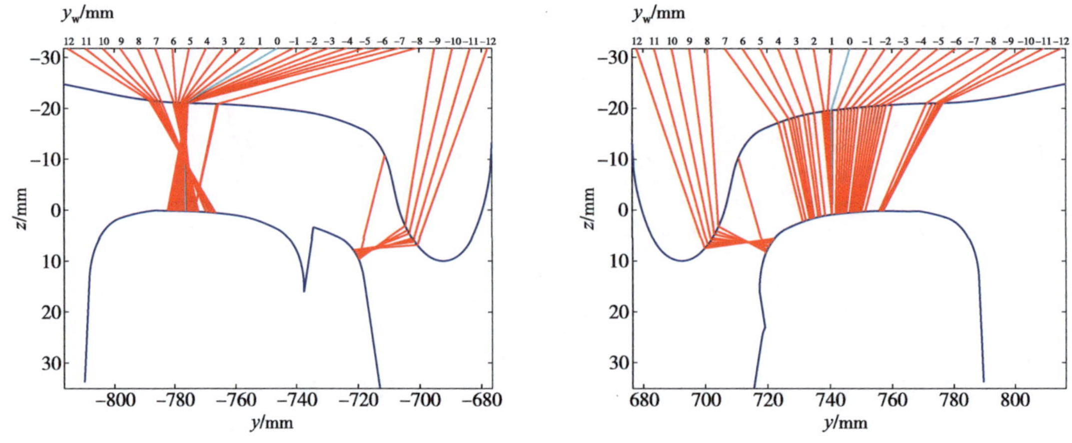

（b）优化后

图 3.69　轮轨接触分布（尖轨尖宽为 20 mm）

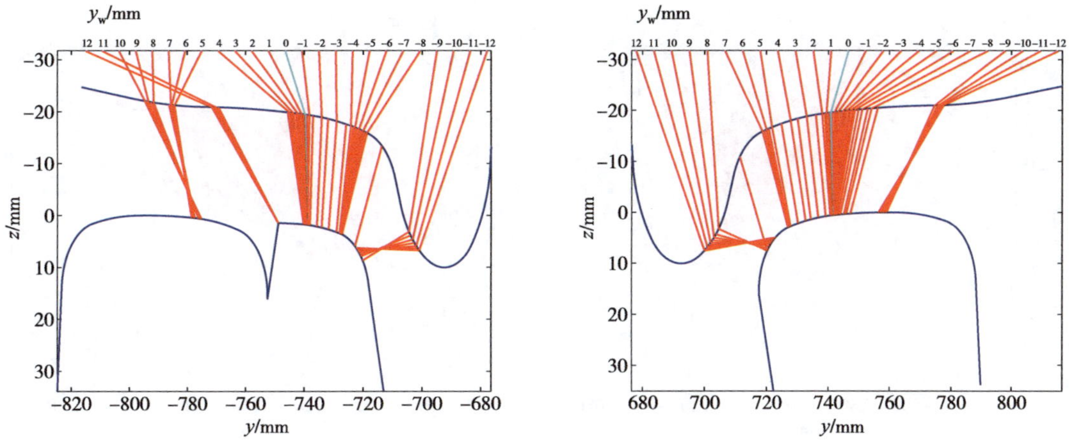

（a）优化前

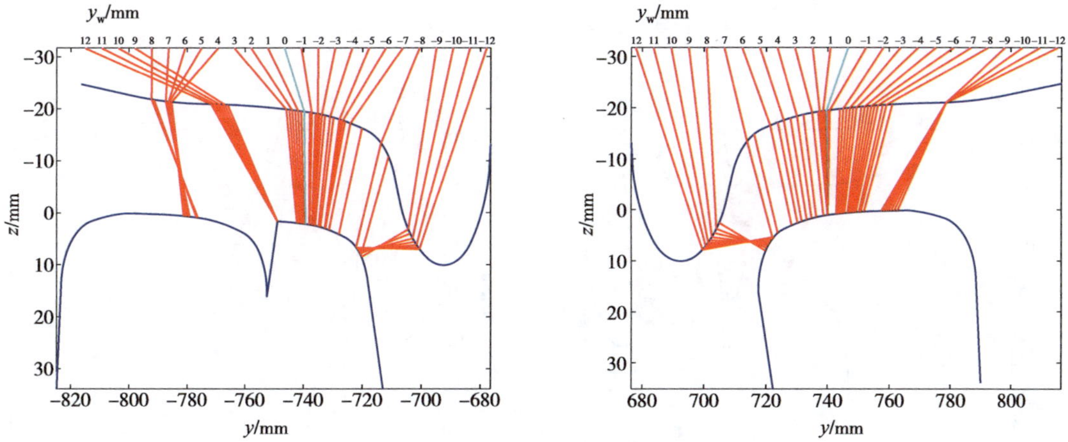

（b）优化后

图 3.70 轮轨接触分布（尖轨尖宽为 35 mm）

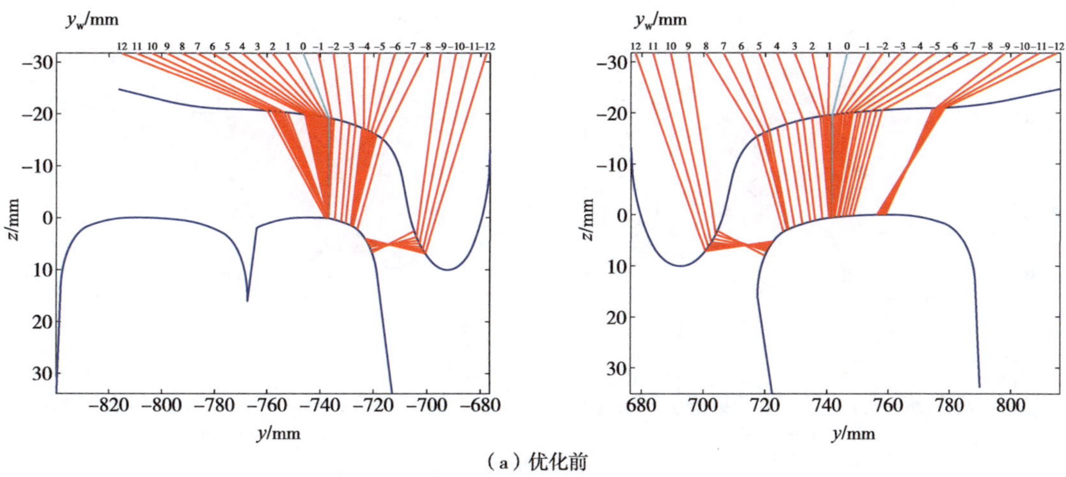

（a）优化前

图 3.71 轮轨接触分布（尖轨尖宽为 50 mm）

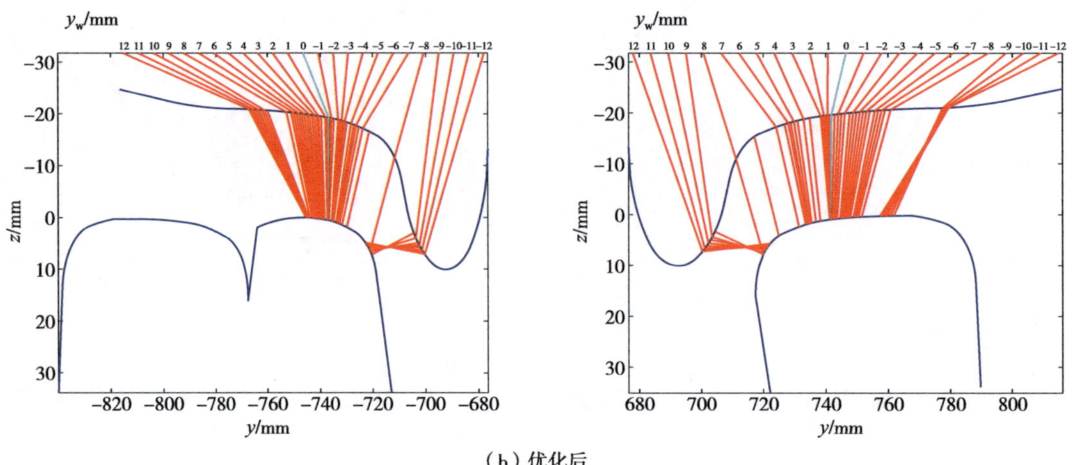

（b）优化后

图 3.71　轮轨接触分布（尖轨尖宽为 50 mm）（续）

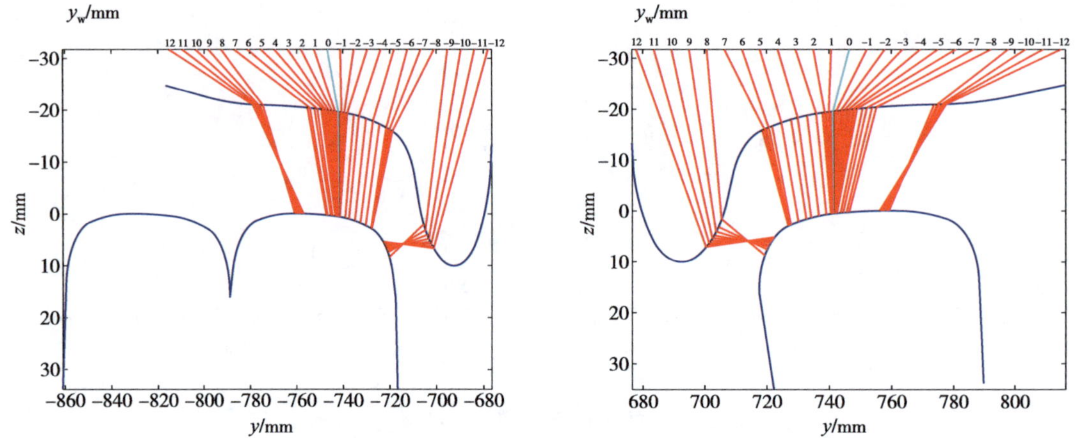

（a）优化前

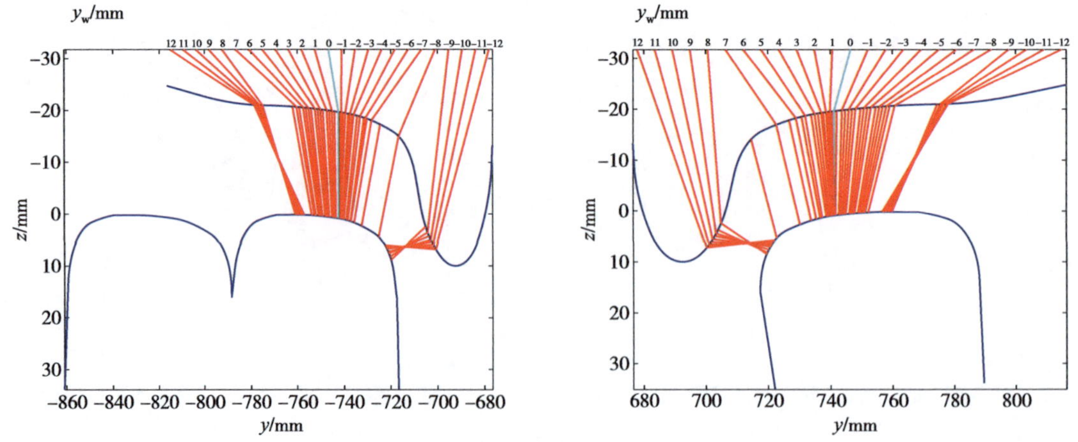

（b）优化后

图 3.72　轮轨接触分布（尖轨尖宽为 70 mm）

2. 机车通过道岔动力学响应

通过建立 HXD1 电力机车动力学模型,仿真分析机车侧逆向和直逆向通过优化前后道岔的动力学性能,分别如图 3.73 和图 3.74 所示,动力学响应的最大值对比分别详见表 3.4 和表 3.5。机车踏面为 JM 型踏面,车轮半径为 625 mm,其余轨道参数和运行工况与客车模型相同。

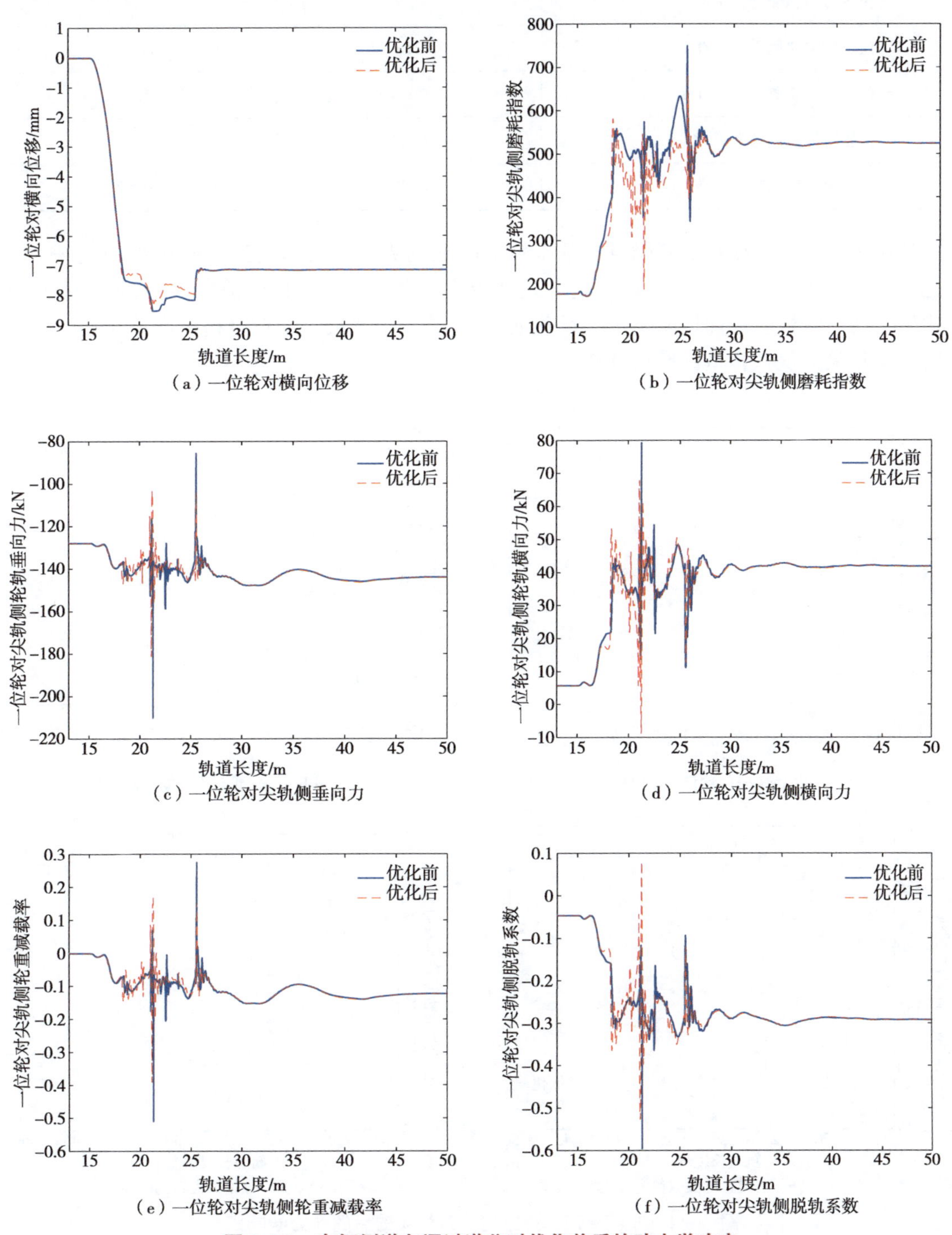

图 3.73　车辆侧逆向通过道岔时优化前后的动力学响应

表 3.4 侧逆向过岔时动力学响应的最大值对比

动力学参数	优 化 前	优 化 后
一位轮对横向位移/mm	8.7	8.6
一位轮对尖轨侧磨耗指数	763	691
一位轮对尖轨侧垂向力/kN	216	184
一位轮对尖轨侧横向力/kN	79.4	69.6
一位轮对尖轨侧轮重减载率	0.52	0.41
一位轮对尖轨侧脱轨系数	0.59	0.52

从图 3.73 可见,在轮轨接触点从基本轨上跳跃到尖轨上时(轨道长度为 22 m 左右时),优化后的动力学性能略差,主要原因是此处可能接触点的跳跃较优化前更大,但是总体来说,优化后的动力学性能较优化前略优。优化前后,轮重减载率最大值在合格标准值 0.6 以下,轮轨脱轨系数最大值在合格标准值 0.9 以下。

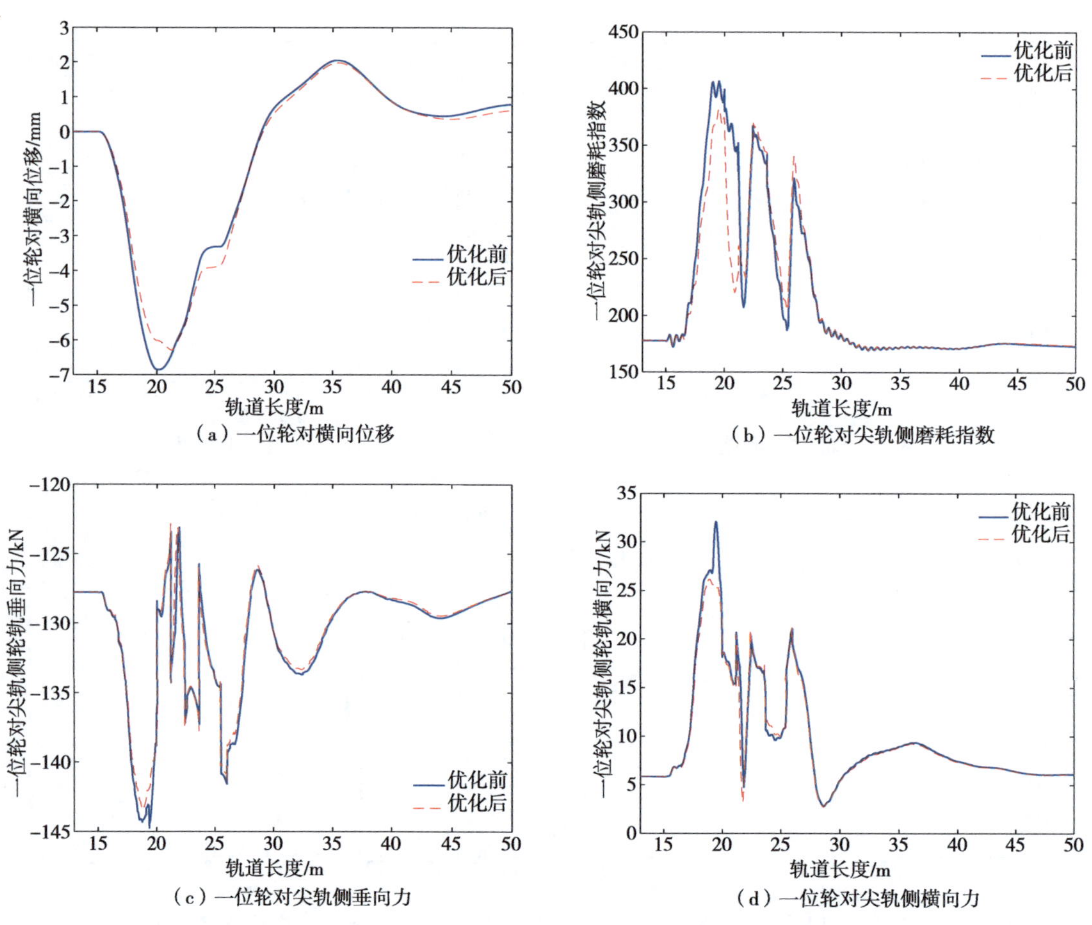

(a) 一位轮对横向位移

(b) 一位轮对尖轨侧磨耗指数

(c) 一位轮对尖轨侧垂向力

(d) 一位轮对尖轨侧横向力

图 3.74 车辆直逆向通过道岔时优化前后的动力学响应

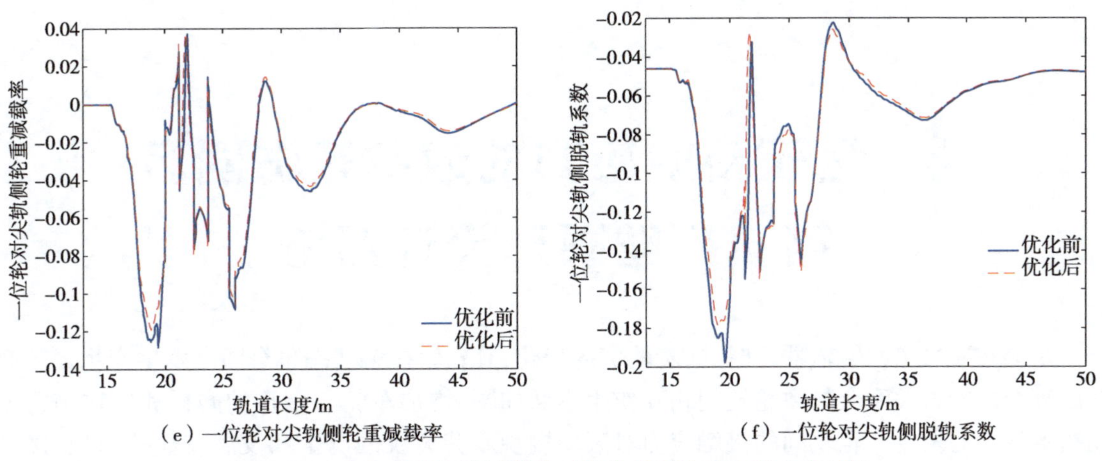

(e) 一位轮对尖轨侧轮重减载率

(f) 一位轮对尖轨侧脱轨系数

图 3.74 车辆直逆向通过道岔时优化前后的动力学响应(续)

表 3.5 直逆向过岔时动力学响应的最大值对比

动力学参数	优 化 前	优 化 后
一位轮对横向位移/mm	6.9	6.2
一位轮对尖轨侧磨耗指数	415	388
一位轮对尖轨侧垂向力/kN	144.5	143.4
一位轮对尖轨侧横向力/kN	32.2	26.5
一位轮对尖轨侧轮重减载率	0.129	0.121
一位轮对尖轨侧脱轨系数	0.195	0.178

当道岔直向通过时,优化后机车动力学性能略优于优化前,并且轮重减载率、脱轨系数均在优等级下。

4 基于接触应力的道岔转辙器区钢轨打磨廓形设计方法

车辆在通过道岔转辙器区时，随着轨宽的变化，其轮轨接触状态也会随之发生变化。转辙器区复杂的轮轨关系会导致轮轨间相互作用不断加剧，增加车轮与钢轨的磨耗和导致钢轨滚动接触疲劳的发生。轮轨间的接触应力对滚动接触疲劳裂纹的萌生和发展有显著影响，接触应力过大是导致钢轨出现伤损的重要因素之一，而车轮与钢轨之间的匹配状态的好坏直接关系轮轨间接触应力的大小，因此降低轮轨间的接触应力和减少轮轨伤损一直是轮轨型面设计的一项主要任务，轮轨廓形优化设计是降低轮轨间接触应力的最佳手段。

本章基于轮轨接触理论和分析，提出了一种基于轮轨间接触应力的钢轨廓形优化设计方法，直接以降低轮轨间的接触应力为优化目标。根据赫兹接触理论，建立接触应力与钢轨曲率半径之间的关系，通过调整钢轨廓形的曲率半径，利用数值分析方法逆向反推出钢轨廓形，并编制了 MATLAB 软件设计平台的数值优化计算程序。该方法易于控制廓形的深度和宽度，同时还能保证钢轨型面经调整后的廓形光滑可导，主要适用于重载线路的道岔廓形设计。

4.1 钢轨打磨廓形优化设计的模型

根据赫兹接触理论可知，车轮和钢轨型面曲率半径的变化直接影响着轮轨间法向接触应力数值的大小。因此，本章借助赫兹接触理论，建立钢轨廓形的曲率半径与接触应力之间的联系，并依据期望曲率半径反推设计钢轨廓形。

4.1.1 钢轨型面设计的变量

在轮轨优化设计问题上，不同的型面优化目的，决定了优化范围的选取。针对轮轨接触应力过大，而可能导致轮轨伤损的问题，在钢轨打磨廓形优化过程中，需要同时考虑车轮和钢轨自身的伤损特点和位置，来确定钢轨打磨型面的优化范围。

钢轨廓形优化设计变量示意如图 4.1 所示，将钢轨廓形的离散点分为可动点和固定点（红色的点为可动点，其余为固定点）。固定点为优化设计前后的横坐标和纵坐标均不变的点；而可动点就是优化设计过程中的设计变量，在钢轨优化设过程中，可以改变其横坐标和纵坐标的数值。

4.1.2 钢轨型面设计的优化目标

在不降低其他动力学性能的前提下，最大限度地降低轮轨间的接触应力，将优化目标函数定为钢轨廓形优化范围内的轮轨间总的接触应力最小。

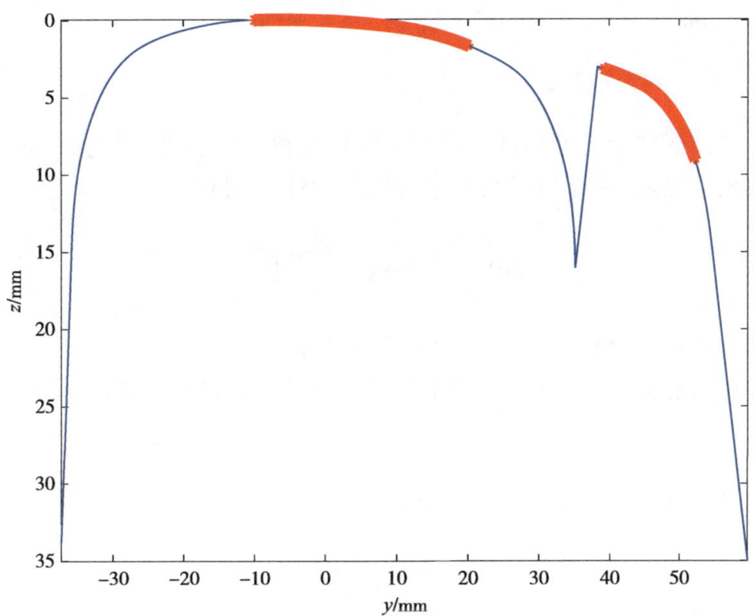

图 4.1 钢轨廓形优化设计变量示意

轮轨接触应力分布示意如图 4.2 所示，图中横坐标为钢轨廓形的横坐标 y，图中的纵坐标为轮轨间接触应力，图中曲线为轮轨间不同钢轨横坐标下的最大轮轨接触应力。

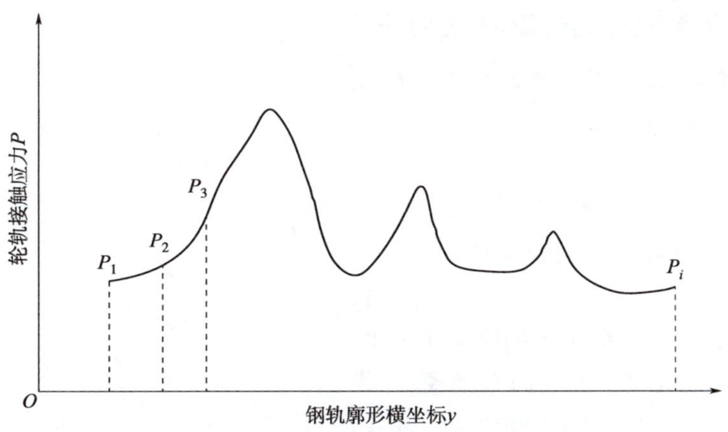

图 4.2 轮轨接触应力分布示意

将轮轨间最大接触应力的总和作为优化目标函数，即

$$\min P = \alpha_1 P_1 + \alpha_2 P_2 + \cdots + \alpha_n P_n = \sum_{i=1}^{n} \alpha_i P_i \tag{4.1}$$

式中，P_i 为轮轨间最大的接触应力；α_i 为权重系数，可以根据接触点接触频率来确定；n 为优化范围内最大接触应力点的个数。

道岔区钢轨廓形沿纵向方向是不断变化的，轮轨接触点沿纵向方向也在不断变化。在基于接触应力进行优化设计时，不仅需要确保优化后应力有所改善，还得限定列车过岔时，动力学性能不能恶化。为了改善列车过岔时的动力学响应，需要确保轮轨接触点沿纵向方向较为平滑，则有

$$\text{obj:}\quad f_1=\min[\max|y_{wl}(y_w=m)-y_{wl}(y_w=n)|+\max|y_{wr}(y_w=m)-y_{wr}(y_w=n)|] \tag{4.2}$$

4.1.3 钢轨型面设计的约束条件

钢轨型面在几何形状上是严格的凸曲线(除基本轨与尖轨非工作边形成的凹陷区域,由于此区域不发生轮轨接触,因此该区域不进行优化设计),则有

$$\mathrm{sgn}\left(\frac{\mathrm{d}^2 z_{rl}}{\mathrm{d}y_{rl}^2}\right)=\mathrm{sgn}\left(\frac{\mathrm{d}^2 z_{rr}}{\mathrm{d}y_{rr}^2}\right)\equiv 1 \tag{4.3}$$

式中,(y_{rl},z_{rl})为左侧钢轨坐标;(y_{rr},z_{rr})为右侧钢轨坐标。

为避免优化后的廓形出现往复点,优化区域的横坐标尽量保持单调,则有

$$y_{i+1}>y_i \tag{4.4}$$

优化设计的打磨廓形不应该超过原始廓形,则有

$$y_{ref}>y_{opt},\quad z_{ref}>z_{opt} \tag{4.5}$$

4.1.4 钢轨型面设计的优化算法

根据钢轨曲率半径,逆向设计出钢轨廓形。已知起点坐标,根据圆弧半径直接求出下一点的坐标,设计算法如图 4.3 所示。

假设已知 A 点坐标(y_i,z_i),弧 $\widehat{AB}$ 之间的长度 l,弧 $\widehat{AB}$ 的半径为 R,OA 与 x 轴的夹角为 θ,则可以求出 B 点的坐标(y_{i+1},z_{i+1})。

即有

$$\begin{cases} y_{i+1}=y_i+R_i\times[-\sin\theta_i+\sin(\theta_i+l_i/R_i)] \\ z_{i+1}=z_i+R_i\times[\cos\theta_i-\cos(\theta_i+l_i/R_i)] \end{cases} \tag{4.6}$$

式中,(y_i,z_i)和(y_{i+1},z_{i+1})分别为钢轨上第 i 和 $i+1$ 个点的坐标;R_i 为第 i 个点的曲率半径;θ_i 为第 i 个点在半径为 R_i 的圆弧上的角度;l_i 为第 i 和 $i+1$ 个点之间的弧长。

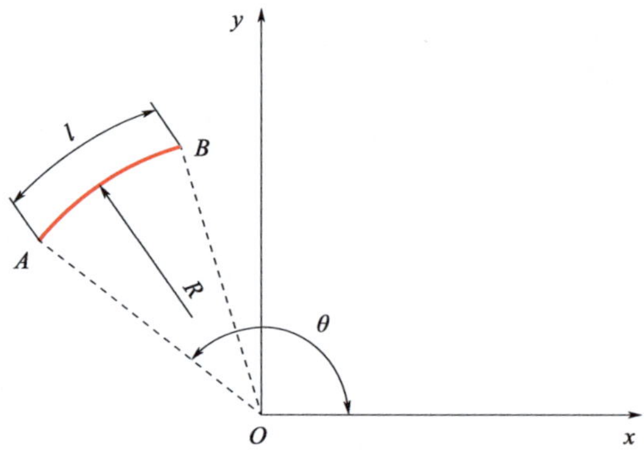

图 4.3 设计算法示意

4.1.5 优化模型的收敛条件

为了确保优化后廓形的接触应力最小,需要对目标函数进行检验,则有

$$\Delta P=|P_k-P_{k-1}|<\varepsilon \tag{4.7}$$

式中,P_k、P_{k-1} 分别为相邻两次轮轨间总的接触应力;ε 为收敛容差。

若在优化设计中,出现 $P_k>P_{k-1}$ 情况,则认为此次优化后的型面无效,继续进行下一次迭代。

收敛算法的流程如图 4.4 所示。

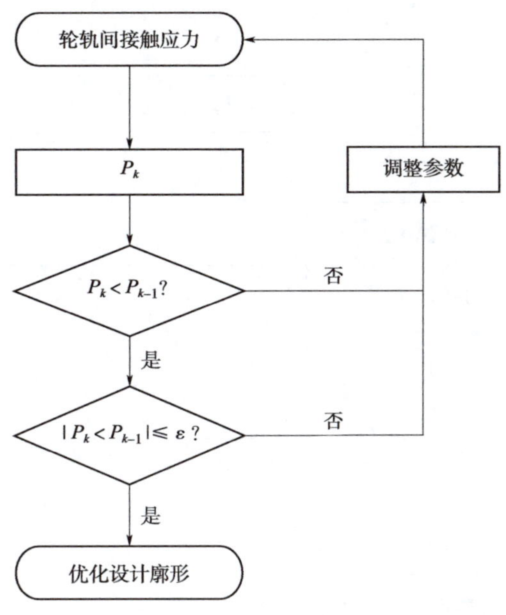

图 4.4　收敛算法流程

4.2　钢轨打磨廓形优化设计的主要步骤

钢轨外形优化设计的流程如图 4.5 所示，并且根据 MATLAB 软件编制了相应的计算机程序。

4.3　设计算法的影响分析

4.3.1　廓形曲率半径的计算

赫兹接触应力主要依据车轮踏面曲率半径和钢轨廓形曲率半径计算得到，车轮和钢轨曲率半径的计算结果对轮轨接触应力影响很大。虽然标准车轮和钢轨外形每个位置的曲率半径都是给定的，但是钢轨和车轮上线运行一段时间之后，由于磨耗等原因，车轮和钢轨的曲率半径均发生了改变，不再适合于根据标准车轮和钢轨的位置来插值得到曲率半径。本小节对比分析了三种不同曲率半径的计算结果，并选取误差较小且受干扰较小的计算方法为后续分析做准备。

1. 公式法

由高等数学知识可知：假设某曲线弧 $y=f(x)$ 二阶可导，则某点切线的斜率 $k=\tan\alpha=y'$，其中，$-\pi/2<\alpha<\pi/2$，则有

$$\alpha=\arctan k=\arctan y' \tag{4.8}$$

$$d\alpha=(\arctan y')'dx=\frac{y''}{1+y'^2}dx \tag{4.9}$$

$$ds=\sqrt{1+y'^2}\,dx \tag{4.10}$$

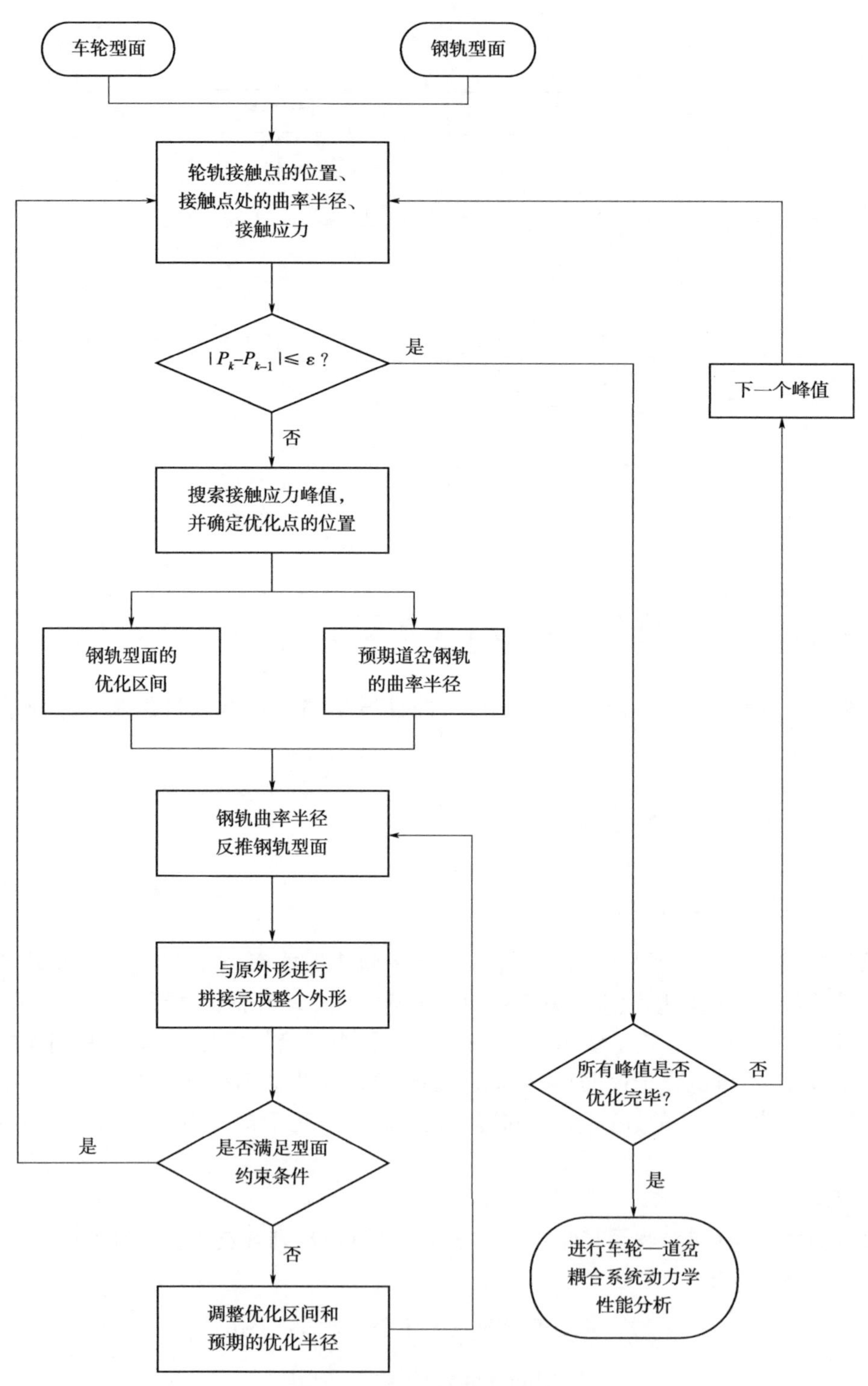

图 4.5　钢轨廓形优化流程图

根据曲率的定义,弧长的切线转角与该弧长的比值的绝对值为该段圆弧的平均曲率,即为

$$K=\frac{\mathrm{d}\alpha}{\mathrm{d}s}=\frac{|y''|}{(1+y'^2)^{3/2}} \tag{4.11}$$

$$R=\frac{1}{K}=\frac{(1+y'^2)^{3/2}}{|y''|} \tag{4.12}$$

针对车轮和钢轨廓形在计算曲率半径时,求解一阶导数的公式为

$$y'_{\mathrm{w/r}}(i)=\frac{z_{\mathrm{w/r}}(i+1)-z_{\mathrm{w/r}}(i)}{y_{\mathrm{w/r}}(i+1)-y_{\mathrm{w/r}}(i)} \tag{4.13}$$

求解二阶导数的公式为

$$y''_{\mathrm{w/r}}(i)=\frac{z_{\mathrm{w/r}}(i+1)+z_{\mathrm{w/r}}(i-1)-2z_{\mathrm{w/r}}(i)}{y_{\mathrm{w/r}}(i+1)-y_{\mathrm{w/r}}(i-1)} \tag{4.14}$$

2. 基于弦长的离散点曲率计算

当车轮或者钢轨外形为给定离散点时,不太容易求出单一的某个点处的曲率半径,需要考虑这个点前后的几个点。文献[52-53]等提出了利用弦长的离散点处的曲率半径计算方法。

对于连续的曲线,可以用弧长为 s 的参数方程表示:

$$\begin{cases} y=y(s) \\ z=z(s) \end{cases} \tag{4.15}$$

在点 s_0 处的 y 坐标和 z 坐标的一阶导数为

$$\begin{cases} y'(s_0)=\lim\limits_{\Delta s\to 0}\dfrac{y(s_0+\Delta s)-y(s_0-\Delta s)}{2\Delta s} \\ z'(s_0)=\lim\limits_{\Delta s\to 0}\dfrac{z(s_0+\Delta s)-z(s_0-\Delta s)}{2\Delta s} \end{cases} \tag{4.16}$$

在点 s_0 处的 y 坐标和 z 坐标的二阶导数为

$$\begin{cases} y''(s_0)=\lim\limits_{\Delta s\to 0}\dfrac{y'(s_0+\Delta s)-y'(s_0-\Delta s)}{2\Delta s}=\lim\limits_{\Delta s\to 0}\dfrac{y'^{\mathrm{f}}-y'^{\mathrm{b}}}{2\Delta s} \\ z''(s_0)=\lim\limits_{\Delta s\to 0}\dfrac{z'(s_0+\Delta s)-z'(s_0-\Delta s)}{2\Delta s}=\lim\limits_{\Delta s\to 0}\dfrac{z'^{\mathrm{f}}-z'^{\mathrm{b}}}{2\Delta s} \end{cases} \tag{4.17}$$

其中:

$$\begin{cases} y'^{\mathrm{f}}=\lim\limits_{\Delta s\to 0}\dfrac{y(s_0+\Delta s)-y(s_0)}{\Delta s} \\ y'^{\mathrm{b}}=\lim\limits_{\Delta s\to 0}\dfrac{y(s_0)-y(s_0-\Delta s)}{\Delta s} \\ z'^{\mathrm{f}}=\lim\limits_{\Delta s\to 0}\dfrac{z(s_0+\Delta s)-z(s_0)}{\Delta s} \\ z'^{\mathrm{b}}=\lim\limits_{\Delta s\to 0}\dfrac{z(s_0)-z(s_0-\Delta s)}{\Delta s} \end{cases} \tag{4.18}$$

那么点 s_0 处的曲率

$$K(s_0)=\frac{y'(s_0)z''(s_0)-y''(s_0)z'(s_0)}{\left[\left(y'(s_0)\right)^2+\left(z'(s_0)\right)^2\right]^{3/2}} \tag{4.19}$$

给定钢轨廓形为不重合的点集 $P_{r,i}(y_{ri},z_{ri})(i=1,2,3,\cdots,m)$，车轮踏面为不重合的点集 $P_{w,i}(y_{wi},z_{wi})(i=1,2,3,\cdots,n)$，下文以钢轨廓形为例进行描述，车轮踏面的曲率半径的求解方法相同。记 L_i 为点 $P_{r,i-1}$ 到点 $P_{r,i}$ 的线段长度，M_i 为点 $P_{r,i-1}$ 到点 $P_{r,i+1}$ 的线段长度，如图 4.6 所示。

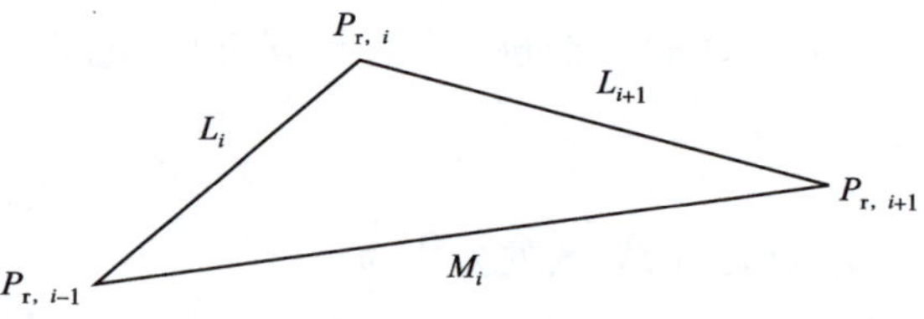

图 4.6　外形离散点示意

要计算点 $P_{r,i}$ 处的曲率，可以对式(4.19)进行变换。当钢轨廓形的数据点较多时，可以用弦长 L_i 近似代替弧长 $\overset{\frown}{P_{r,i-1}P_{r,i}}$，则点 $P_{r,i}$ 处的一阶导数有

$$\begin{cases} y_i'=\dfrac{y_{i+1}-y_{i-1}}{L_i+L_{i+1}} \\ z_i'=\dfrac{z_{i+1}-z_{i-1}}{L_i+L_{i+1}} \end{cases} \tag{4.20}$$

点 $P_{r,i}$ 处的二阶导数有

$$\begin{cases} y_i''=\dfrac{y'^{\mathrm{f}}_i-y'^{\mathrm{b}}_i}{L_i+L_{i+1}} \\ z_i''=\dfrac{z'^{\mathrm{f}}_i-z'^{\mathrm{b}}_i}{L_i+L_{i+1}} \end{cases} \tag{4.21}$$

其中：

$$\begin{cases} y'^{\mathrm{f}}_i=\dfrac{y_{i+1}-y_i}{L_{i+1}} \\ y'^{\mathrm{b}}_i=\dfrac{y_i-y_{i-1}}{L_i} \\ z'^{\mathrm{f}}_i=\dfrac{z_{i+1}-z_i}{L_{i+1}} \\ z'^{\mathrm{b}}_i=\dfrac{z_i-z_{i-1}}{L_i} \end{cases} \tag{4.22}$$

点 $P_{r,i}$ 处的曲率

$$K_i=\frac{y_i'z_i''-y_i''z_i'}{\left[(y_i')^2+(z_i')^2\right]^{3/2}} \tag{4.23}$$

将式(4.25)～式(4.27)代入式(4.28)中，可得到点 $P_{r,i}$ 处的曲率

$$K_i=\frac{2(L_i+L_{i+1})^2 S_{\triangle P_{r,i-1}P_{r,i}P_{r,i+1}}}{L_iL_{i+1}M_i^3} \tag{4.24}$$

式中，$S_{\triangle P_{r,i-1}P_{r,i}P_{r,i+1}}$ 为三角形$\triangle P_{r,i-1}P_{r,i}P_{r,i+1}$ 的有向面积，有

$$S_{\triangle P_{r,i-1}P_{r,i}P_{r,i+1}}=\frac{1}{2}\sum_{j=i-1}^{i+1}(y_jz_{j+1}-y_{j+1}z_j) \tag{4.25}$$

曲率半径的计算公式为

$$R=\frac{1}{K}=\frac{L_iL_{i+1}M_i^3}{2(L_i+L_{i+1})^2 S_{\triangle P_{r,i-1}P_{r,i}P_{r,i+1}}} \tag{4.26}$$

3. 最小二乘法拟合圆的曲率半径的计算

最小二乘法是寻找一种最佳的函数匹配，使得计算求得的数据与实际数据之间误差的平方最小的方法，工程中常用最小二乘算法对曲线或者直线进行拟合。

假设存在某离散数据点$(y_i,z_i)(i=1,2,3,\cdots,n)$，并且这些数据点基本落在某圆上，如图4.7所示。可以利用最小二乘法，根据这些已知点的信息，计算出这个圆的圆心位置及半径。

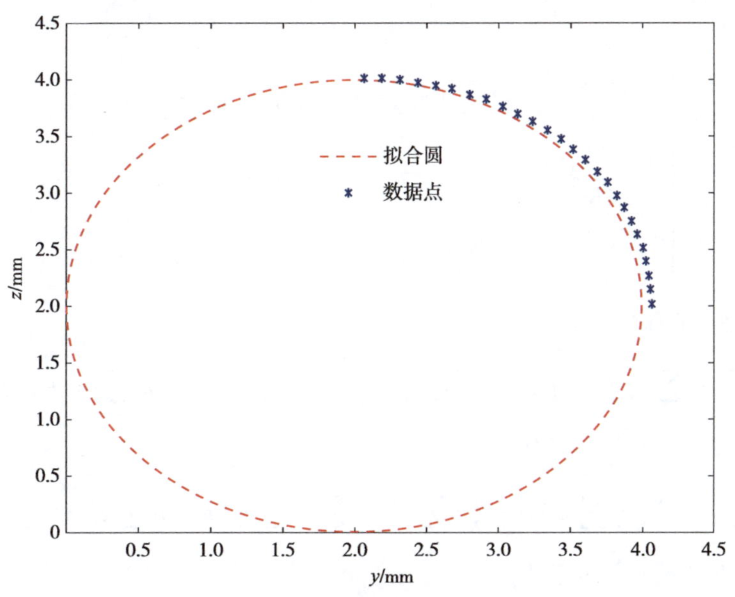

图4.7　离散点示意

给定圆心坐标为(y_0,z_0)，半径为R，圆的标准方程为

$$(y-y_0)^2+(z-z_0)^2=R^2 \tag{4.27}$$

令

$$\begin{cases}a=-2y_0\\ b=-2z_0\\ c={y_0}^2+{z_0}^2-R^2\end{cases} \tag{4.28}$$

圆的一般方程为

$$y^2+z^2+ay+bz+c=0 \tag{4.29}$$

只需要求出参数 a、b、c 的值,就可以得到圆的关键参数,即

$$\begin{cases} y_0=-\dfrac{a}{2} \\ z_0=-\dfrac{b}{2} \\ R=\dfrac{1}{2}\sqrt{a^2+b^2-4c} \end{cases} \tag{4.30}$$

离散点(y_i,z_i)到圆心(y_0,z_0)的距离为 d_i,有

$$d_i^{\ 2}=(y_i-y_0)^2+(z_i-z_0)^2 \tag{4.31}$$

离散点(y_i,z_i)到圆心(y_0,z_0)的距离的平方与半径平方的差值

$$\delta_i=d_i^2-R^2=(y_i-y_0)^2+(z_i-z_0)^2-R^2=y_i^{\ 2}+z_i^{\ 2}+ay_i+bz_i+c \tag{4.32}$$

利用最小二乘法,可以令 $g(a,b,c)$ 为 δ_i 的平方和,即

$$g(a,b,c)=\sum\delta_i^2=\sum(y_i^{\ 2}+z_i^{\ 2}+ay_i+bz_i+c)^2 \tag{4.33}$$

可知,$g(a,b,c)\geqslant 0$,且存在极小值。$g(a,b,c)$ 对 a、b、c 求偏导,得到极值点。$g(a,b,c)$ 取极值时的条件有

$$\begin{cases} \dfrac{\partial g(a,b,c)}{\partial a}=2\sum(y_i^{\ 2}+z_i^{\ 2}+ay_i+bz_i+c)y_i=0 \\ \dfrac{\partial g(a,b,c)}{\partial b}=2\sum(y_i^{\ 2}+z_i^{\ 2}+ay_i+bz_i+c)z_i=0 \\ \dfrac{\partial g(a,b,c)}{\partial c}=2\sum(y_i^{\ 2}+z_i^{\ 2}+ay_i+bz_i+c)=0 \end{cases} \tag{4.34}$$

整理式(4.34)并消除 c,有

$$\begin{cases} \left(n\sum y_i^2-\sum y_i\sum y_i\right)a+\left(n\sum y_iz_i-\sum y_i\sum y_i\right)b+n\sum y_i^3+n\sum y_iz_i^2- \\ \quad\sum(y_i^2+z_i^2)\sum y_i=0 \\ \left(n\sum y_iz_i-\sum y_i\sum z_i\right)a+\left(n\sum z_i^2-\sum z_i\sum z_i\right)b+n\sum z_i^3+n\sum y_i^2z_i- \\ \quad\sum(y_i^2+z_i^2)\sum z_i=0 \end{cases} \tag{4.35}$$

令

$$\begin{cases} A=n\sum y_i^2-\sum y_i\sum y_i \\ B=n\sum y_iz_i-\sum y_i\sum z_i \\ C=n\sum y_i^3+n\sum y_iz_i^2-\sum(y_i^2+z_i^2)\sum y_i \\ D=n\sum z_i^2-\sum z_i\sum z_i \\ E=n\sum y_i^2z_i+n\sum z_i^3-\sum(y_i^2+z_i^2)\sum z_i \end{cases} \tag{4.36}$$

式(4.36)可以转化为

$$\begin{cases}Aa+Bb+C=0\\Ba+Db+E=0\end{cases}\tag{4.37}$$

解得

$$\begin{cases}a=\dfrac{BE-CD}{AD-B^2}\\b=\dfrac{AE-BC}{B^2-AD}\\c=-\dfrac{\sum(y_i^2+z_i^2)+a\sum y_i+b\sum z_i}{n}\end{cases}\tag{4.38}$$

根据式(4.38)即可求得圆的圆心位置和半径。

4. 不同算法求得的曲率半径对比

针对上述三种曲率半径的计算方法,编制了相应的程序。选取标准的60 kg/m钢轨外形,计算该廓形离散点的曲率半径。计算结果如图4.8所示。

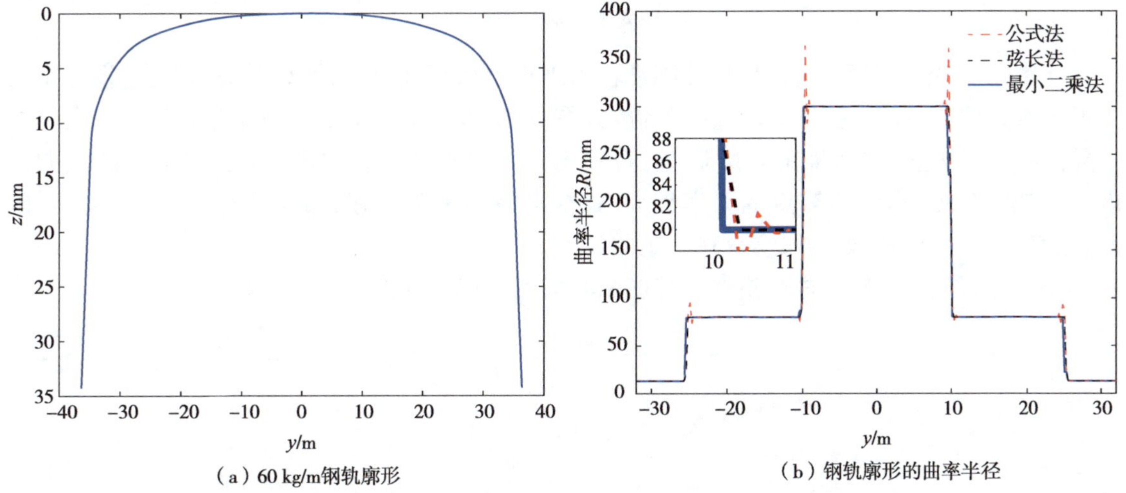

(a) 60 kg/m钢轨廓形　(b) 钢轨廓形的曲率半径

图4.8　曲率半径计算结果对比

利用这三种曲率半径的计算方法,计算60 kg/m钢轨廓形耗时分别为0.030 s、0.015 s、0.040 s,这三种曲率半径的计算方法都能较快速地计算曲率半径。从图4.8(b)可知,公式法计算出的离散点曲率半径存在很多明显的波动,尤其是在曲率半径跳变的转折点处。基于弦长法计算出的曲率半径在曲率半径跳变处也存在较小波动,并且在钢轨内外两侧直线段,计算的结果存在较大的误差,主要原因是直线上的有向面积计算误差较大。基于最小二乘法计算出的离散点的曲率半径,没有明显的波动,说明这种方法具有一定的除噪能力。因此,下面选用基于最小二乘法拟合离散点的圆弧曲率半径。

4.3.2 算法验证

在利用接触应力设计钢轨廓形之前,需要验证根据已知离散点曲率半径能否反推出钢轨外形。

以某 12 号道岔转辙器区尖轨尖宽为 0 处的钢轨为例,给定优化设计区段,以原始钢轨廓形的曲率半径为设计目标(图 4.9),反推钢轨区段,设计结果如图 4.10 所示。

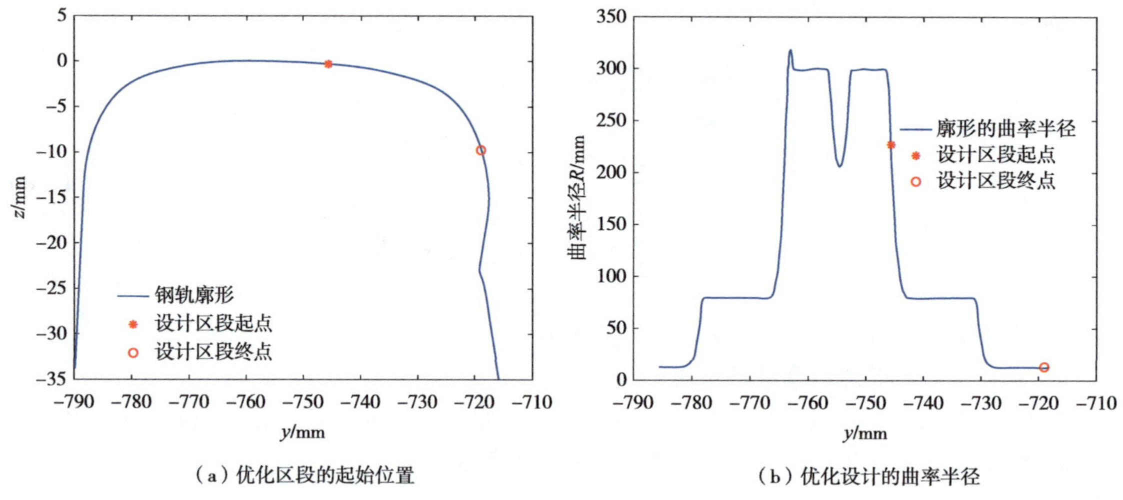

(a) 优化区段的起始位置　　(b) 优化设计的曲率半径

图 4.9　优化目标

从图 4.10 中可以看出,设计出的廓形较为理想,设计区段与原始廓形基本吻合,设计出的廓形仍然是单调,并且是凸曲线。从局部放大图可知,设计后的廓形在轨距角处仍存在一定的差异。主要原因是,在递推钢轨廓形时,需要用到离散点处的切线斜率(也就是离散点的角度),在轨距角处,由于离散点的斜率较大,每次计算斜率的时候,都会产生一定的误差。因此,最终设计区段与原始区段会存在一定的误差。

将设计区段与原廓形进行拼接,得到完整的设计廓形,如图 4.11 所示。

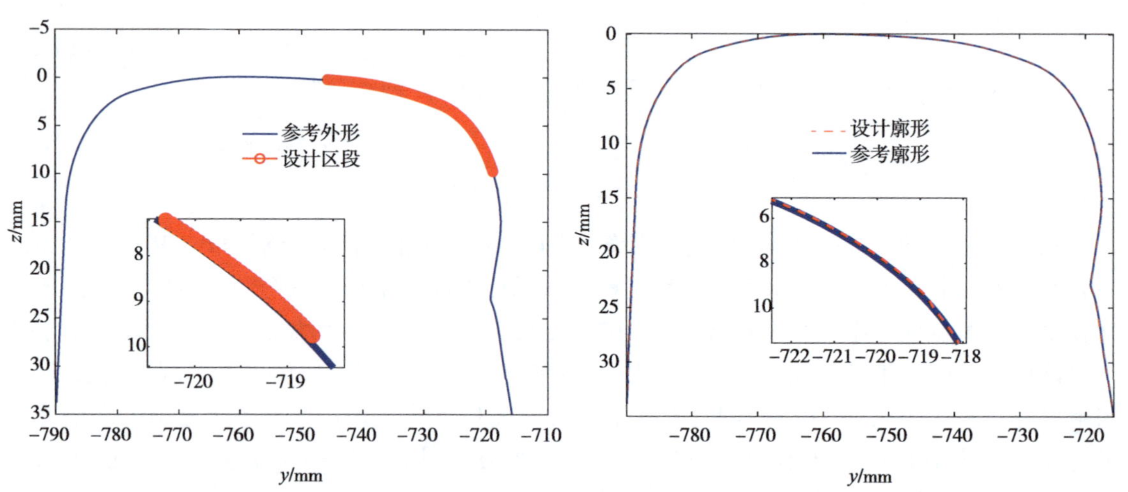

图 4.10　尖轨尖宽 0 处钢轨的验算设计　　图 4.11　拼接后完整廓形

从图 4.11 可知,拼接后的完整廓形与原始廓形基本一致。对设计的廓形重新计算曲率半径,并与已知的曲率半径进行对比,如图 4.12 所示。从图 4.12 中可以看出,设计后的曲率半径与原始曲率半径基本一致。只有最后几个离散点的误差较大,原因是:从图 4.10 中可知,最后几个点已经偏离了原始廓形,拼接就是将最后几个点与原始廓形进行拟合,就会导致这几个点处的曲率半径发生变化。从总体来说,该算法能按照要求设计出合理的廓形。

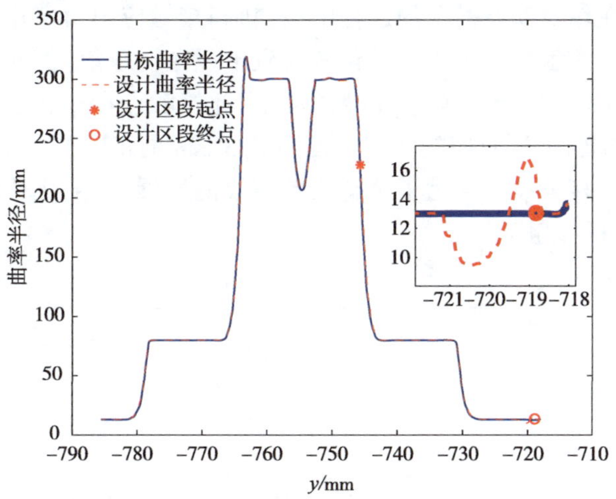

图 4.12 目标曲率半径与设计曲率半径对比

4.4 优化算例

本节以普速线路上常用的 LM 型踏面和某 12 号右开道岔 CN60-350-1:12(曲线半径 350 m,辙叉角为 1 : 12)的关键截面为例,应用本章的优化方法对其进行优化设计,在保证车辆过岔时的动力学性能的前提下,对关键截面依据接触应力进行优化设计。在本节优化设计中,给定车轮滚动圆直径为 915 mm,轮对内侧距为 1 353 mm,轨距为 1 435 mm,轨距测量点为轨顶往下 16 mm 处,轨底坡为 1/40,轴重为 17 t。为了确保优化后的钢轨廓形,在纵向上不会出现波浪线形状,将优化后的廓形的最大打磨量设定为常数(在本节中,设定每个关键截面处的最大打磨量为 0.4 mm)。

为避免出现过多的重复设计,本节算例只给出了以尖轨贴靠右侧(道岔为直向过岔状态)的情况所进行的算例说明,借助同样的方法,可以设计尖轨贴靠左侧(道岔为侧向过岔状态)时的优化设计。

根据 3.4 节对道岔区钢轨的设计进行说明,本节对 12 号道岔为直向通过状态时,进行算例设计说明。

在本节中,针对目标廓形的主要评价原则如下:

(1)优化设计的廓形不能超过原始廓形。

(2)针对转辙器区组合廓形(尖轨和基本轨组合廓形)而言,尖轨和基本轨分别拼接,首先需要满足尖轨降低值的要求。

(3)为了减少人为磨削钢轨材料的使用,在拼接时选择打磨量最小的拼接方法。

4.4.1 尖轨尖宽为 0 mm

当尖轨尖宽为 0 时,车轮的垂向载荷完全由左右轨的基本轨承担。根据赫兹接触理论求解轮轨间最大接触应力,LM 型踏面与尖轨尖宽 0 匹配时,在轮对动态横移的过程中(轮对横移量为-12~12 mm),轮轨间最大接触应力分布如图 4.13 所示。图中横坐标表示钢轨型面的 y 向坐标,左侧的纵坐标表示轮轨间的最大接触应力,右侧的纵坐标表示为钢轨型面的 z 向坐标。从图 4.13 可知,在轮对动态横移的过程中,轮轨间接触应力由工作边向钢轨中心线方向越来越小。其中轮轨间接触应力最大值的位置大致出现在轨距角(偏向工作边),此处的接触应力已经远远超过了钢轨的安定极限。主要原因是:此接触点在车轮上所对应的曲率半径是 R80 mm 的反圆弧,而钢轨上所对应的曲率半径为 R13 mm 的正圆弧。由此可以推断出轨距角区域可能最早出现滚动接触疲劳。为了缓解疲劳裂纹的发展,需要优化设计此区域内的钢轨外形,以降低该区域内的接触应力。

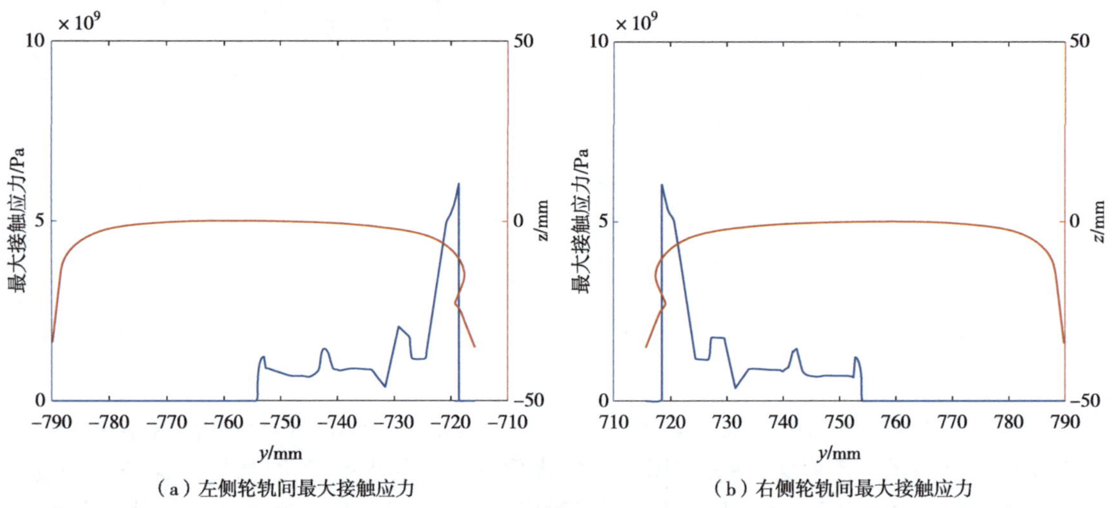

(a)左侧轮轨间最大接触应力　　(b)右侧轮轨间最大接触应力

图 4.13　优化前的轮轨间最大接触应力

优化前后钢轨廓形如图 4.14 所示。钢轨顶部略有塌陷,这样能增加钢轨的曲率半径,减小轮轨间的接触应力;轨距角处的打磨量略大,最大打磨量为 0.4 mm,轨距角处也增加了钢轨廓形的曲率半径,能减小轨距角处的接触应力。

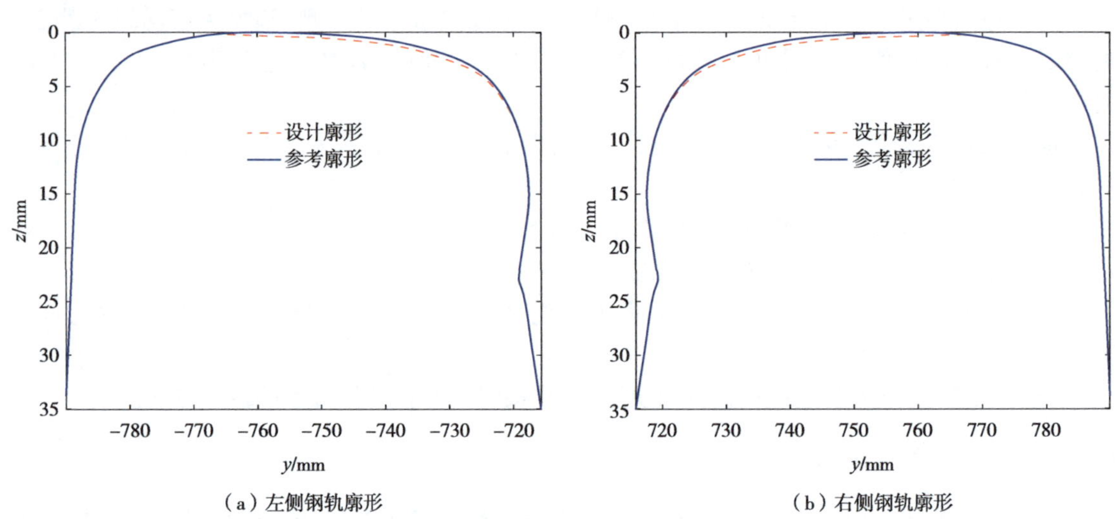

(a)左侧钢轨廓形　　(b)右侧钢轨廓形

图 4.14　优化前后的钢轨廓形

图 4. 15 为优化前后，钢轨廓形的曲率半径的变化。从图中可以看出，钢轨的曲率半径不再是由几段突变的直线组成，而是由连续变化的曲线组成，这样可以改善轮轨的接触性能。当轮对发生动态横移时，轮轨接触点在车轮踏面或者钢轨顶面上不会发生较大幅度的跳跃，轮轨接触应力不会像传统钢轨接触，从一个圆弧转移到另一个圆弧而发生太大的波动。

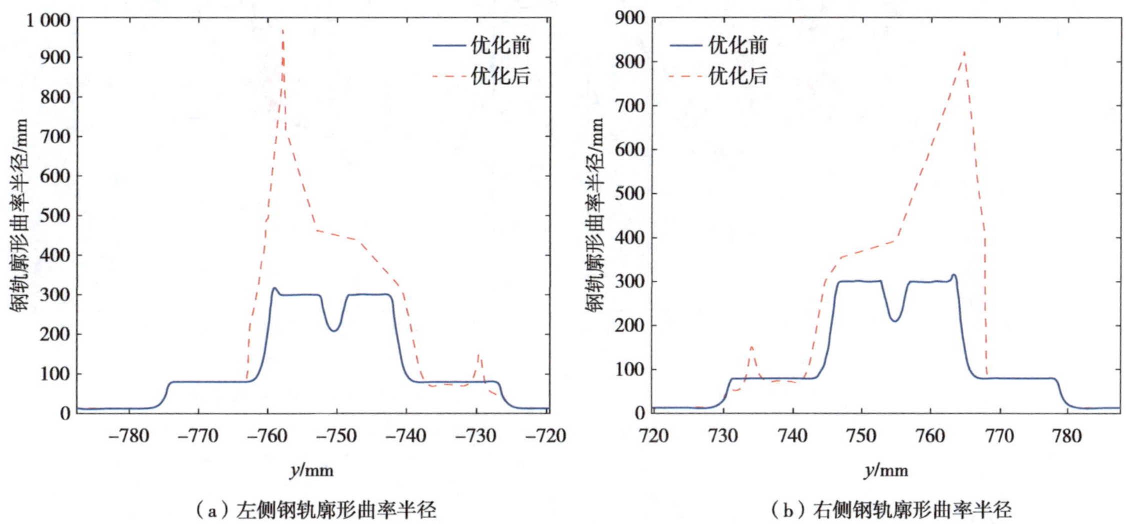

（a）左侧钢轨廓形曲率半径　　（b）右侧钢轨廓形曲率半径

图 4. 15　优化前后钢轨廓形曲率半径

图 4. 16 为优化前后轮轨间最大接触应力对比，从图中可以看出，优化后轮轨间最大接触应力较优化前有明显减少。左侧道岔钢轨最大接触应力由 6 050 MPa 下降到 5 558 MPa，下降了 8. 85%；横移量在−2～7 mm 时，接触应力下降最多。右侧普通钢轨最大接触应力由 6 040 MPa 下降到 5 756 MPa，降低了 4. 93%；横移量在−6. 5～2. 5 mm 时，接触应力下降最多。对比图 4. 14 可知，轨顶较优化前更为平缓，此处的钢轨曲率半径也最大，因此区域接触应力下降最大。从结果可以看出，优化后的钢轨达到了降低轮轨间接触应力的目的。

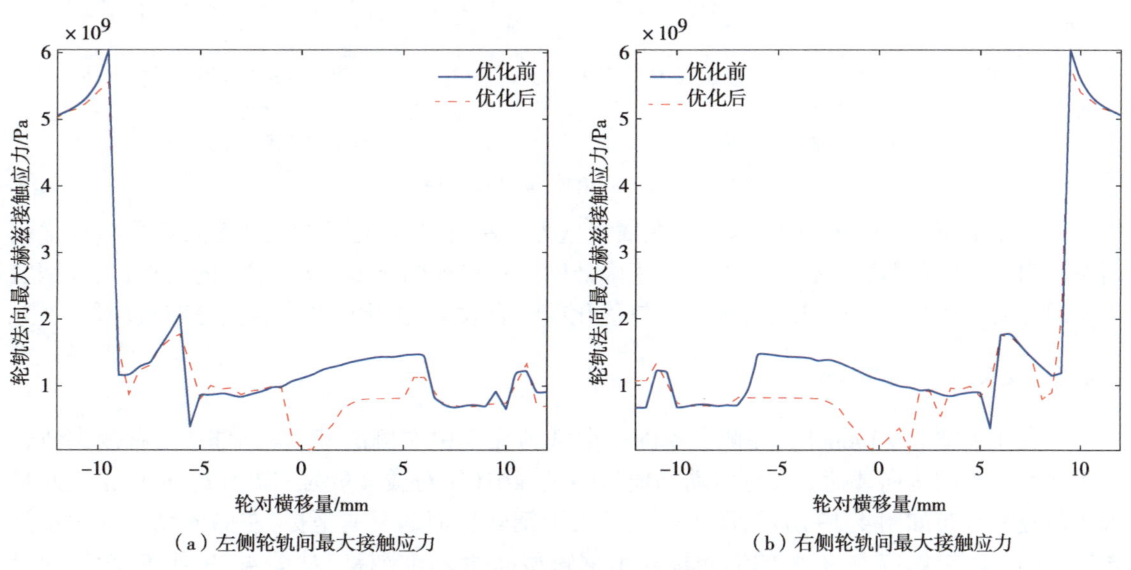

（a）左侧轮轨间最大接触应力　　（b）右侧轮轨间最大接触应力

图 4. 16　优化前后轮轨间最大接触应力

优化前后轮轨几何接触特征如图 4.17 和图 4.18 所示。

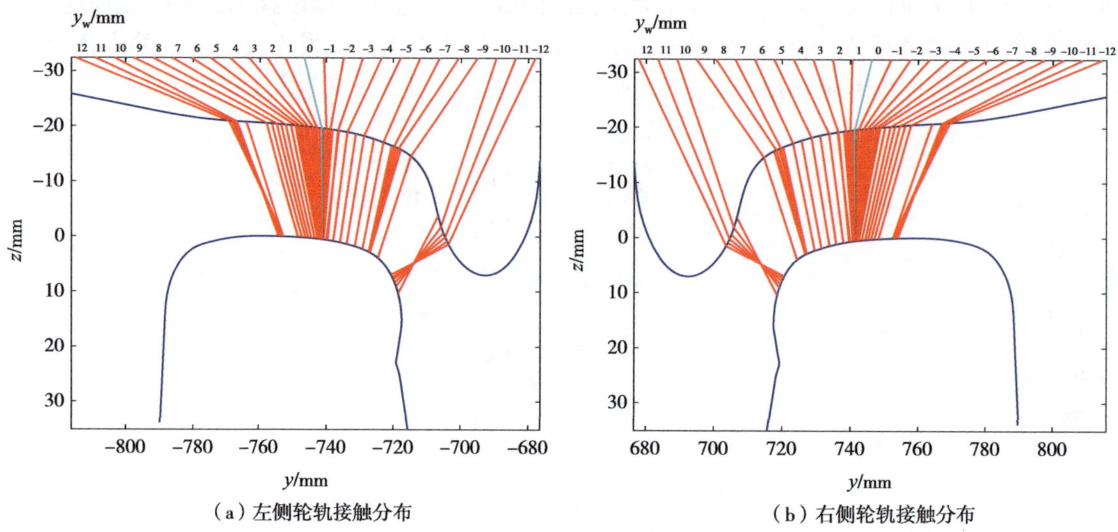

(a) 左侧轮轨接触分布　　(b) 右侧轮轨接触分布

图 4.17　优化前的轮轨几何接触特征

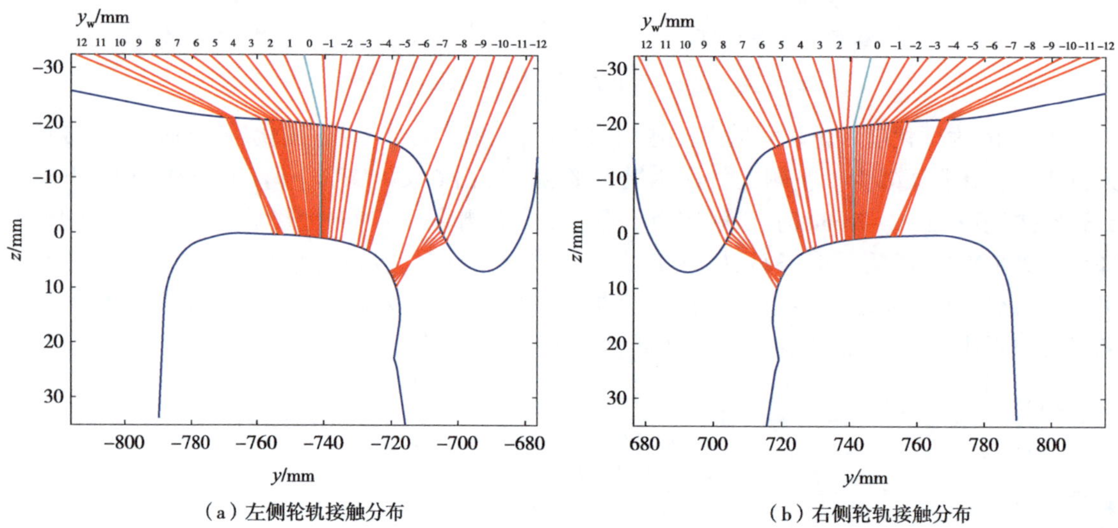

(a) 左侧轮轨接触分布　　(b) 右侧轮轨接触分布

图 4.18　优化后的轮轨几何接触特征

从图 4.17 和图 4.18 中可以看出，在横移量为 0 左右时，优化后的钢轨接触点分布较优化前明显均匀，并且钢轨接触带较宽，有利于降低同一点接触的频率，减少钢轨的磨耗，延长钢轨的使用寿命。优化的轮轨几何接触分布较优化前略有改善，优化后的接触点分布较均匀。

4.4.2　尖轨尖宽为 20 mm

当尖轨尖宽为 20 mm 时，左侧车轮的垂向载荷完全由左侧的基本轨承担，而右侧尖轨也开始承受车轮的垂向载荷。在轮对动态横移的过程中(轮对横移量为-12~12 mm)，轮轨间最大接触应力分布如图 4.19 所示，图中横坐标表示钢轨型面的 y 向坐标，左侧的纵坐标表示为轮轨间的最大接触应力，右侧的纵坐标表示钢轨型面的 z 向坐标。从图 4.19 可知，轮轨间接触应力最大值出现在轨距角附近(偏向工作边)，轮轨间的接触应力对滚动接触疲劳裂纹的萌生和发展有显著影响，由此可以推断出轨距角区域最早可能出现滚动接触疲劳，这与图 4.20 中实际运营的钢轨，在轨距角处的斜裂纹出现的位置和图 4.19 中轮轨接触计算分析的最大接触应力区域大致吻合，计算结果符合现场情况。为了缓解疲劳裂纹的发展，需要优化设计此区域内的钢轨外形，以降低该区域内的接触应力。

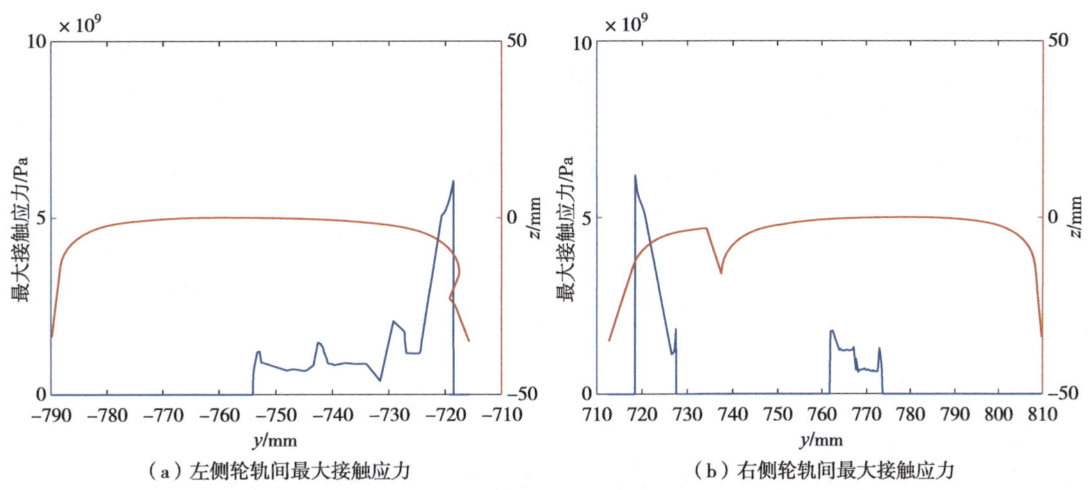

（a）左侧轮轨间最大接触应力　　（b）右侧轮轨间最大接触应力

图 4.19　优化前的轮轨间最大接触应力

优化前后钢轨廓形如图 4.21 所示。钢轨顶部略有塌陷，这样能增加钢轨的曲率半径，减小轮轨间的接触应力；轨距角处的打磨量略大，左右侧钢轨最大打磨量为 0.4 mm，轨距角处也增加了钢轨廓形的曲率半径，能减小轨距角处的接触应力，减缓轨距角处的滚动接触疲劳的发生。

图 4.22 为优化前后，钢轨廓形的曲率半径的变化。

图 4.23 为优化前后轮轨间最大接触应力对比，从图中可以看出，优化后轮轨间最大接触应力较优化前有明显减少。由于轨顶较优化前更为平缓，此处的钢轨曲率半径也最大，因此区域接触应力下降最大。从结果可以看出，优化后的钢轨达到了降低轮轨间接触应力的目的。

优化前后轮轨几何接触特征分别如图 4.24 和图 4.25 所示。

图 4.20　道岔轨距角斜裂纹位置

图 4.24 和图 4.25 分别为优化前后的轮轨匹配时的轮轨接触点的分布图。从图中可以看出，优化前，轮对横移量在 6~7 mm 时，接触点位置从基本轨转移到尖轨上；而优化后，轮对横移量在 8~9 mm 时，接触点位置从基本轨转移到尖轨上；这样能避免车轮过早与尖轨接触，减小尖轨的磨耗。右侧基本轨在横移量为 0 左右时，优化后的钢轨接触点分布较优化前明显均匀，并且钢轨接触带较宽，有利于降低同一点接触的频率，减少钢轨的磨耗，延长钢轨的使用寿命。

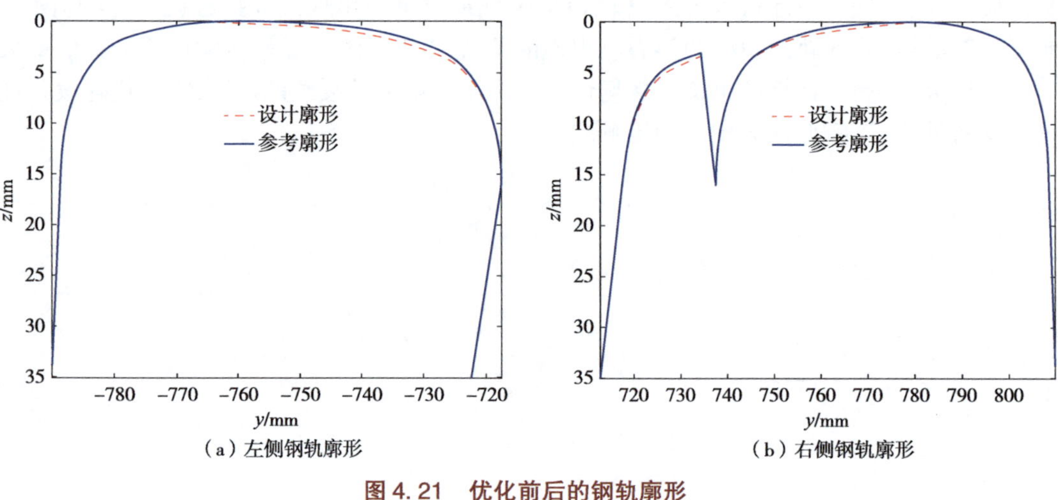

（a）左侧钢轨廓形　　（b）右侧钢轨廓形

图 4.21　优化前后的钢轨廓形

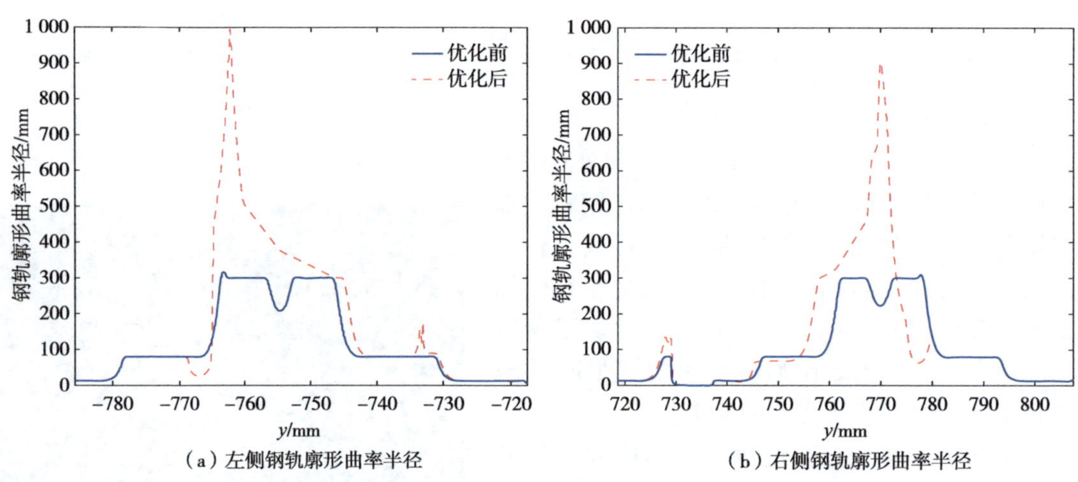

（a）左侧钢轨廓形曲率半径　　（b）右侧钢轨廓形曲率半径

图 4.22　优化前后钢轨廓形曲率半径

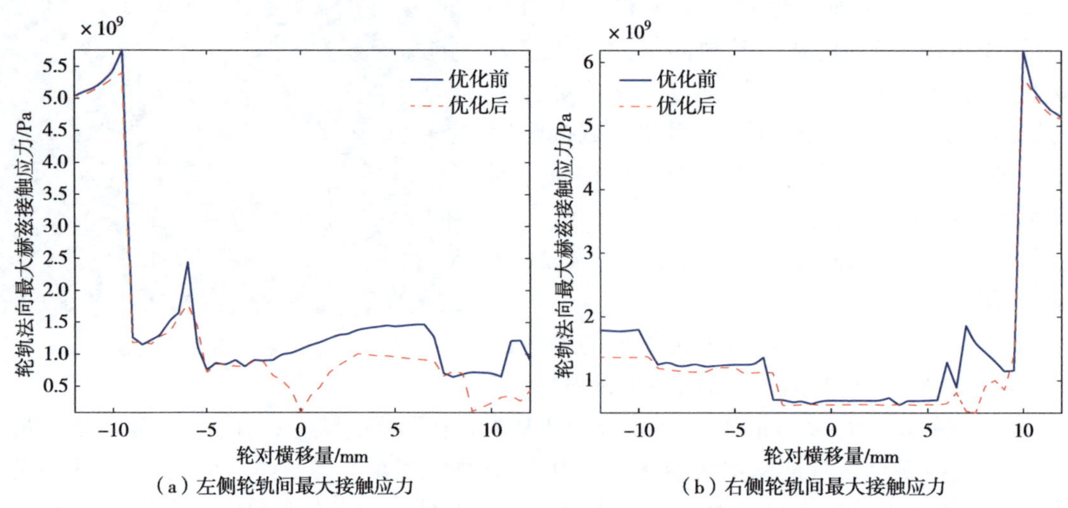

（a）左侧轮轨间最大接触应力　　（b）右侧轮轨间最大接触应力

图 4.23　优化前后的轮轨间最大接触应力

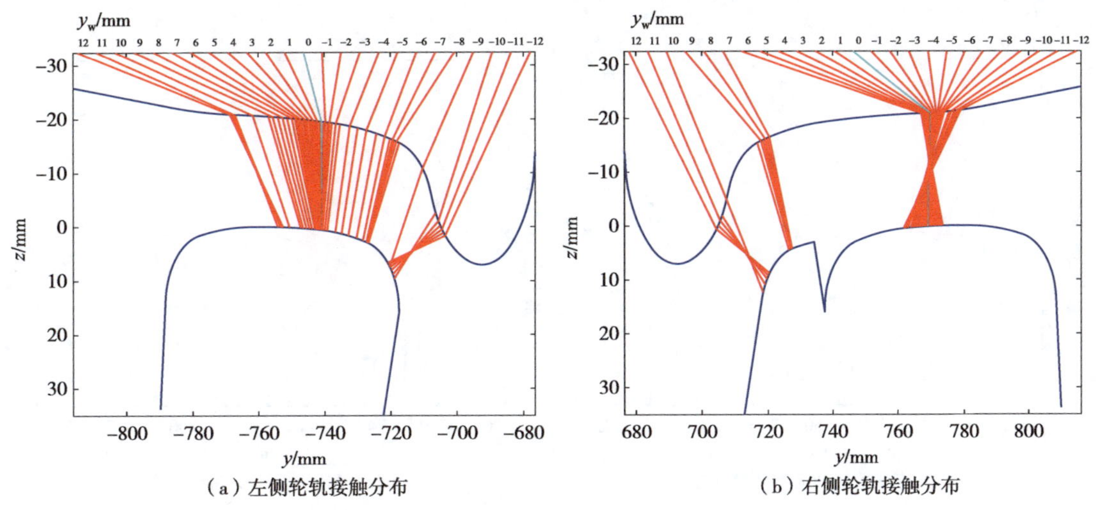

（a）左侧轮轨接触分布　　（b）右侧轮轨接触分布

图 4.24　优化前的轮轨几何接触特征

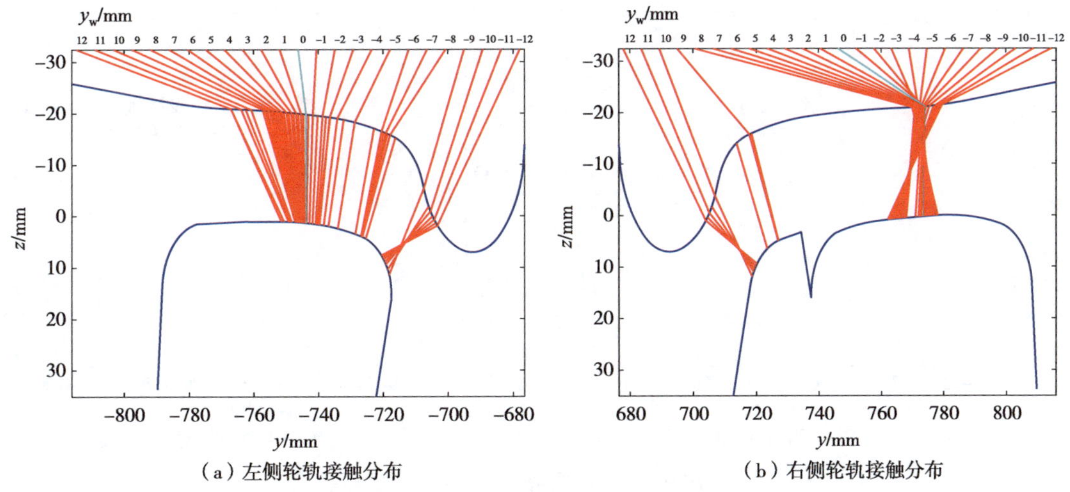

（a）左侧轮轨接触分布　　（b）右侧轮轨接触分布

图 4.25　优化后的轮轨几何接触特征

4.4.3　尖轨尖宽为 35 mm

当尖轨尖宽为 35 mm 时，左侧车轮的垂向载荷完全由左侧的基本轨承担，而右侧也完全由尖轨承受车轮的垂向载荷。在轮对动态横移的过程中（轮对横移量为−12～12 mm），轮轨间最大接触应力分布如图 4.26 所示，图中横坐标表示钢轨型面的 y 向坐标，左侧的纵坐标表示轮轨间的最大接触应力，右侧的纵坐标表示为钢轨型面的 z 向坐标。

优化前后钢轨廓形如图 4.27 所示。

图 4.28 为优化前后，钢轨廓形的曲率半径的变化。

图 4.29 为优化前后轮轨间最大接触应力对比，从图中可以看出，优化后轮轨间最大接触应力较优化前有明显减少。

优化前后轮轨几何接触特征分别如图 4.30 和图 4.31 所示。

从图 4.30 和图 4.31 中可以看出，优化后轮轨接触点的分布较为均匀，并且减小了轮轨接触点的跳跃现象。

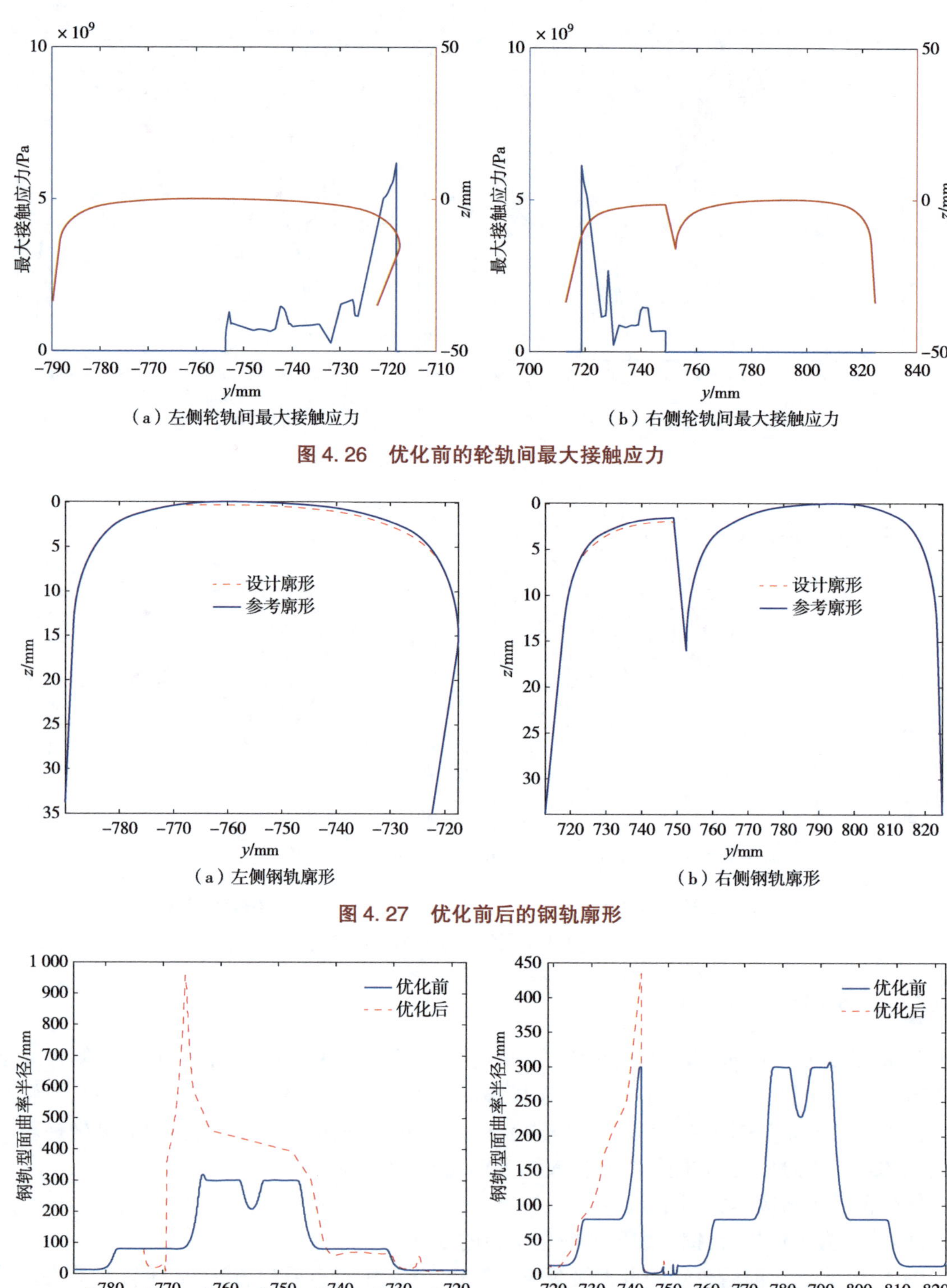

（a）左侧轮轨间最大接触应力　（b）右侧轮轨间最大接触应力

图 4.26　优化前的轮轨间最大接触应力

（a）左侧钢轨廓形　（b）右侧钢轨廓形

图 4.27　优化前后的钢轨廓形

（a）左侧钢轨廓形曲率半径　（b）右侧钢轨廓形曲率半径

图 4.28　优化前后钢轨廓形曲率半径

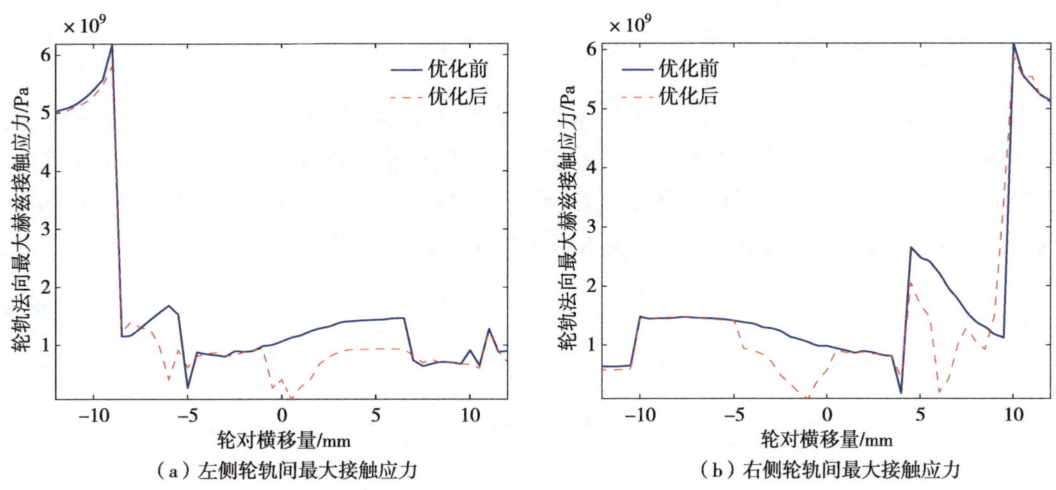

（a）左侧轮轨间最大接触应力　（b）右侧轮轨间最大接触应力

图 4.29　优化前后的轮轨间最大接触应力

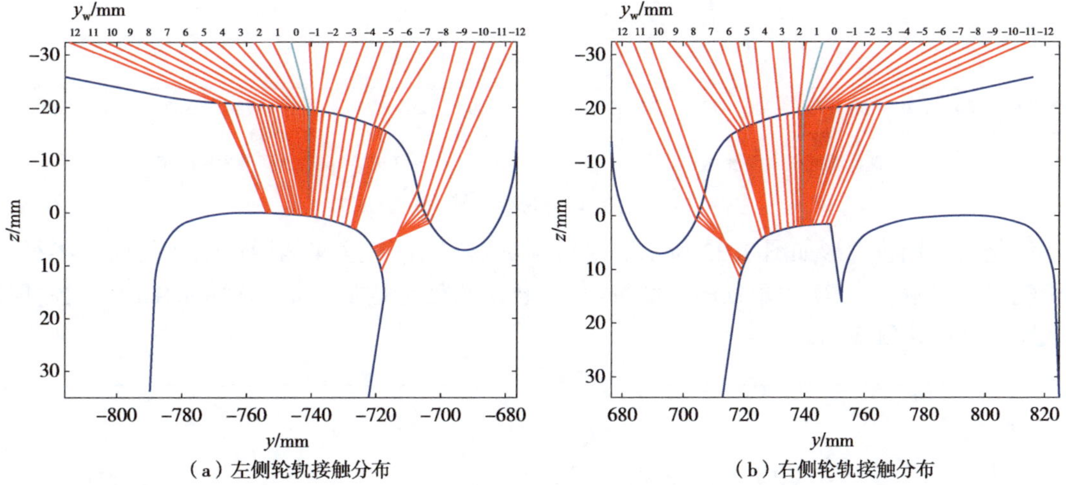

（a）左侧轮轨接触分布　（b）右侧轮轨接触分布

图 4.30　优化前的轮轨几何接触特征

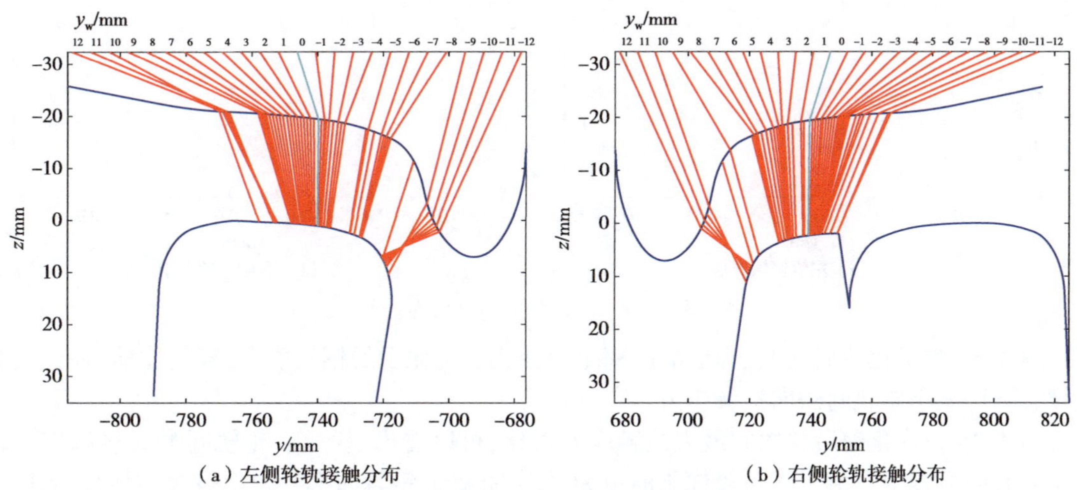

（a）左侧轮轨接触分布　（b）右侧轮轨接触分布

图 4.31　优化后的轮轨几何接触特征

4.4.4 尖轨尖宽为 50 mm

当尖轨尖宽为 50 mm 时,左侧车轮的垂向载荷完全由左侧的基本轨承担,而右侧也完全由尖轨承受车轮的垂向载荷。在轮对动态横移的过程中(轮对横移量为-12~12 mm),轮轨间最大接触应力分布如图 4.32 所示,图中横坐标表示钢轨型面的 y 向坐标,左侧的纵坐标表示轮轨间的最大接触应力,右侧的纵坐标表示为钢轨型面的 z 向坐标。

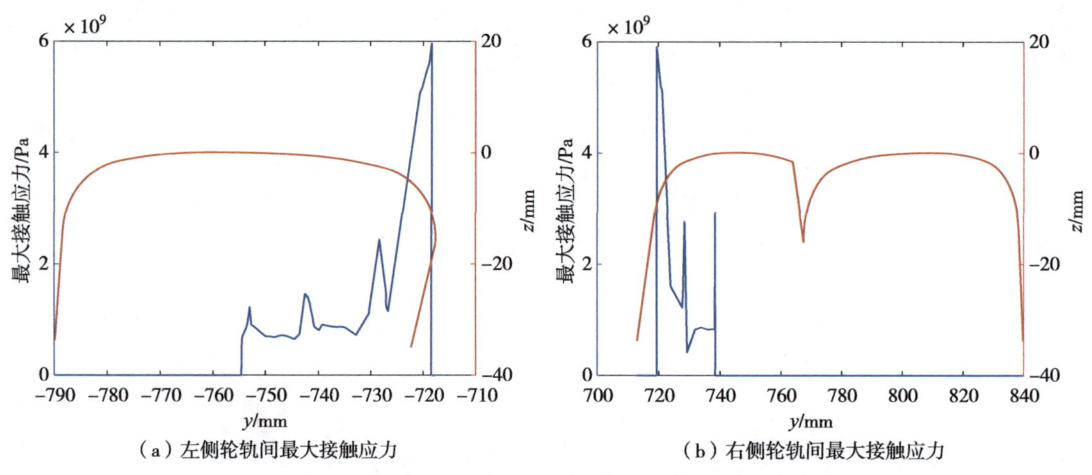

图 4.32 优化前的轮轨间最大接触应力

优化前后钢轨廓形如图 4.33 所示。钢轨顶部略有塌陷,这样能增加钢轨的曲率半径,减小轮轨间的接触应力;轨距角处的打磨量略大,轨距角处也增加了钢轨廓形的曲率半径,能减小轨距角处的接触应力。

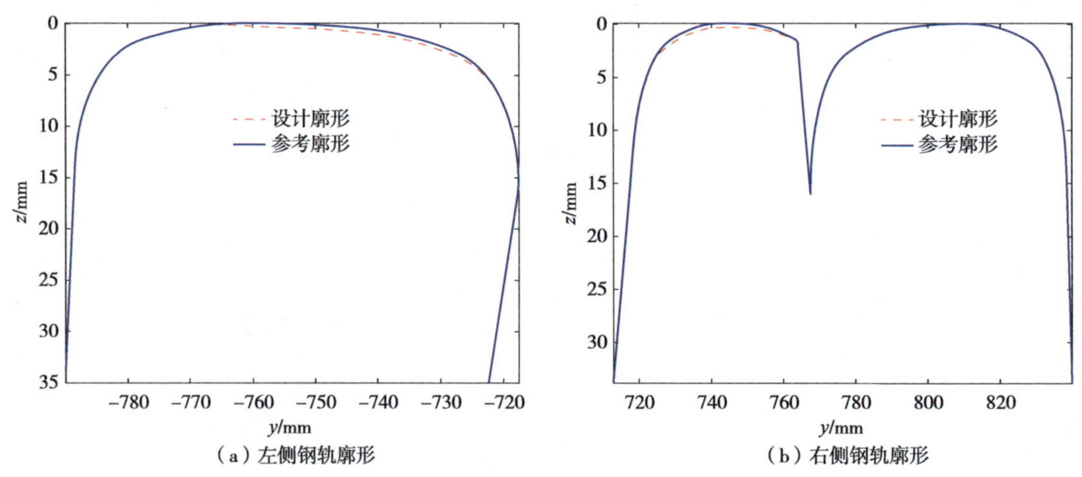

图 4.33 优化前后的钢轨廓形

图 4.34 为优化前后,钢轨廓形的曲率半径变化。优化后的钢轨廓形,较优化前有所增加,这样有利于减小轮轨间法向接触应力。

图 4.35 为优化前后轮轨间最大接触应力对比,可以看出,优化后轮轨间最大接触应力较优化前有明显减少。由于轨顶较优化前更为平缓,此处的钢轨曲率半径也最大,因此区域接触应力下降最大。从结果可以看出,优化后的钢轨达到了降低轮轨间接触应力的目的。

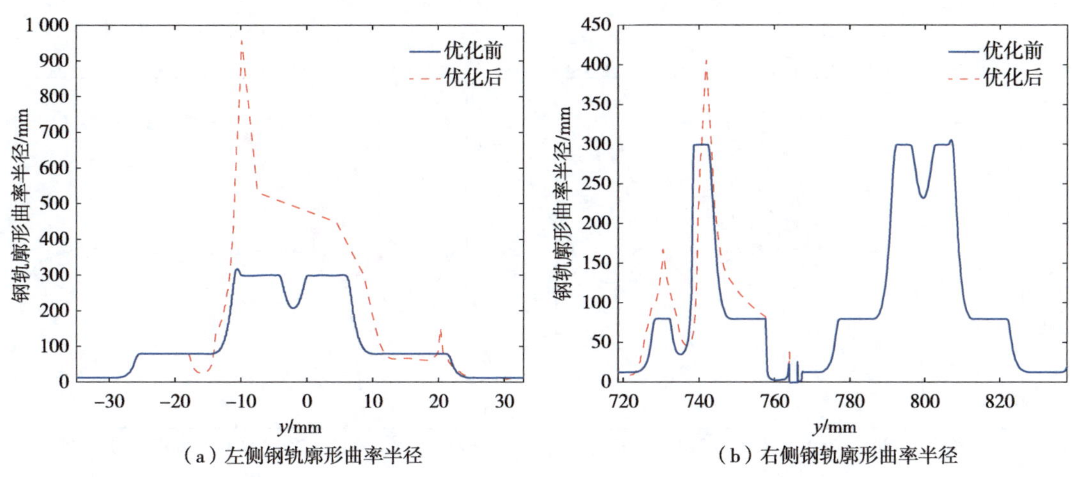

（a）左侧钢轨廓形曲率半径　　（b）右侧钢轨廓形曲率半径

图 4.34　优化前后钢轨廓形曲率半径

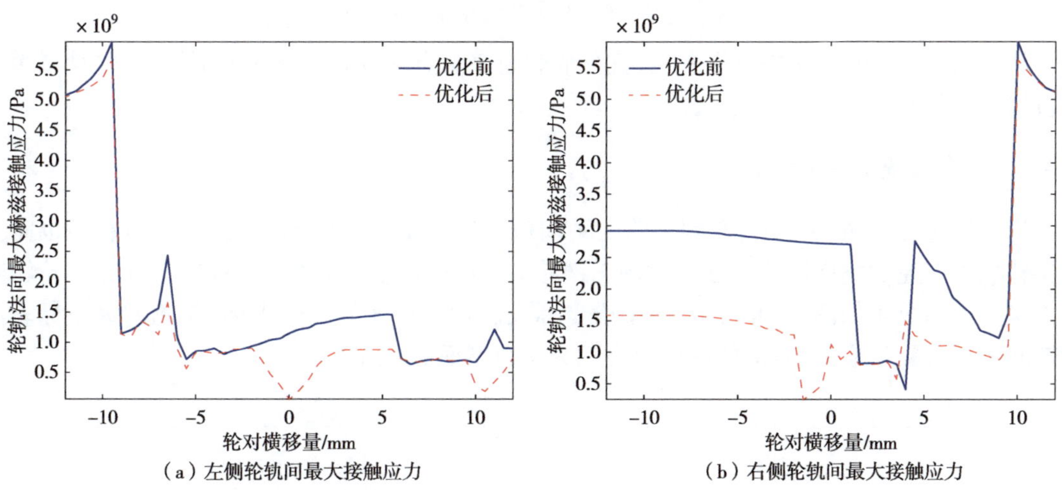

（a）左侧轮轨间最大接触应力　　（b）右侧轮轨间最大接触应力

图 4.35　优化前的轮轨间最大接触应力

优化前后轮轨几何接触特征分别如图 4.36 和图 4.37 所示。

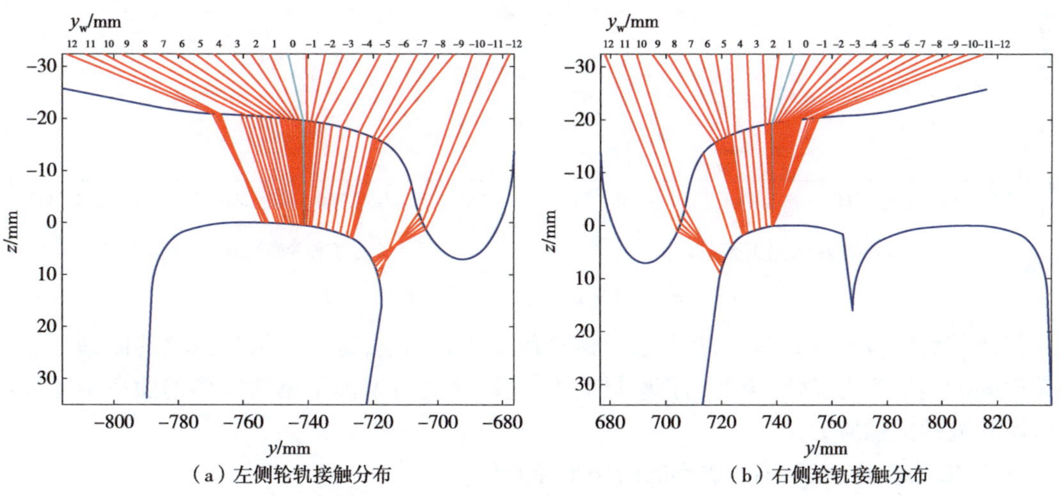

（a）左侧轮轨接触分布　　（b）右侧轮轨接触分布

图 4.36　优化前的轮轨几何接触特征

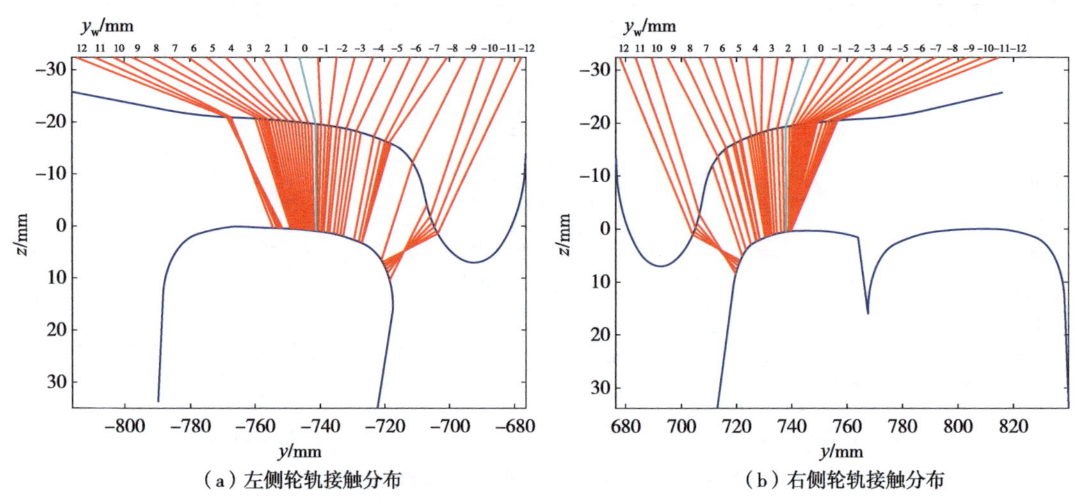

(a) 左侧轮轨接触分布
(b) 右侧轮轨接触分布

图 4.37 优化后的轮轨几何接触特征

从图 4.36 和图 4.37 中可以看出,优化后轮轨接触点的分布较优化前更均匀,并且减缓了轮轨接触点的跳跃现象。

4.4.5 尖轨尖宽为 70 mm

当尖轨尖宽为 70 mm 时,左侧车轮的垂向载荷完全由左侧的基本轨承担,而右侧也完全由尖轨承受车轮的垂向载荷。在轮对动态横移的过程中(轮对横移量为-12~12 mm),轮轨间最大接触应力分布如图 4.38 所示,图中横坐标表示钢轨型面的 y 向坐标,左侧的纵坐标表示轮轨间的最大接触应力,右侧的纵坐标表示为钢轨型面的 z 向坐标。

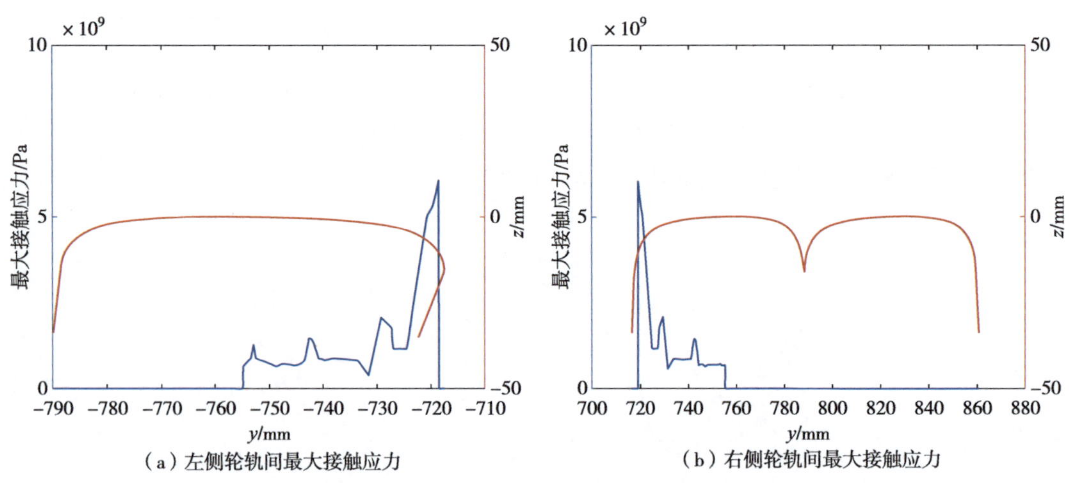

(a) 左侧轮轨间最大接触应力
(b) 右侧轮轨间最大接触应力

图 4.38 优化前的轮轨间最大接触应力

优化前后钢轨廓形如图 4.39 所示。钢轨顶部略有塌陷,这样能增加钢轨的曲率半径,减小轮轨间的接触应力;轨距角处的打磨量略大,轨距角处也增加了钢轨廓形的曲率半径,能减小轨距角处的接触应力。

图 4.40 为优化前后,钢轨廓形的曲率半径变化。

图 4.41 为优化前后轮轨间最大接触应力对比,可以看出,优化后轮轨间最大接触应力较

优化前有明显减少。由于轨顶较优化前更为平缓，此处的钢轨曲率半径也最大，因此区域接触应力下降最大。从结果可以看出，优化后的钢轨达到了降低轮轨间接触应力的目的。

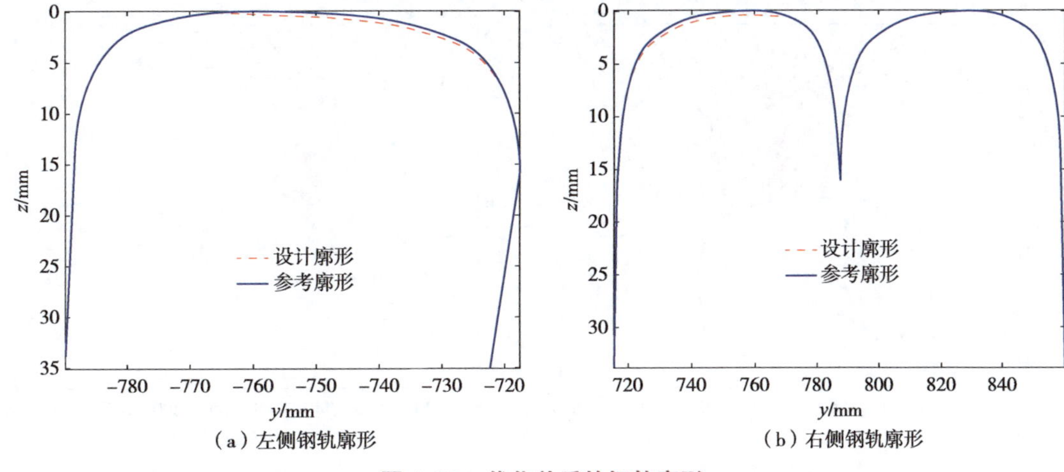

图 4.39　优化前后的钢轨廓形

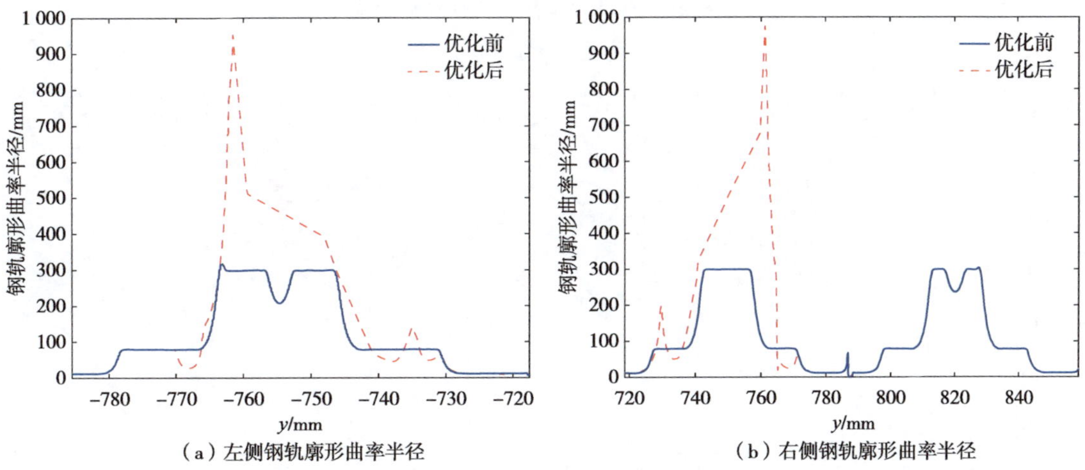

图 4.40　优化前后钢轨廓形曲率半径

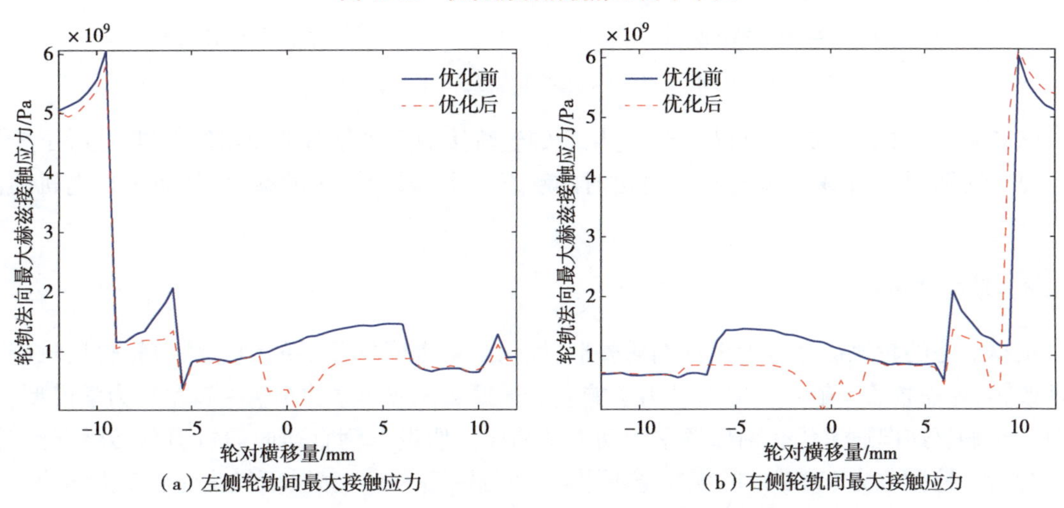

图 4.41　优化前后的轮轨间最大接触应力

优化前后轮轨几何接触特征分别如图 4.42 和图 4.43 所示。

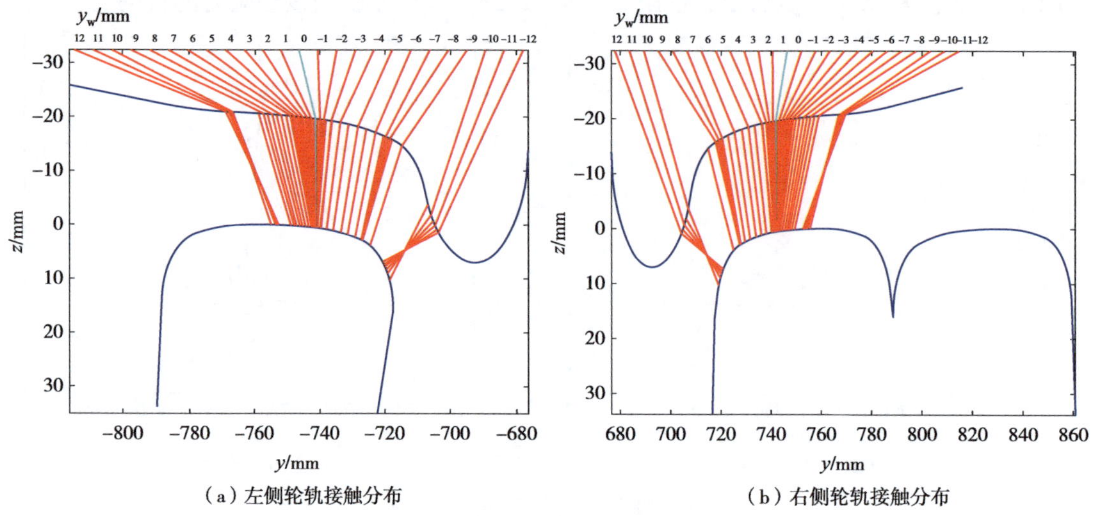

（a）左侧轮轨接触分布　　（b）右侧轮轨接触分布

图 4.42　优化前的轮轨几何接触特征

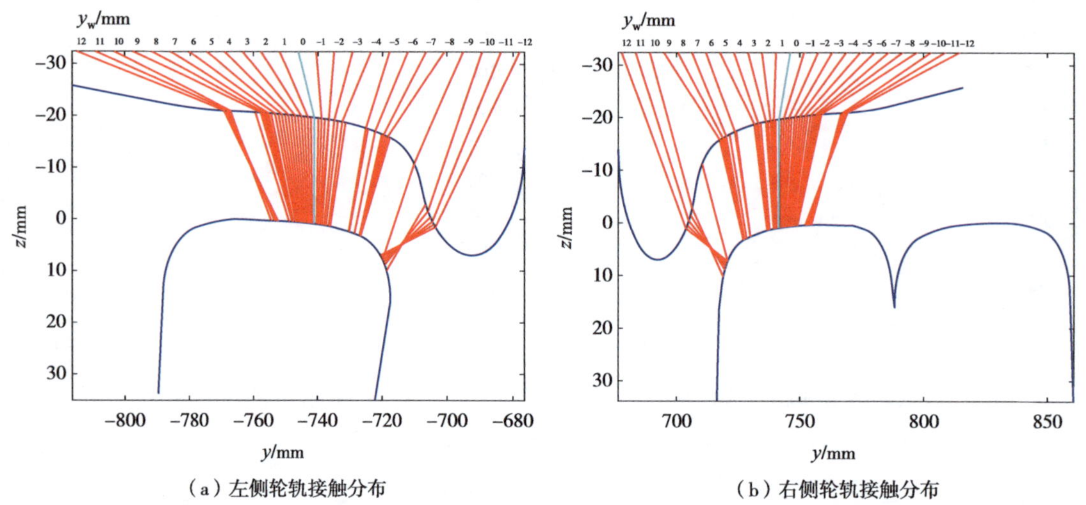

（a）左侧轮轨接触分布　　（b）右侧轮轨接触分布

图 4.43　优化后的轮轨几何接触特征

从图 4.42 和图 4.43 中可以看出，优化后的轮轨接触点的分布更加均匀，并且减缓了轮轨接触点的跳跃现象，有利于减小车辆过岔时的动态冲击，减少钢轨的磨耗，从而延长钢轨的使用寿命。

4.4.6　动力学校验

根据静态的轮轨接触应力设计钢轨外形，优化结果表明优化后的静态法向轮轨接触应力有所改善，还需校验车辆过岔时的动力学响应。根据 2.3 节建立的车辆—道岔动力学模型，仿真分析车辆直逆向通过优化前后道岔的动力学响应。假设车辆直逆向通过道岔转辙器区时，仿真分析的速度也为 120 km/h，无轨道不平顺，车轮踏面为 LM 型踏面优化前后动力学响应结果如图 4.44 所示，最大值对比详见表 4.1。

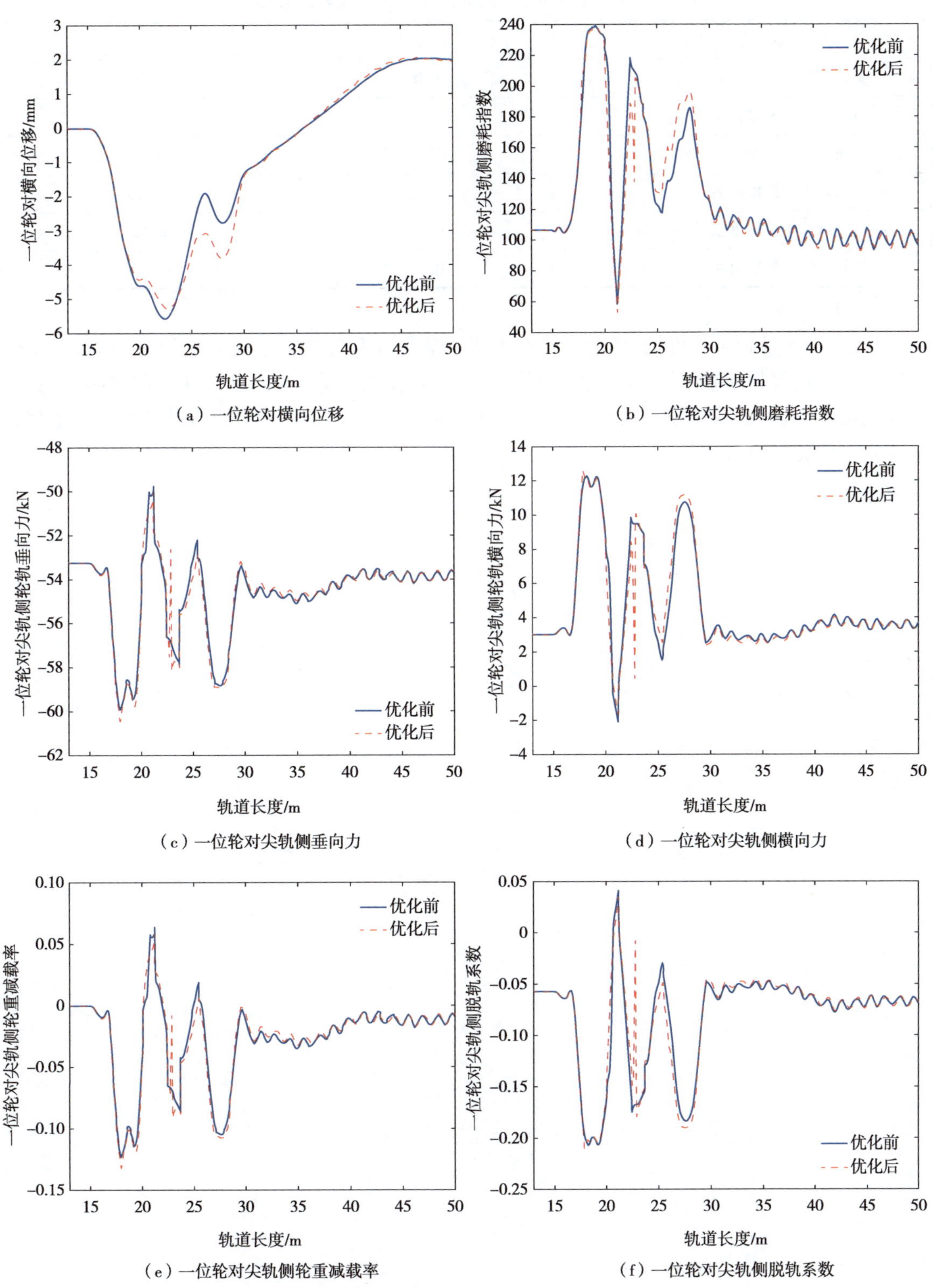

(a) 一位轮对横向位移

(b) 一位轮对尖轨侧磨耗指数

(c) 一位轮对尖轨侧垂向力

(d) 一位轮对尖轨侧横向力

(e) 一位轮对尖轨侧轮重减载率

(f) 一位轮对尖轨侧脱轨系数

图 4.44 车辆直逆向通过道岔时优化前后的动力学响应

表 4.1　直逆向过岔时动力学响应的最大值对比

动力学参数	优 化 前	优 化 后
一位轮对横向位移/mm	5.58	5.38
一位轮对尖轨侧磨耗指数	239	238
一位轮对尖轨侧垂向力/kN	59.6	60.8
一位轮对尖轨侧横向力/kN	12.2	12.26
一位轮对尖轨侧轮重减载率	0.13	0.12
一位轮对尖轨侧脱轨系数	0.21	0.215

从图 4.44 及表 4.1 可见,优化前轮对横移量最大值为 5.58 mm,优化后为 5.38 mm。优化后尖轨侧轮轨磨耗指数、轮轨垂向力、轮轨横向力、轮重减载率、脱轨系数在局部均略有减小,并且脱轨系数、轮重减载率均在合格标准之内。总体来说,基于接触应力设计的钢轨廓形优化后动力学性能没有恶化。

5 钢轨打磨廓形设计软件的应用

在优化设计过程中,为了方便设计人员设计出合理的钢轨廓形,在 MATLAB/SIMULINK 软件下开发了仿真计算程序,编制了一套基于组件构架的人机交互式设计软件。采用 MATLAB 软件的脚本文件编程,车辆—道岔动力学模型的非线性模块采用 SIMULINK 软件搭建。

由于不同的设计理论对钢轨进行优化设计,需要的设计变量和边界条件都不相同,因此根据不同的设计方法,分别编制相应的设计软件。

5.1 基于轮径差函数的打磨廓形软件的应用

一次完整的廓形优化设计主要包括轮轨几何接触计算分析、轮径差曲线的设计、钢轨上接触点的分布范围、优化设计得到部分廓形、优化设计部分与原廓形拼接、误差分析、静态动态校核等步骤。

设计软件的主界面如图 5.1 所示。

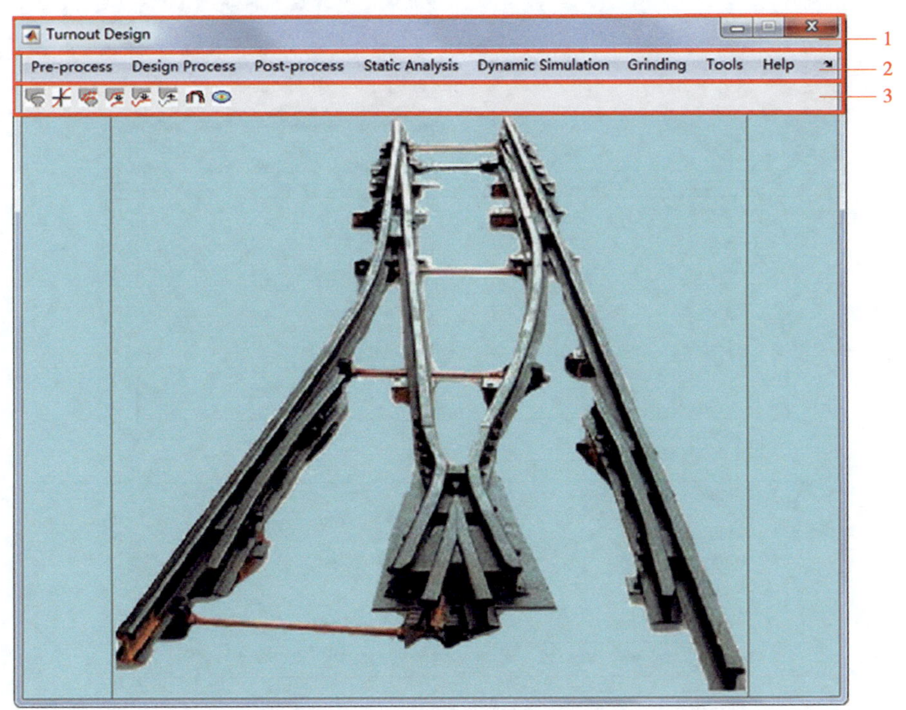

1—标题栏；2—菜单栏；3—快捷键栏。

图 5.1 道岔设计软件的主界面

主界面主要分为 3 个区域：

(1)标题栏。

(2)菜单栏。

菜单栏主要由前处理(Pre-process)、设计过程(Design Process)、后处理(Post-process)、静态校核(Static Analysis)、动态校核(Dynamic Simulation)、打磨策略(Grinding)、工具箱(Tools)、帮助(Help)等模块组成。

(3)快捷键栏。

快捷键栏主要包括:道岔区轮轨几何接触计算()、轮径差曲线的设计()、预期接触点分布的设定()、设计区段的显示()、完整廓形的拼接()、沿纵向插值()、静态接触应力计算()。

5.1.1 前处理模块

前处理(Pre-process)模块主要是为后续的廓形设计做准备,主要包括道岔廓形的拆分(Split Profile)和拼接(Merge Profile),道岔区轮轨几何接触计算分析(Geometrical Contact)。

1. 前处理准备

道岔廓形的拆分和拼接界面如图 5.2 所示,可操控按钮有：

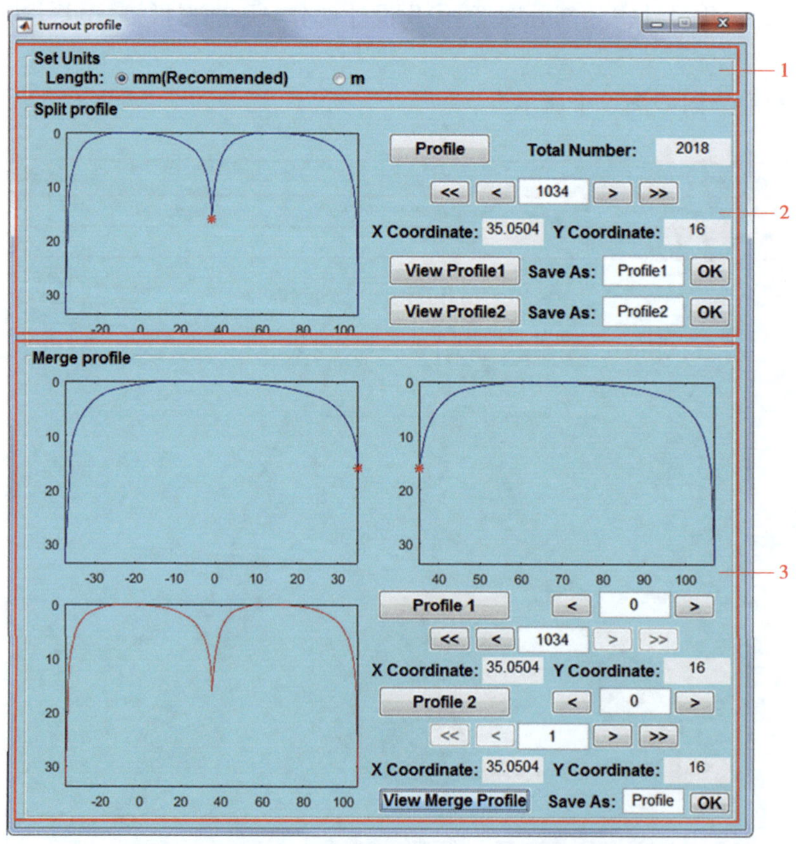

1—单位的设定部分；2—廓形的拆分部分；3—廓形的拼接部分。

图 5.2 道岔廓形的拆分和拼接界面

（1）单位的设定部分（Set Units）：用于设定长度的使用单位米（m）和毫米（mm）。

（2）廓形的拆分部分（Split Profile）：主要是为了方便将道岔区组合廓形快速拆分为尖轨部分和基本轨部分廓形。

点击“Profile”按钮，可以导入需要拆分的道岔廓形。在图 5.2 左边会显示导入的廓形，并且有一个红色的“ * ”的点为拆分的边界点。

拆分边界点左边的廓形系统会默认为 Profile 1，拆分边界点右边的廓形系统会默认为 Profile 2，通过调整按钮 <<、<、>、>> 可以调整拆分点的位置，或者直接在中间文本框中输入拆分点的位置。

点击“View Profile 1”或者“View Profile 2”可以单独显示拆分廓形 1 或拆分廓形 2。点击“Save As”后面的“OK”按钮，可以将拆分廓形 Profile 1 或者拆分廓形 Profile 2 保存到原始完整廓形的文件夹下。

（3）廓形的拼接部分（Merge Profile）：主要为了快速将单独的基本轨和尖轨拼接在一起，形成某一截面完整的组合廓形。

点击“Profile1”按钮，可以导入拼接廓形 1，相对应的廓形显示在图 5.2 左边，并且有一个红色的“ * ”的点为拼接的边界点，边界点左侧部分为拼接的有效区域。

点击“Profile2”按钮，可以导入拼接廓形 2，相对应的廓形显示在图 5.2 右边，并且有一个红色的“ * ”的点为拼接的边界点，边界点右侧部分为拼接的有效区域。

在图 5.2 左边会显示拼接廓形，点击“View Merge Profile”会单独显示拼接后的廓形，点击“Save As”后面的“OK”按钮，可以将拼接廓形 Profile 保存到原始廓形的文件夹的目录下。

2. 计算分析

道岔区轮轨几何接触计算界面如图 5.3 所示，可操控按钮有：

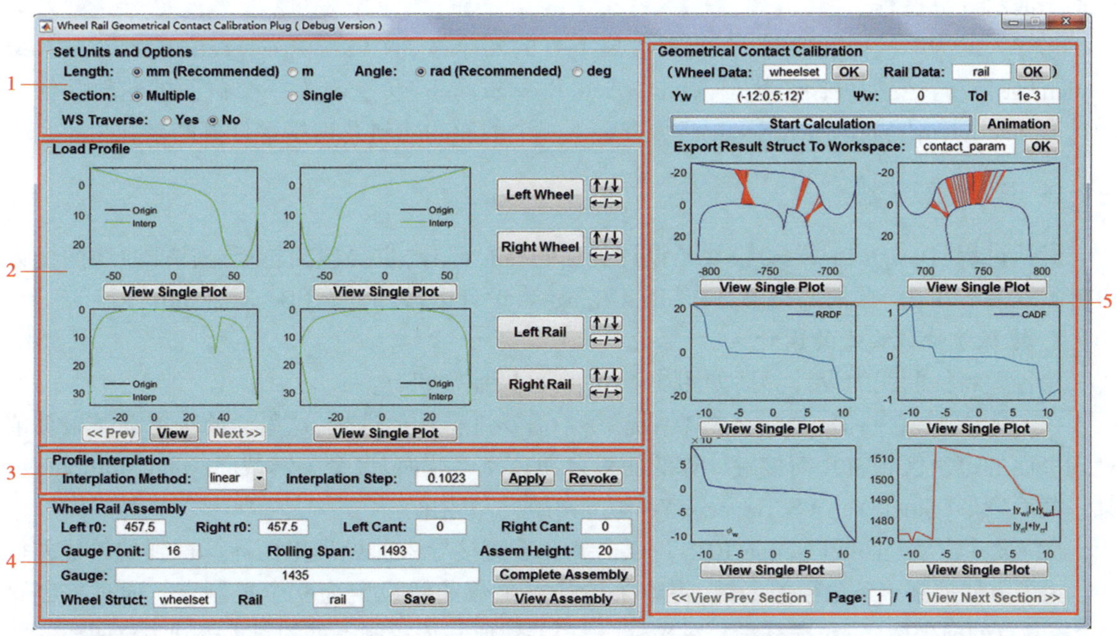

1—单位的设定部分；2—廓形的导入部分；3—廓形的插值部分；4—轮轨几何接触的参数部分；5—轮轨几何接触的计算部分。

图 5.3　道岔区轮轨几何接触计算界面

(1)单位的设定部分(Set Units):用于设定长度的使用单位米(m)和毫米(mm);设定角度的是使用单位弧度(rad)和角度(deg)。由于道岔区截面是由多关键截面组成,可以选择导入多个关键截面廓形(Multiple)或选择单一导入某一截面廓形(Single)。“WS Traverse Yes”按钮为后续轮轨几何接触部分着重显示某些横移量范围下的轮轨接触范围,并且可以在后面输入需要显示的横移量范围;“WS Traverse No”按钮为不显示着重显示部分。

(2)廓形的导入部分(Load Profile):车轮和钢轨廓形的导入。

点击Left Wheel、Right Wheel、Left Rail、Right Rail这四个按钮可以分别导入车轮和钢轨外形。点击↑/↓按钮,可以上下翻转轮轨外形;点击←/→可以左右翻转轮轨外形。

(3)廓形的插值部分(Profile Interplation):若原始的车轮和钢轨的数据点太小或者过于密集时,需要对车轮和钢轨外形进行插值,得到合理的数据点的外形。下拉栏可选择不同的插值算法(Interplation Method):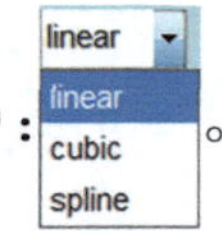

。插值步长(Interplation Step):给定合理的插值步长,点击Apply应用插值,点击Revoke取消插值。

(4)轮轨几何接触的参数部分(Wheel Rail Assembly):给定左右车轮的滚动圆半径(Left r0/Right r0)、左右轨的轨底坡(Left Cant/Right Cant)、轨距的测量点的位置(Gauge Point)、滚动圆横向跨距(Rolling Span)、假设装配时车体提升的高度(Assem Height,方便进行轮轨几何接触计算)、轨距(Gauge)。点击Complete Assembly,进行轮轨几何接触的装配;点击View Assembly可以单独显示装配好的轮轨几何位置关系。

(5)轮轨几何接触的计算部分(Geometrical Contact Calibration):给定横移量范围y_w,轮对摇头角ψ_w和计算精度Tol,点击Start Calculation按钮,计算轮轨几何接触参数,点击Animation可以动态演示计算过程。

当导入的为多截面廓形时,页面右边最下方的两个按钮(View Prev Section和View Next Section)会自动转变为可操作状态,点击“View Prev Section”可查看上一个截面的轮轨几何接触计算结果,点击“View Next Section”可查看下一个截面的轮轨几何接触计算结果。

5.1.2 设计过程模块

设计过程(Design Process)模块是设计算法的核心部分,主要包括轮径差特征曲线的设计(RRD Refine Plug)、预期的接触分布(Rail Range)、设计区段的计算(Design Profile)。

1. 轮径差特征曲线的设计

轮径差特征曲线的设计界面如图5.4所示,可操控按钮有:

(1)设定选择(Set Options):常规情况下,不需要进行任何选择,这里面的选项都是根据前处理里面的道岔区轮轨几何接触计算的面板自动选择。截面:多个关键截面廓形(Multiple)或某一截面廓形(Single)。WS Traverse Yes功能与图5.3相同。

(2)设计轮径差曲线(Refine RRD):点击Default直接导入前处理里面计算得到的轮径差函数。为了方便控制整条轮径差函数,将整条轮径差函数曲线设定为9个控制点。通过控制这9个控制点的横坐标(轮对横移量)、纵坐标(轮径差数值)、该控制点处的斜率得到完整曲线。

(3)轮径差曲线(RRD Curve):上侧显示当前截面原始轮径差曲线和优化设计的轮径差曲线;中间显示当前截面的原始轮径差函数;下侧显示所有截面优化设计后的轮径差函数。

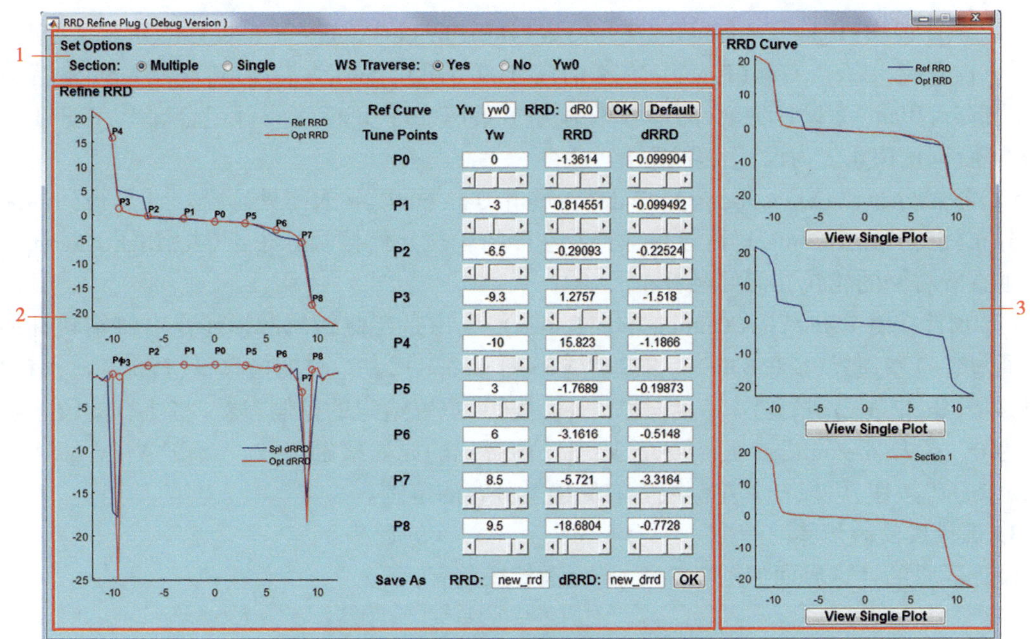

1—设定选择；2—设计轮径差曲线；3—轮径差曲线。

图 5.4　轮径差特征曲线的设计界面

2. 预期的接触分布

预期的接触分布界面如图 5.5 所示，可操控按钮有：

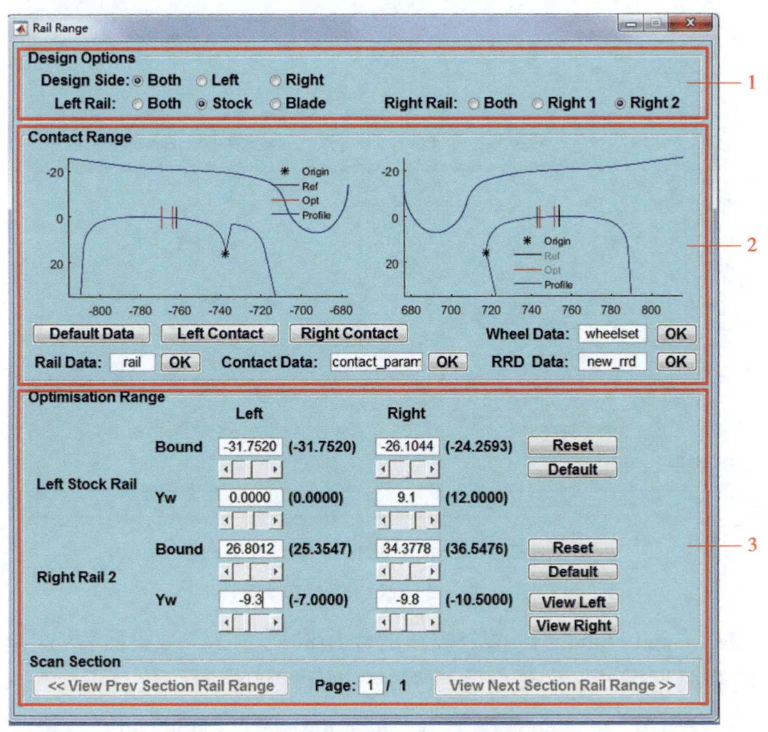

1—设计选项；2—接触分布；3—预计接触分布范围。

图 5.5　预期的接触分布界面

(1)设计选项(Design Options):设计侧边(Design Side),选定需要设计的钢轨侧,包含双侧(Both)、左侧(Left)、右侧(Right);左侧钢轨(Left Rail),Both 为设计组合廓形,Stock 为设计基本轨部分,Blade 为设计尖轨部分;右侧钢轨(Right Rail),Both 为设计组合廓形,Right1 为设计基本轨部分,Right2 为设计尖轨部分。

(2)接触分布(Contact Range):单击"Default Data"可以导入前处理模块计算得到的原始接触分布;点击"Left Contact"可以单独查看左侧的轮轨几何接触分布;点击"Right Contact"可以单独查看右侧的轮轨几何接触分布。

(3)预计接触分布范围(Optimisation Range):无论是左侧钢轨廓形还是右侧钢轨廓形都可以通过各自左边界(Left Bound)、右边界(Right Bound)、左边界的横移量(Left Yw)、右边界的横移量(Right Yw)进行控制。点击"Reset"按钮,重置给定的控制参数,将所有的设置参数都置为0。点击"Default"按钮,导入前处理计算得到的原始接触参数。点击"View Left"或者"View Right"按钮,可以查看左侧或者右侧接触分布的范围。

3. 设计区段的计算

设计区段的计算界面如图 5.6 所示,可操控按钮有:

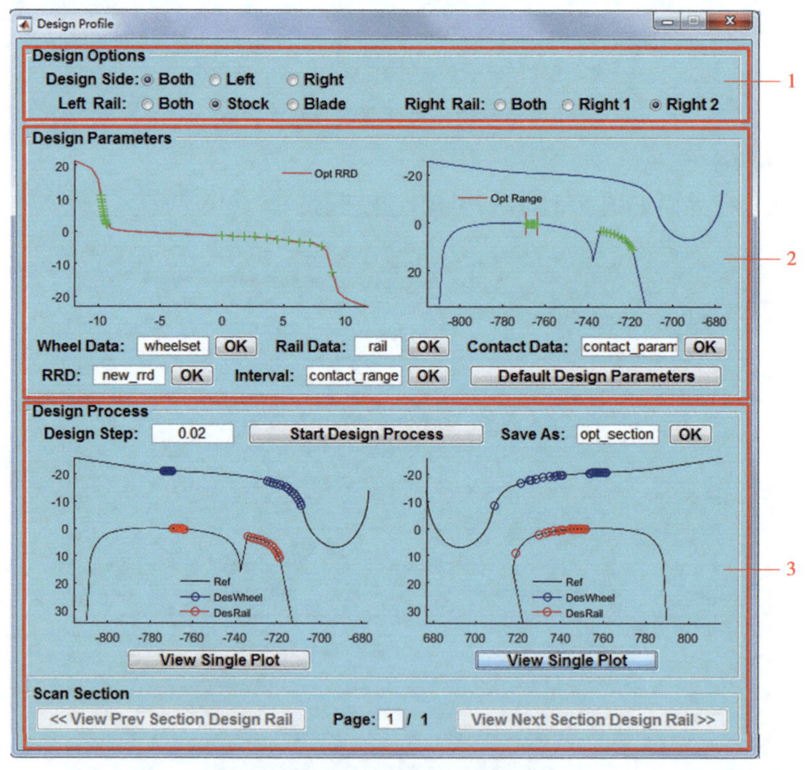

1—设计选项;2—设计参数;3—设计过程。

图 5.6 设计区段的计算界面

(1)设计选项(Design Options):每个按钮的作用同图 5.5。一般而言,这里不需要做任何的调整,这里选项会根据图 5.5 的设定自动调整,并且保证前后一致。

(2)设计参数(Design Parameters):单击"Default Design Parameters"可以导入优化设计后的轮径差曲线和预期的轮轨接触分布范围。

(3)设计过程(Design Process):积分步长(Design Step),指给定自变量(Yw)每次的增量,图 5.6 分析了不同积分步长对设计结果的影响。点击“Start Design Process”开始计算设计廓形,并且动态显示在图 5.6 下方。点击“View Single Plot”可以查看钢轨廓形的设计结果,根据设计结果初步判断是否满足设计要求,并对部分设计参数进行调整。

5.1.3　后处理模块

后处理(Post Process)模块主要是对设计好的区段进行后处理,主要有拼接成完整的横向廓形(Complete New Profile),设计误差的分析(Backup&Replace Old Profile),道岔区钢轨沿纵向插值(Design Profile Interpolation)。

1. 完整型面的拼接

完整型面的拼接界面如图 5.7 所示,可操控按钮有:

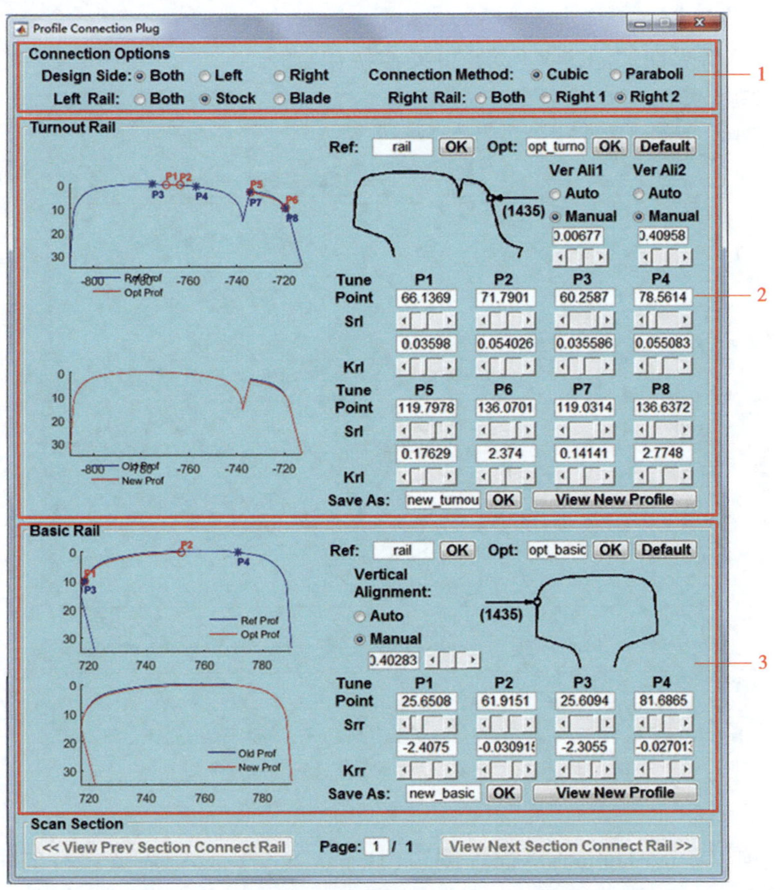

1—拼接选项；2—左侧道岔区组合廓形拼接；3—右侧基本轨拼接。

图 5.7　完整型面的拼接界面

(1)拼接选项(Set Options):常规情况下,设计侧边(Design Side)、左侧钢轨(Left Rail)、右侧钢轨(Right Rail)不需要进行任何选择,这里面的选项都是根据图 5.5 预期接触分布自动选定;拼接方法(Connection Method),可选择三次曲线(Cubic)或者二次曲线(Parabolic)。

(2)左侧道岔区组合廓形拼接(Turnout Rail):单击“Default”可以导入原始钢轨廓形和优

化设计的区段，如果导入优化设计区段包含尖轨部分和基本轨部分，则拼接廓形的控制点自动变为8个点。通过调整这8个点的位置和斜率，得到合理的完整的拼接廓形。注意：P1和P2点为优化设计区段上的控制点，且P1点在P2点的左侧；P3和P4点为原始钢轨廓形上的控制点，且P3点在P1点左侧，P4点在P2点右侧；P1点和P3点之间与P2点和P4点之间通过上述选择的拼接方法自动拼接。若设计区段只包括尖轨部分或者基本轨部分，则拼接廓形的控制点自动调整为4个。垂向对齐的方式有两种可以选择，“Auto”选项为垂向自动对齐，保证设计廓形不超过原始廓形；“Manual”为手动对齐，可以输入数值，将设计区段沿垂向向上或者向下平移，以达到合理的效果。点击“View New Profile”可以单独查看拼接后的廓形，点击“Save As”后面的“OK”按钮，可以将拼接得到的新廓形保存在当前文件夹的目录下，文件名为文本框显示的内容。

(3)右侧基本轨拼接(Basic Rail)：该区域按键的功能与上述(2)中功能相同，不再叙述。

2. 设计误差的分析

设计误差的分析界面如图5.8所示，可操控按钮有：

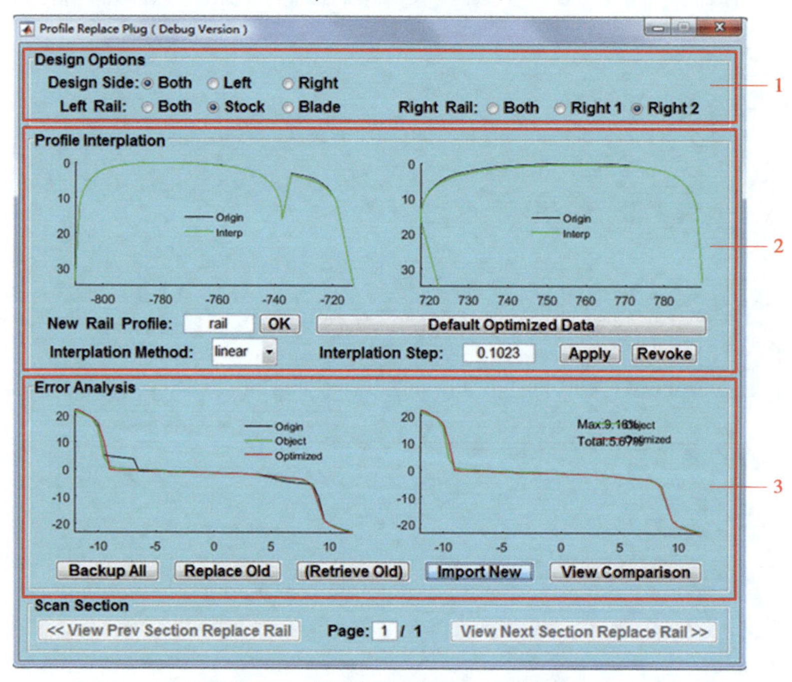

1—设计选项；2—设计廓形的插值；3—误差分析。

图5.8　设计误差的分析界面

(1)设计选项(Design Options)：设计侧边(Design Side)，选定需要设计的钢轨侧，包含双侧(Both)、左侧(Left)、右侧(Right)；左侧钢轨(Left Rail)，Both为设计组合廓形，Stock为设计基本轨部分，Blade为设计尖轨部分；右侧钢轨(Right Rail)，Both为设计组合廓形，Right1为设计基本轨部分，Right2为设计尖轨部分。

(2)设计廓形的插值(Profile Interplation)：当完成备份之后，点击“Default Optmized Data”导入优化后的钢轨廓形，在上方的两个图会显示优化前后的廓形，同时左下图会显示优化后的轮径差曲线。导入优化后的廓形后，可以对优化后的廓形再次进行插值计算，这样可以重新调整廓形的点的个数，插值方法的选择与图5.3方法相同。

(3)误差分析(Error Analysis):点击"Backup All"为备份原始廓形及设计参数,并且每次设计过程中只能点击一次备份,点击"备份"按钮之后,后续按钮会自动激活。点击"Replace Old"可将原始参考廓形替换为优化后的廓形,再次回到前处理模块中,重新进行轮轨接触计算,从而得到优化后的轮轨几何接触参数。点击 Retrieve Old,是取消原始参考廓形替换为优化后的廓形。Import New 为导入优化后轮轨几何接触参数,并自动计算优化后轮径差曲线与优化设计的目标轮径差曲线之间的差值,并给出最大误差和平均误差结果。View Comparison 可以单独查看误差分析。

3. 道岔区钢轨沿纵向插值

道岔区廓形沿纵向插值界面如图 5.9 所示,可操控按钮有:

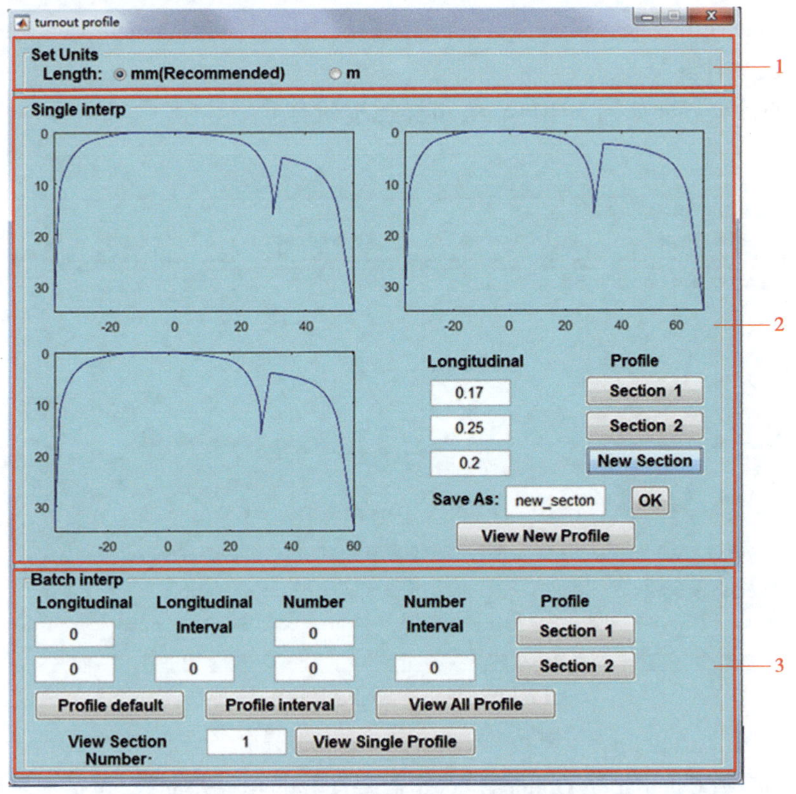

1—单位的设定；2—沿纵向单截面插值；3—沿纵向批量插值。

图 5.9 道岔区廓形沿纵向插值界面

(1)单位的设定(Set Units):用于设定长度的使用单位米(m)和毫米(mm)。

(2)沿纵向单截面插值(Single Interp):根据相邻两个截面的位置和廓形,以及给定需要插值的位置信息,可以插值出此位置的廓形。点击"Section 1"导入第一个截面,并且在"Longitudinal"中输入此截面的纵向位置;点击"Section 2"导入第二个截面,并且在"Longitudinal"中输入此截面的纵向位置;再给定需要插值的截面的纵向位置信息,点击"New Section"可以得到此截面的廓形,并且在左侧图框会显示此廓形。点击"View New Section"可以单独查看插值得到的廓形;点击"Save As"后面的"OK"按钮,可以将插值得到的廓形保存在当前文件夹的目录下,文件名为文本框显示的内容。

(3)沿纵向批量插值(Batch Interp):根据相邻两个截面的位置和廓形,以及给定需要插值的位置信息,或者给定需要得到插值的截面的个数。点击“Section 1”导入第一个截面,并且在“Longitudinal”中输入此截面的纵向位置;点击“Section 2”导入第二个截面,并且在“Longitudinal”中输入此截面的纵向位置;再给定需要插值的截面的纵向位置信息,点击“Profile Interval”可以批量得到截面的廓形。点击“View All Section”可以单独查看插值得到的廓形。“View Section Number”可以单独查看某一截面的数值,点击“View Single Profile”可以单独查看此截面的廓形。

5.1.4 静态校核模块

静态校核(Static Analysis)模块主要是为优化设计的廓形进行静态校核分析,包括等效锥度的计算(Calculate Equivalent Conicity),静态接触应力的计算(Calculate Contact Stress)。

1. 等效锥度的计算

等效锥度的计算界面如图 5.10 所示,可操控按钮有:

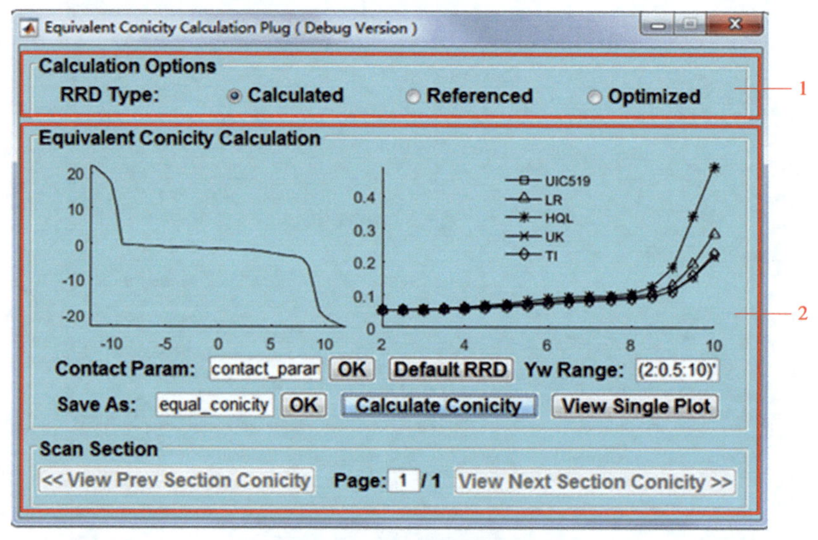

1—计算的选项;2—等效锥度的计算。

图 5.10 等效锥度的计算界面

(1)计算的选项(Calculation Options):选定需要计算的轮径差曲线,包括实际的轮径差曲线(Calculated,指实际经过轮轨几何匹配后的轮径差曲线)、原始参考的轮径差曲线(Referenced)和优化后的轮径差曲线(Optimized)。

(2)等效锥度的计算(Split Profile):根据选定的轮径差曲线计算等效锥度。点击“Default RRD”导入前处理模块中计算得到轮径差曲线;再点击“Calculate Conicity”计算此轮径差曲线的等效锥度。点击“View Single Plot”可以单独查看计算的结果。

2. 静态接触应力的计算

静态接触应力的计算如图 5.11 所示,可操控按钮有:

(1)计算的选项(Calculation Options):法向或切向情况下的不同计算理论的接触应力,包括方向(Direction),分为法向和切向;计算理论(Theory),分为赫兹(Hertz)和非赫兹理论(Non-Hertz)。在计算任何应力之前,都得进行轮轨几何接触的分析;切向接触应力计算需要在完成法向接触应力计算之后,才能进行计算。

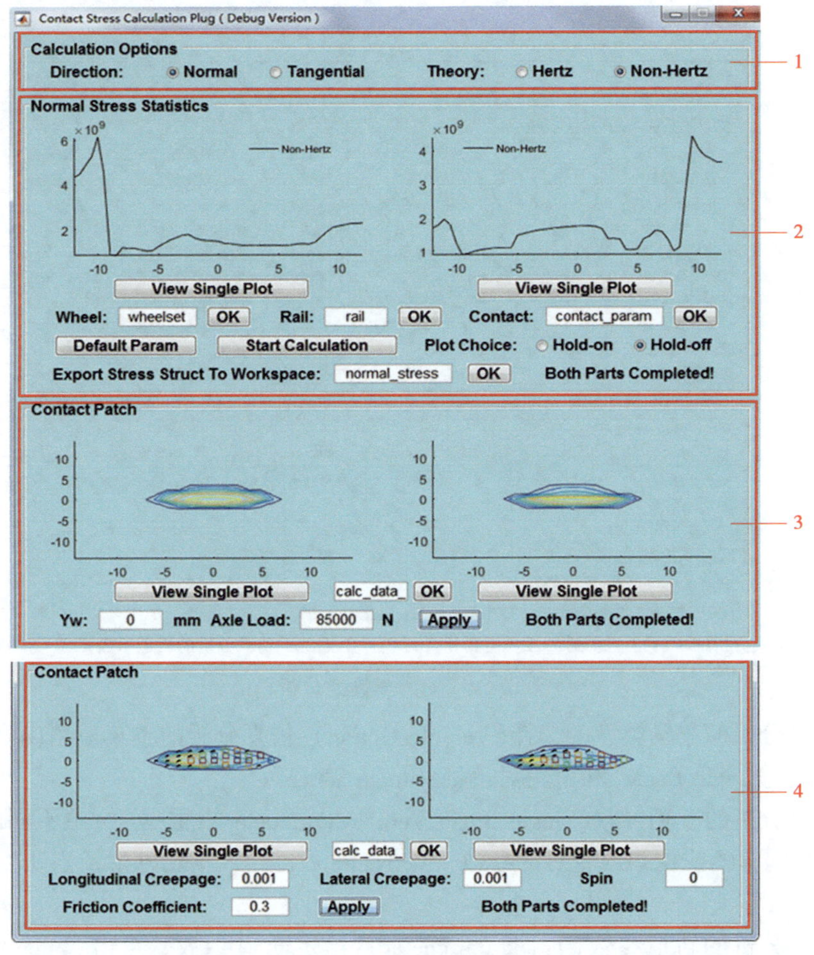

1—计算的选项；2—法向接触应力的计算；3—法向接触斑的计算；4—接触斑切向应力的计算。

图 5.11　静态接触应力的计算界面

(2)法向接触应力的计算(Normal Stress Statistics):在接触应力计算之前,需要在③中给定单侧车轮的重量(Axle Load)。点击“Default Param”导入缺省的轮轨几何接触参数,点击“Start Calculation”计算当前状态下的法向接触应力。

(3)法向接触斑的计算(Contact Patch):给定某一横移量(Yw),再给定车轮的载荷(Axle Load),再点击“Apply”计算此条件下的法向接触斑及法向应力的分布。点击“View Single Plot”可以单独查看接触斑的大小和三维接触应力的分布。

(4)接触斑切向应力的计算(Contact Patch):给定轮对的纵向蠕滑率(Longitudinal Creepage)、横向蠕滑率(Lateral Creepage)、自旋蠕滑率(Spin Creepage)和摩擦系数(Friction Coefficient),点击“Apply”计算得到接触斑切向应力分布。点击“View Single Plot”可以单独查看接触斑切向应力分布。

5.1.5　动态校核模块

动态校核(Pre-process)模块主要是对优化前后的廓形进行动态的动力学性能分析。动力学性能分析界面如图 5.12 所示,可操控按钮有:

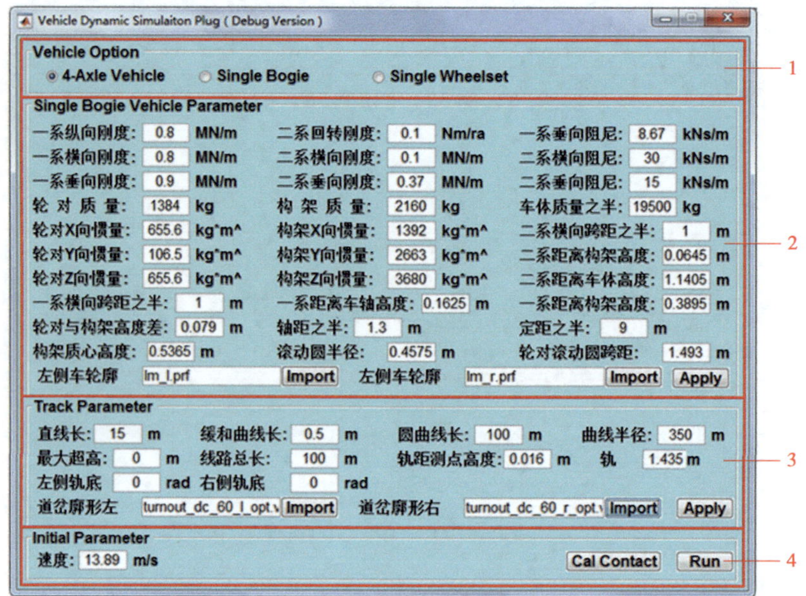

1—仿真分析的车辆类型的选择；2—仿真分析的车辆参数；3—仿真分析的轨道参数；4—仿真速度。

图 5.12　动力学性能分析界面

(1)仿真分析的车辆类型的选择(Vehicle Option):仿真分析的整车模型(4-Axle Vehicle)、单转向架模型(Single Bogie)和单轮对模型(Single Wheelset)。

(2)仿真分析的车辆参数(Single Bogie Vehicle Parameter):根据(1)中不同的仿真模型的类型,输入不同车辆或构架或轮对的参数。点击“Import”导入车轮外形。点击“Apply”导入车辆参数。

(3)仿真分析的轨道参数(Track Parameter):给定轨道参数。点击“Import”导入轨道廓形,其中文件的后缀名为“vrp”时,导入的为道岔不同截面位置的廓形,其他文件名的类型,均为单截面廓形。点击“Apply”导入车辆参数。

(4)仿真速度(Single Bogie Vehicle Parameter):给定仿真速度,先点击“Cal Contact”计算轮轨几何接触参数,再点击“Run”运行动力学仿真平台。

5.1.6　打磨策略及工具箱模块

打磨策略(Grinding Strategy Plug)模块主要是根据优化前后的钢轨廓形,制定钢轨打磨磨头的角度和深度(Tools)。

1. 打磨策略

打磨策略界面如图 5.13 所示,可操控按钮有:

(1)设计选项(Design Options):设计侧边(Design Side),选定需要设计的钢轨侧,包含双侧(Both)、左侧(Left)、右侧(Right);左侧钢轨(Left Rail),Both 为设计组合廓形,Stock 为设计基本轨部分,Blade 为设计尖轨部分;右侧钢轨(Right Rail),Both 为设计组合廓形,Right1 为设计基本轨部分,Right2 为设计尖轨部分。

(2)打磨参数(Grinding Strategy):点击“Default Data”导入缺省的优化前后的廓形;点击“Grinding”自动计算打磨磨头的参数;点击“Manunal”按钮可以手动选择某点附近的打磨参

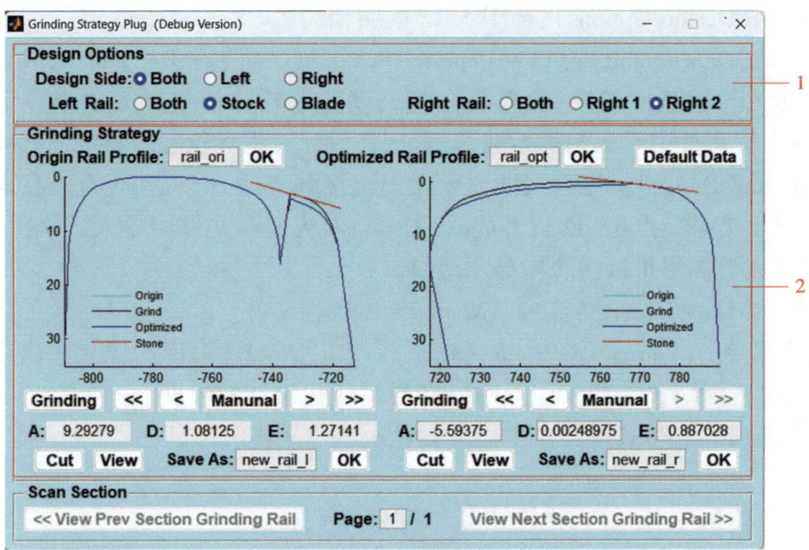

1—设计选项；2—打磨参数。

图 5.13　打磨策略界面

数；通过调整按钮<<、<、>、>>可以调整磨头的位置信息，其中 A 代表此时磨头的角度，D 代表磨头需要的打磨深度，E 代表目标廓形与打磨廓形之间的面积差，点击"Cut"后磨头按照给定的角度和深度完成打磨，并且在图中显示打磨后的廓形与目标廓形、原始廓形之间的差异。

2. 打磨工具箱

打磨工具箱（Tools）模块主要是快速保存和输出设计过程的参数和结果，还包括工程文件的导入导出（Project Import/Export）界面如图 5.14 所示。可操控按钮有：

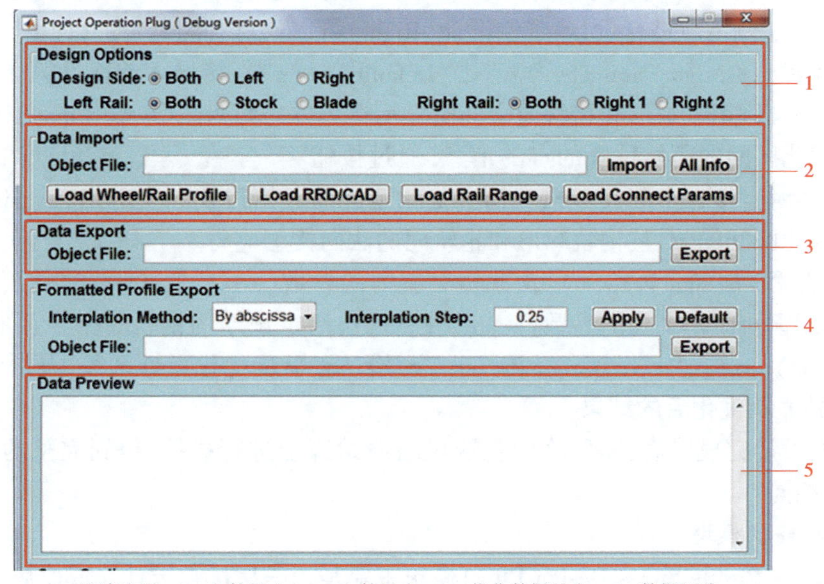

1—设计选项；2—文件导入；3—文件导出；4—优化数据导出；5—数据预览。

图 5.14　工程文件导入导出界面

(1)设计选项(Design Options):与图 5.13 说明相同。

(2)文件导入(Data Import):点击“Import”导入工程文件;点击“Load Wheel/Rail Profile”从工程文件中导入轮轨型面的参数,直接在前处理的轮轨几何接触模块中显示结果。点击“Load RRD”从工程文件中导入轮径差曲线,直接在设计过程的轮径差特征曲线模块中显示结果。点击“Load Rail Range”从工程文件中导入钢轨接触点的分布范围,直接在设计过程的预期接触分布中显示结果。点击“Load Connect Params”从工程文件中导入钢轨拼接信息,直接在后处理的钢轨完整廓形拼接模块中显示结果。

(3)文件导出(Data Export):点击“Export”导出工程文件。

(4)优化数据导出(Formatted Profile Export):点击“Apply”可以对优化输出结果进行插值计算,点击“Default”为缺省状态,点击“Export”导出优化设计的数据。

(5)数据预览(Data Preview):文本框中会显示上述操作的信息。

5.2 基于接触应力的打磨廓形软件的应用

一次完整的廓形优化设计主要包括轮轨几何接触计算分析、轮轨法向赫兹接触应力的计算、优化设计得到部分廓形、优化设计部分与原廓形拼接、静态动态校核等步骤。

虽然基于接触应力的设计方法与基于轮径差函数的设计方法相比,在设计变量和设计目标等方面有很大的不同,但是前处理模块中的轮轨几何接触计算分析、静态法向赫兹接触应力的计算、廓形的拼接预计静态动态校核都是相同的,为了避免重复,本节仅介绍相异的模块。

1. 设计过程模块

设计过程(Profile Stress Design Plug)模块主要是基于接触应力的反推设计模块,其界面如图 5.15 所示。可操控按钮有:

(1)设计选项(Set Options):双侧设计(Both)可以同时对左右侧钢轨进行设计;单侧设计(Left)可以只对左侧钢轨进行设计;单侧设计(Right)可以只对右侧钢轨进行设计。

(2)设计参数(Design Parameters):点击“Default Param”直接导入前面计算得到的轮轨法向接触应力,并且将钢轨廓形和接触应力同时显示在上方的两幅图形中。Point 1 和 Point 2 分别为钢轨上优化区间的起始位置的点的信息,通过按钮<<、<、>、>>可以调整优化范围的起始位置,或者直接在中间文本框中输入优化范围的起始位置。点击“View Single Plot”可以单独显示优化区间的位置、钢轨廓形和轮轨间的法向接触应力。

(3)设计过程(Design Process):预期接触应力的参数(Stress Factor),给定预期的接触应力的参数;预期钢轨曲率半径的参数(Radius Factor),给定预期的钢轨曲率半径的参数;给定轮重(Axle Load)。点击“Start Design Process”开始动态显示优化设计区段,点击“View Single Plot”可以单独显示优化后的结果。

优化区段设计完成以后,需要将优化区段与原始廓形进行拼接,得到完整的优化设计廓形,与图 5.7 相同。

2. 备份及替换模块

备份及替换(Profile Stress Design Plug)模块主要是当一次优化设计完成以后,需要进行验算优化后的轮轨几何接触分布及优化前后的钢轨曲率半径模块,其界面如图 5.16 所示。可操控按钮有:

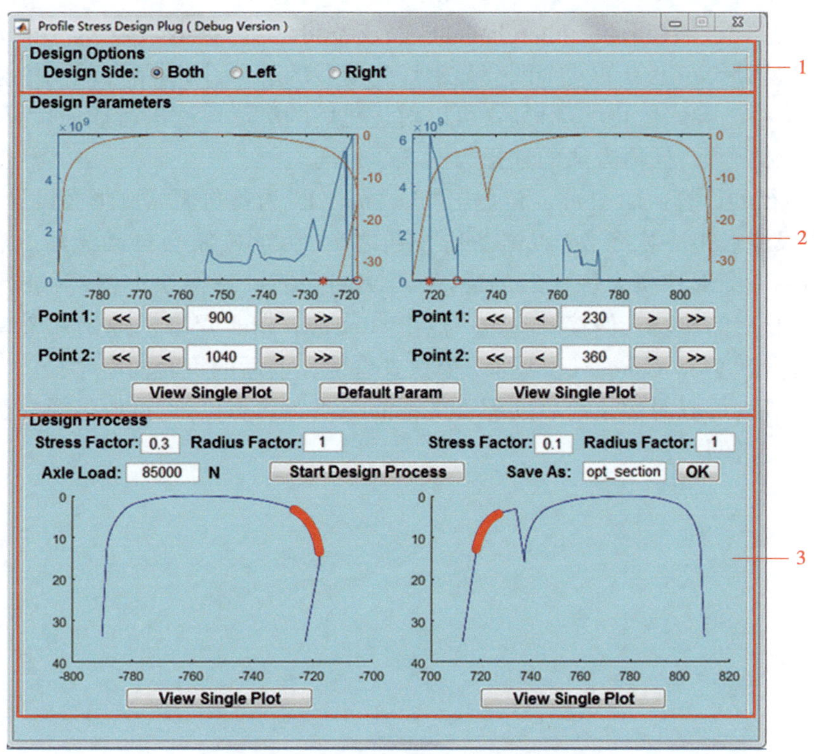

1—设计选项；2—设计参数；3—设计过程。

图 5.15 基于接触应力的设计界面

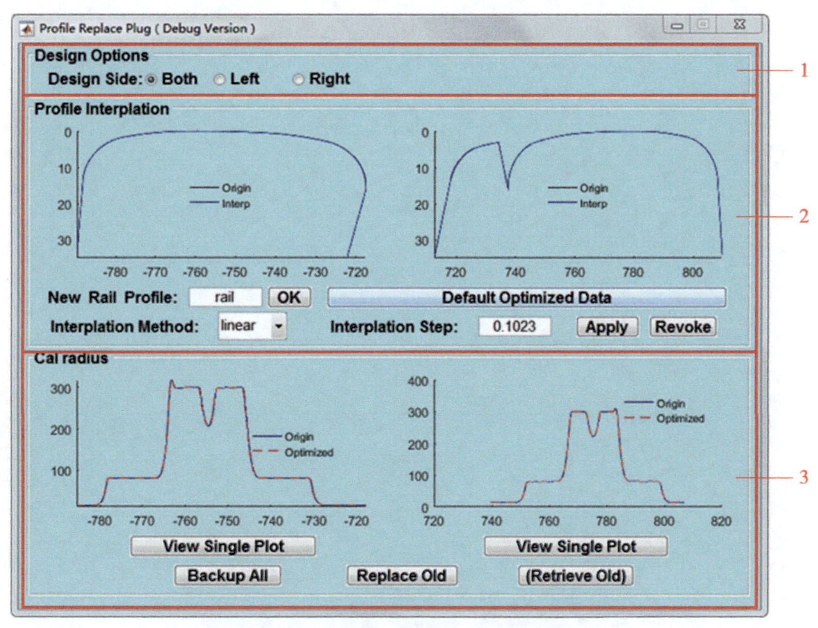

1—设计选项；2—设计廓形的插值；3—半径的计算。

图 5.16 备份及替换模块界面

(1)设计选项(Set Options):与图 5.15 相同。

(2)设计廓形的插值(Profile Interplation):完成备份之后,点击“Default Optmized Data”导入优化后的钢轨廓形,在上方的两个图会显示优化前后的廓形,同时下方的图中会显示优化前后的钢轨曲率半径。导入优化的廓形后,可以对优化后的廓形再次进行插值计算,这样可以重新调整廓形的点的个数,插值方法的选择与图 5.3 相同。

(3)曲率半径的计算(Cal Radius):点击“Backup All”为备份原始廓形及设计参数,并且每次设计过程中只能点击一次备份,点击备份按钮之后,后续按钮会自动激活。点击“Replace Old”可将原始参考廓形替换为优化后的廓形,再次回到前处理模块中,重新进行轮轨接触计算,从而得到优化后的轮轨几何接触参数。点击“Retrieve Old”可取消原始参考廓形替换为优化后的廓形。点击“View Comparison”可以单独查看优化前后的钢轨曲率半径。

优化完成以后,可以对优化前后的廓形进行静态或者动态校核,该校核模块在 5.1 节中已经介绍,不再重复说明。

6　道岔打磨廓形设计工程应用

随着铁路运输效率的提高,道岔上线后出现的各种伤损,若不及时治理将严重影响铁路运输的安全性。为了验算道岔转辙器区廓形优化设计方法的可靠性,调研分析了上海铁路局集团公司沪昆线某组道岔(12 号单开普速道岔)。该组道岔为直向通过状态时,通过的列车会产生剧烈的晃动,并且钢轨上的接触光带过宽。根据该组道岔出现的问题,提出了优化设计的打磨廓形,经现场打磨后,病害消除。

6.1　前期调研

为了更准确地分析道岔转辙器区的轮轨接触问题,首先对沪昆线的客车车轮踏面进行实际测量,如图 6.1 所示。针对不同的磨耗周期,分别测量了 24 个车轮踏面,如图 6.2 所示。

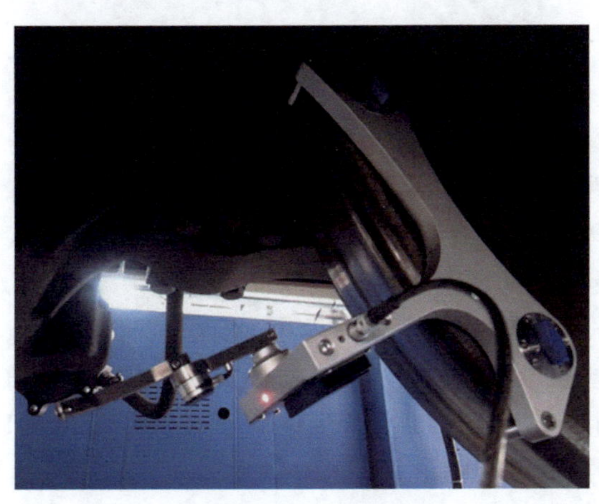

图 6.1　车轮踏面测量

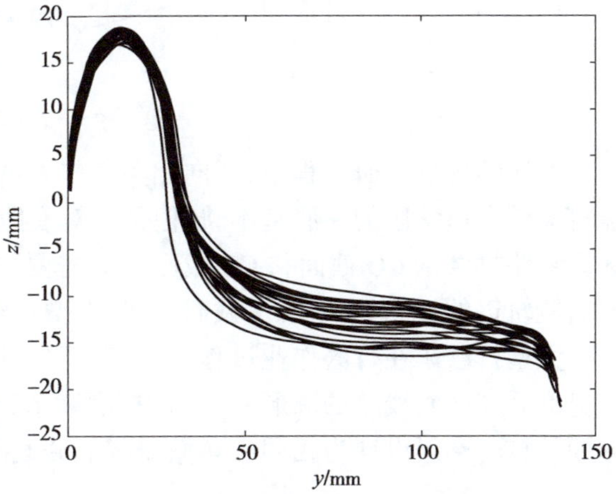

图 6.2　实测部分客车车轮廓形

表 6.1　实测车轮外形的磨耗情况统计

磨耗情况	对应车轮外形编号
车轮磨耗较大	1,5,7,10,19
车轮磨耗适中	2,8,9,12,14,15,17,18
车轮磨耗较小	3,4,20,21,22,23,24
轮缘磨耗较大	13,16
踏面磨耗严重	6,11

从图 6.2 和表 6.1 可以看出,每个实测车轮之间存在较大的差异,有踏面磨耗严重的,也有轮缘磨耗严重的。但是车轮实测的个体较少,针对各种差异的统计数意义不大。因此,也很

难挑选一个有代表性的车轮。为了与第 4 章选用标准 LM 型踏面优化设计的算例区分开,并综合实测车轮与实测钢轨的廓形匹配,在后续章节中选用磨耗较大的 5 号车轮作为优化设计的踏面,其余车轮踏面进行校验。

道岔转辙器区由于钢轨外形随着纵向距离的变化而变化,并且道岔前后还需要与区间线路衔接,因此很难用一个或者两个截面的外形来代表。借助钢轨廓形测量仪器,针对道岔转辙器区某些特定的截面进行了廓形的测量(道岔前端第 5 根轨枕处测量一个截面,命名为 CQ;岔中尖轨尖端前一根轨枕处测量了一个截面,命名为 CZ,再测量了尖轨尖宽分别为 20 mm、35 mm 和 50 mm 处的截面,分别命名为 ZJ20、ZJ35 和 ZJ50;岔中第 24 根轨枕处测量了一个尖轨完全变为基本轨的截面,命名为 CH),测量示意图及实际测量如图 6.3 所示。

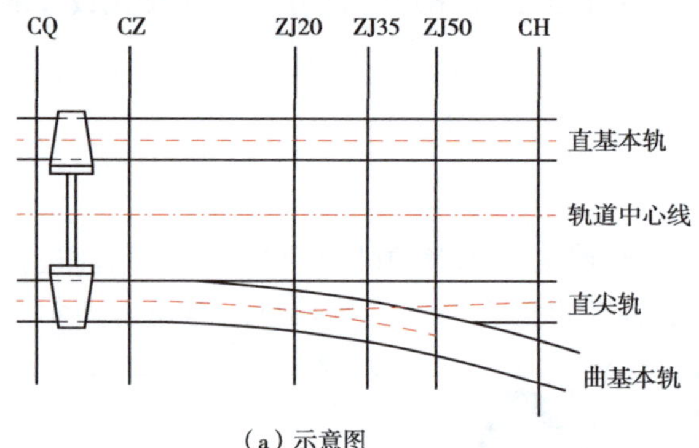

(a) 示意图

(b) 实际测量

图 6.3 转辙器区钢轨测量

在实际现场调研过程中,还向相关工作人员进行了咨询。在实际打磨过程中,大型打磨车能打磨整个道岔区的左股基本轨,但是针对右股含有尖轨区域的转辙器区而言,大型打磨车从区间线路打磨到 CQ 截面和 CZ 截面之间需要提起磨头,在通过 CH 截面以后才能放下磨头。而右股轨道的 CZ 截面和 CH 截面之间,大型打磨车不能打磨,需要借助小型打磨机进行磨削。

大型打磨车在打磨作业过程中,一般至少打磨 50 m 才转换一种打磨模式。因此,为了确保打磨后与区间线路的廓形一致,在打磨廓形设计的过程中,需要将 CQ 截面、CZ 截面和 CH 截面的打磨廓形设计为相同。转辙器区部分截面实测钢轨廓形如图 6.4 所示。

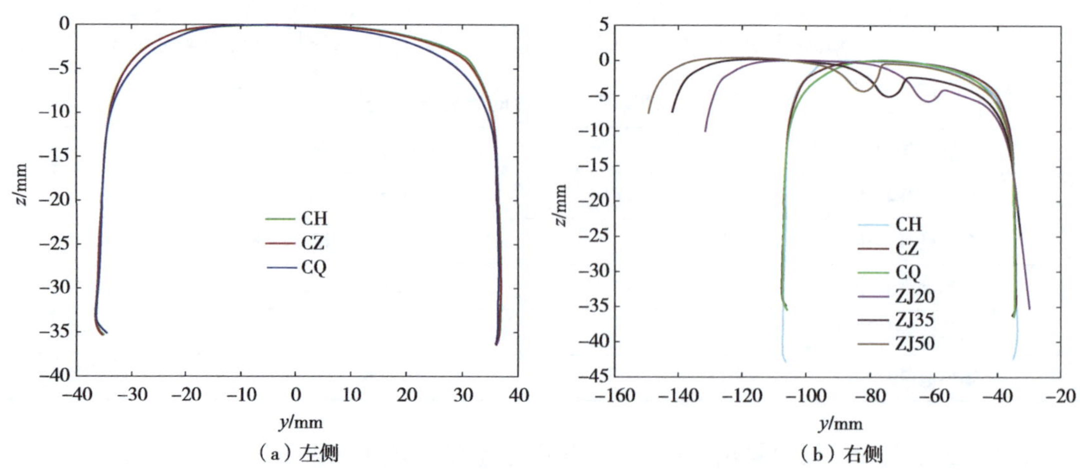

(a) 左侧 (b) 右侧

图 6.4 转辙器区部分截面实测钢轨廓形

从图 6.4 可以看出,CQ 截面的钢轨在轨距角处,比其余截面的钢轨在轨距角处都磨耗严重。在确保钢轨打磨量为最小情况下,应该以 CQ 截面处的钢轨廓形为打磨设计的模板廓形,将其余截面的廓形的轨距角处适当进行打磨。这样可以避免以 CH 或 CZ 截面为优化设计模板时,需要将 CQ 截面的轨顶进行很大程度的打磨,导致缩短钢轨使用寿命的问题。

6.2　优化设计

通过 6.1 节的分析可知,在优化设计过程中,车轮踏面选用 005 号车轮踏面,并针对 CQ、ZJ20、ZJ35、ZJ50 和 CH 这 5 个截面进行优化设计。假设给定车轮半径均为 420 mm,轮对内侧距为 1 353 mm,轨距为 1 435 mm,轨距测量点为轨顶往下 16 mm 处。该组单开 12 号道岔主要通过车辆为客车,列车在通过该组道岔时,车辆会产生较大晃动,影响旅客乘坐的舒适性。因此,为改善列车通过的动力学性能,本节优化设计的方法采用第 3 章介绍的打磨廓形优化方法——基于轮径差函数的道岔转辙器区钢轨打磨廓形设计方法。

6.2.1　CQ 截面优化设计

该截面处左右股钢轨的廓形均为基本轨廓形,现场钢轨状态如图 6.5 所示。优化前轮轨几何接触特征如图 6.6 所示。

(a) 左股钢轨

(b) 右股钢轨

图 6.5　CQ 截面处钢轨状态

通过对图 6.5 和图 6.6(a)、图 6.6(b)、图 6.6(c)三幅图分析可知,优化前钢轨上的接触光带较宽,轮轨接触点存在较大的跳跃现象,并且等效锥度超过了 0.5。为了减少钢轨上接触光带的宽度,以及减小轮轨接触点的跳跃和等效锥度,给定优化目标如图 6.6(d)所示。

优化前后的廓形及优化后的轮轨接触点的分布如图 6.7 所示,从图中可以看出,优化后轮轨接触点分布较均匀,并且减少了轮轨接触点的跳跃现象,在轮对横移量为±5 mm 时,接触光带较窄。

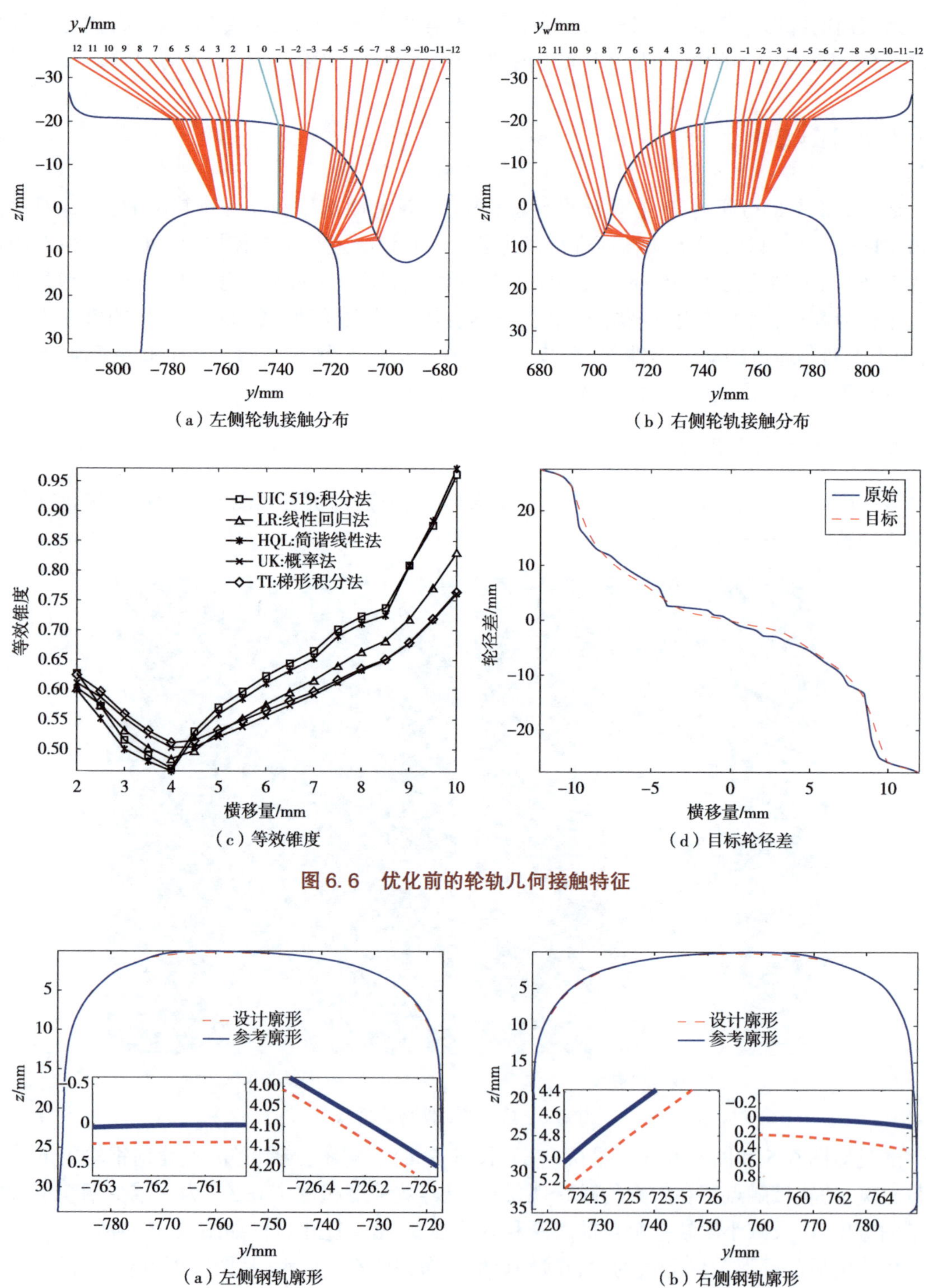

（a）左侧轮轨接触分布

（b）右侧轮轨接触分布

（c）等效锥度

（d）目标轮径差

图 6.6　优化前的轮轨几何接触特征

（a）左侧钢轨廓形

（b）右侧钢轨廓形

图 6.7　优化前后的廓形及优化后的轮轨几何接触特征

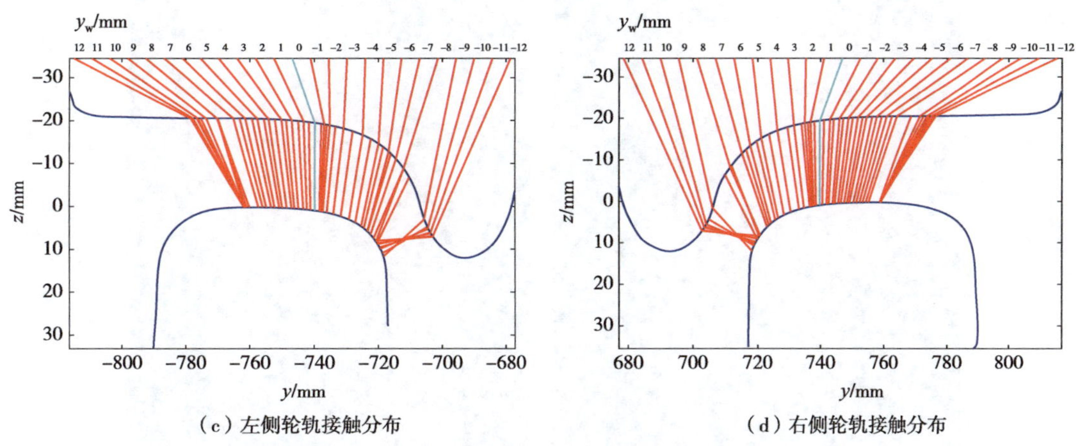

(c) 左侧轮轨接触分布　　(d) 右侧轮轨接触分布

图 6.7　优化前后的廓形及优化后的轮轨几何接触特征(续)

将优化设计后的廓形重新计算轮径差曲线，并与给定的目标轮径差曲线对比，如图 6.8 所示。可见，平均误差为 2.66%，最大误差为 4.50%，并且等效锥度降低到 0.3 以下，说明基本满足设计要求。

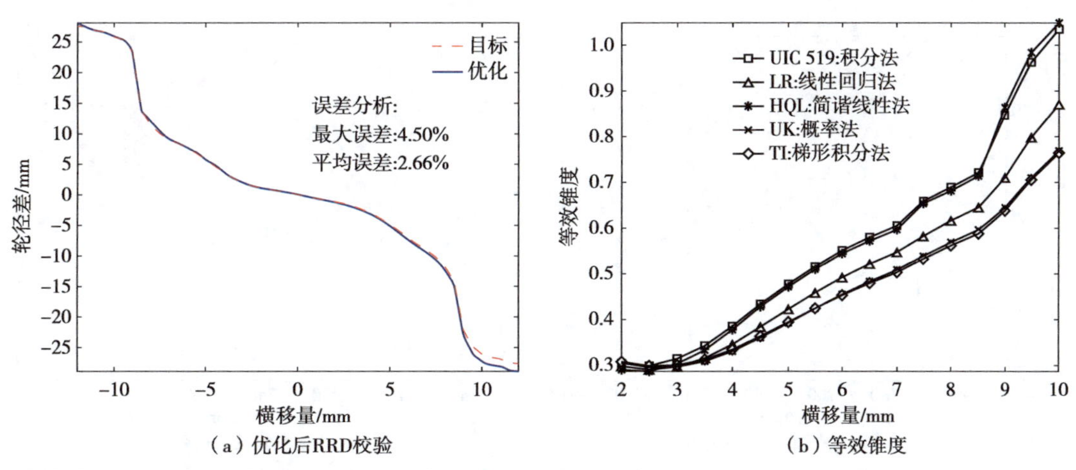

(a) 优化后RRD校验　　(b) 等效锥度

图 6.8　优化后的结果校验

6.2.2　ZJ20 截面优化设计

该截面处左股钢轨的廓形为基本轨廓形，右股钢轨为基本轨和尖轨的组合廓形，现场钢轨状态如图 6.9 所示。优化前轮轨几何接触特征如图 6.10 所示。

通过对图 6.9 和图 6.10(a)、图 6.10(b)、图 6.10(c) 三幅图分析可知，优化前钢轨上的接触光带较宽，轮轨接触点存在较大的跳跃现象，并且等效锥度超过 0.6。为了减少钢轨上接触光带的宽度，以及减小轮轨接触点的跳跃和等效锥度，给定优化目标如图 6.10(d) 所示。为了确保在此截面处，尖轨降低值满足 3 mm 的要求，在针对右股组合廓形设计的时候，需要将右股钢轨的右侧基本轨进行适当的向下平移，确保满足尖轨降低值的要求。

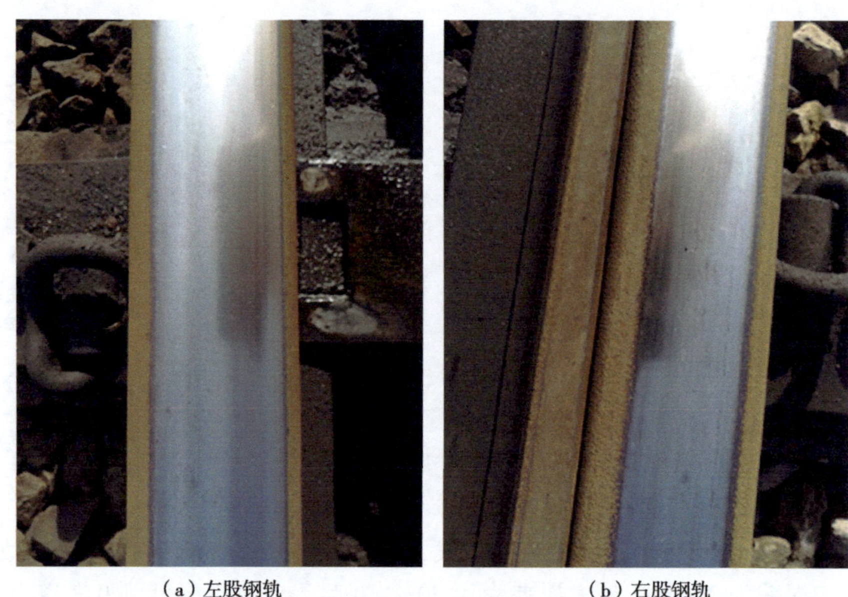

（a）左股钢轨　　（b）右股钢轨

图 6.9　ZJ20 截面处钢轨状态

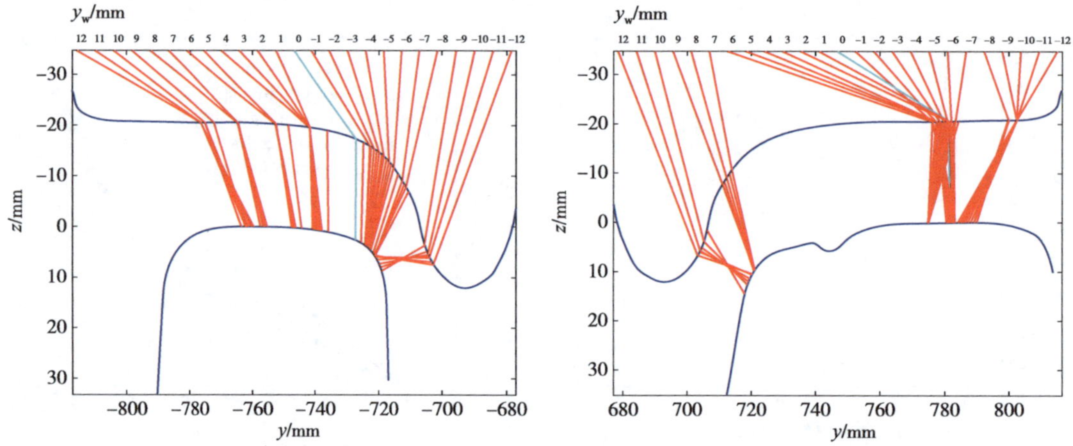

（a）左侧轮轨接触分布　　（b）右侧轮轨接触分布

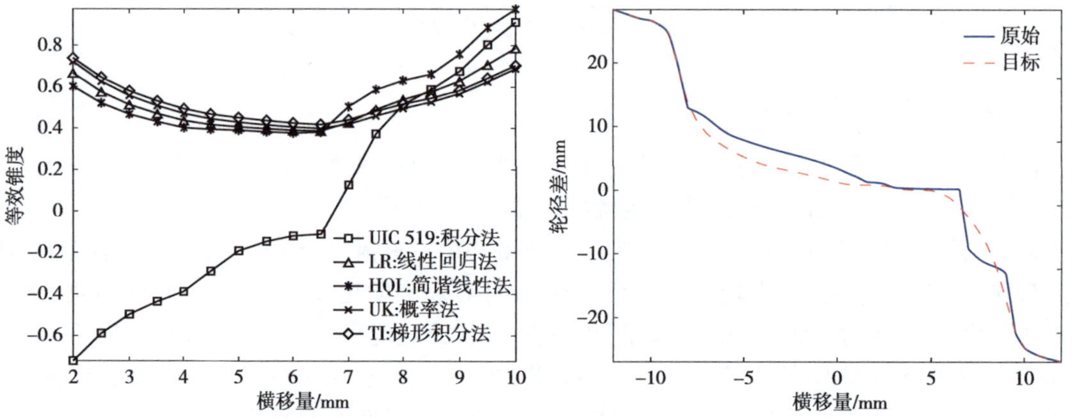

（c）等效锥度　　（d）目标轮径差

图 6.10　优化前的轮轨几何接触特征

优化前后的廓形及优化后的轮轨接触点的分布如图 6.11 所示，从图中可以看出，优化后轮轨接触点较均匀分布，并且减少了轮轨接触点的跳跃现象，在轮对横移量为±5 mm 时，接触光带较窄。

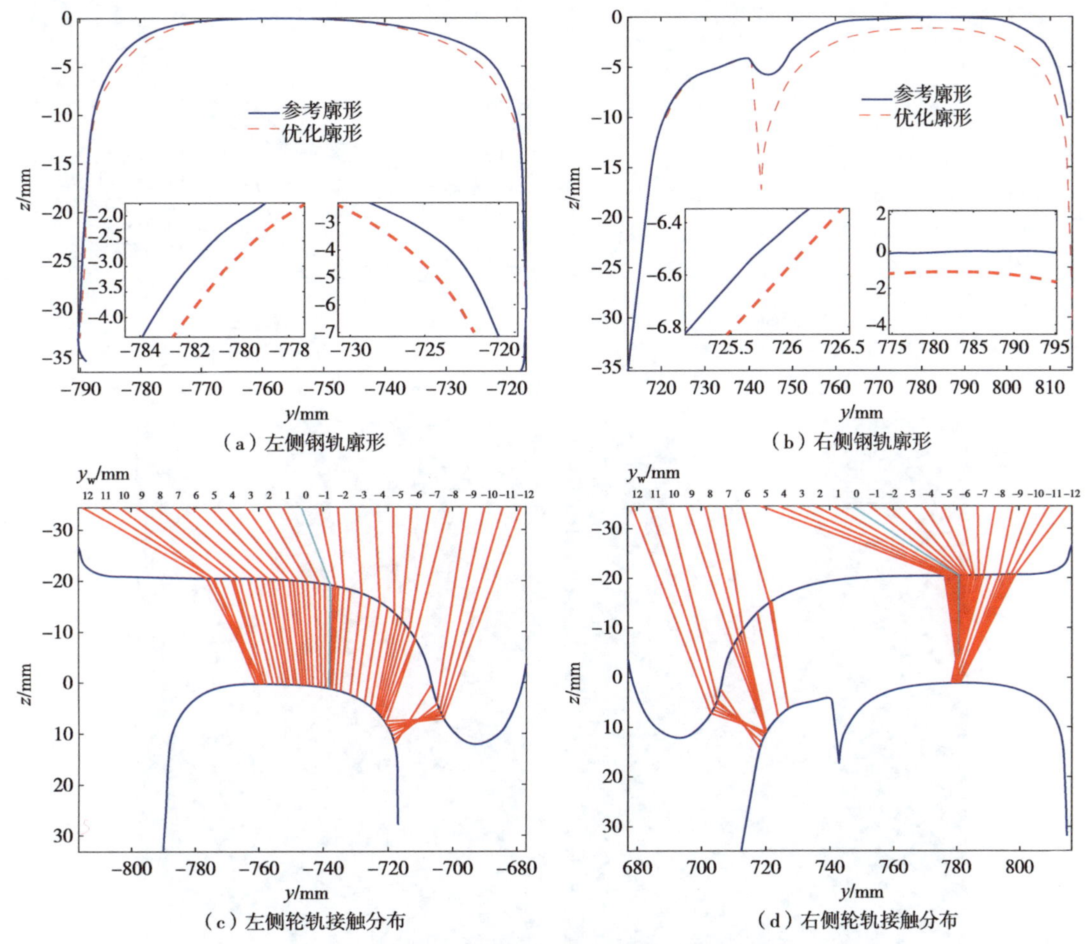

图 6.11　优化后的廓形及轮轨几何接触特征

将优化设计后的廓形重新计算轮径差曲线，并与给定的目标轮径差曲线对比，如图 6.12 所示。可见，平均误差为 4.48%，最大误差为 11.79%。最大误差的产生主要是由于轮轨接触点从基本轨轨顶跳跃到了尖轨上，是不可避免的，等效锥度降低到 0.15 以下，说明基本满足设计要求。

6.2.3　ZJ35 截面优化设计

该截面处左股钢轨的廓形为基本轨廓形，右股钢轨为尖轨和基本轨的组合钢轨，现场钢轨状态如图 6.13 所示，从图中可以看出，轮轨接触点出现在了右股组合廓形的尖轨上。优化前轮轨几何接触特征如图 6.14 所示。

通过对图 6.13 和图 6.14(a)、图 6.14(b)、图 6.14(c)三幅图分析可知，优化前钢轨上的接触光带较宽，轮轨接触点存在较大的跳跃现象，并且等效锥度超过 0.6。为了减少钢轨上接触光带的宽度及减小轮轨接触点的跳跃和等效锥度，给定优化目标如图 6.14(d)所示。为了确保在此截面处，尖轨降低值满足 1.5 mm 的要求，在针对右股组合廓形设计的时候，需要将右股钢轨的右侧基本轨进行适当的向下平移，确保满足尖轨降低值的要求。

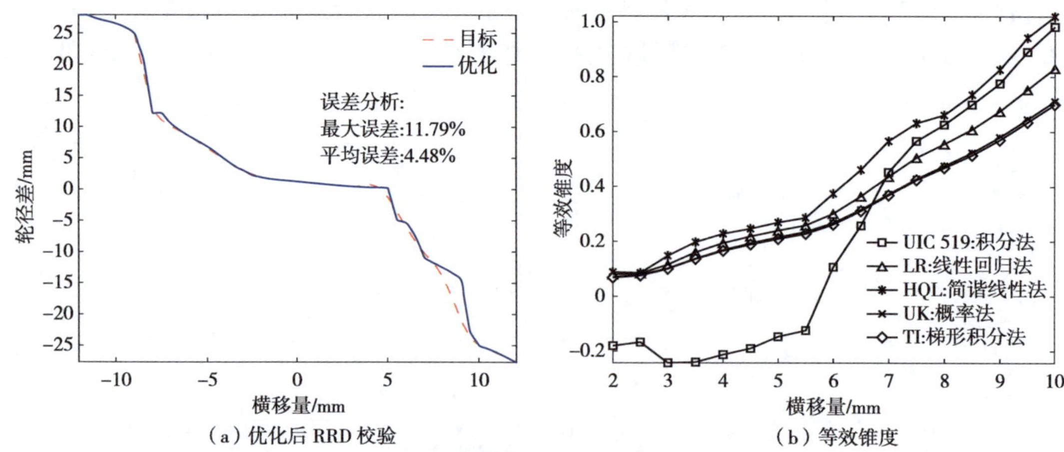

（a）优化后 RRD 校验　　（b）等效锥度

图 6.12　优化后的结果校验

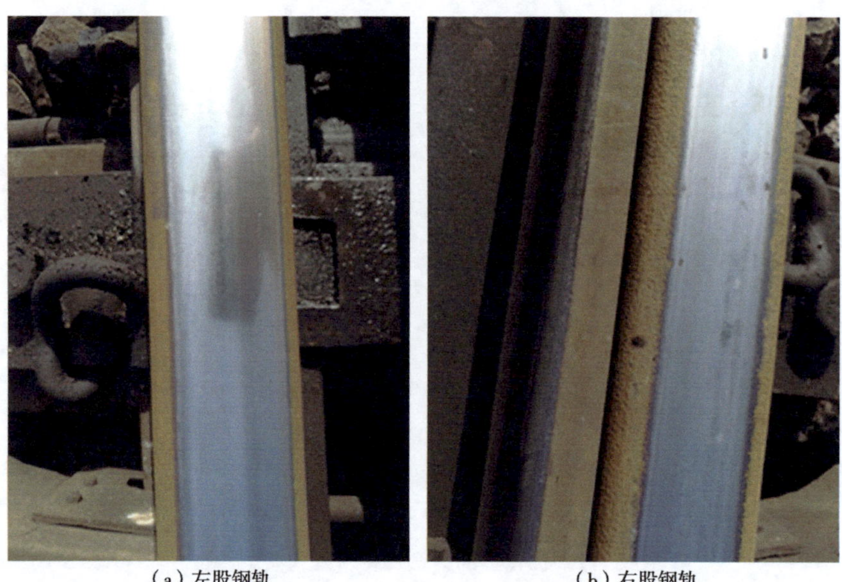

（a）左股钢轨　　（b）右股钢轨

图 6.13　ZJ35 截面处钢轨状态

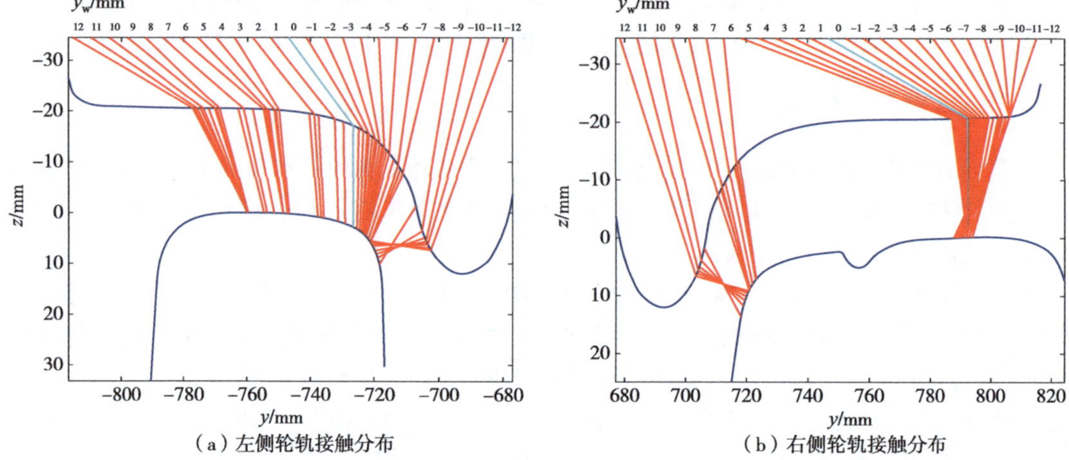

（a）左侧轮轨接触分布　　（b）右侧轮轨接触分布

图 6.14　优化前的轮轨几何接触特征

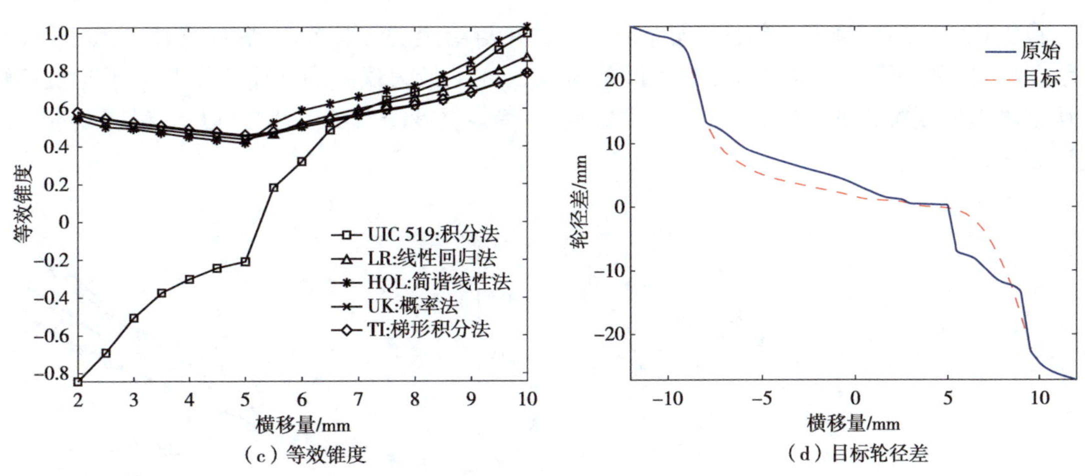

（c）等效锥度　　　（d）目标轮径差

图 6.14　优化前的轮轨几何接触特征（续）

优化前后的廓形及优化后的轮轨接触点的分布如图 6.15 所示，从图中可以看出，优化后轮轨接触点较均匀分布，并且减少了轮轨接触点的跳跃现象，在轮对横移量为±5 mm 时，接触光带较窄。

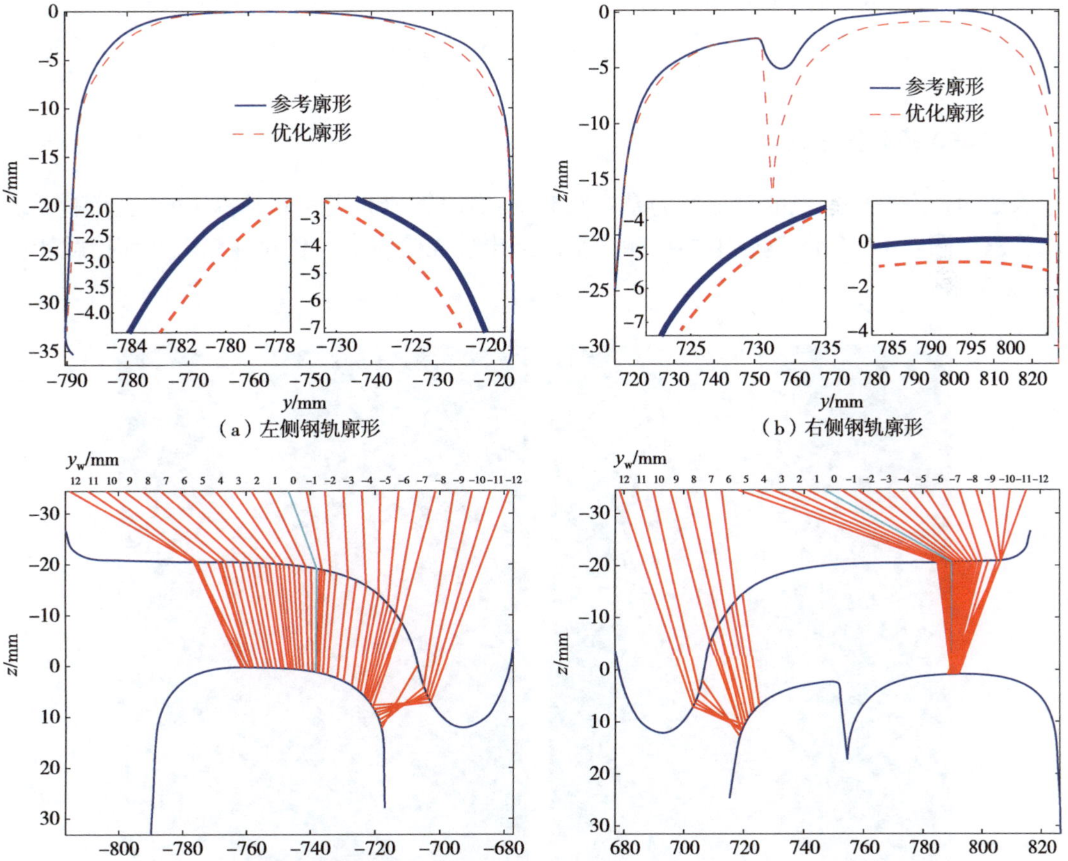

（a）左侧钢轨廓形　　　（b）右侧钢轨廓形

（c）左侧轮轨接触分布　　　（d）右侧轮轨接触分布

图 6.15　优化前后的廓形及轮轨几何接触特征

将优化设计后的廓形重新计算轮径差曲线,并与给定的目标轮径差曲线对比,如图 6.16 所示。可见,平均误差为 4.24%,最大误差为 9.29%。最大误差的产生主要是由于轮轨接触点从基本轨轨顶跳跃到了尖轨上,是不可避免的,等效锥度降低到了 0.20 以下,说明基本满足设计要求。

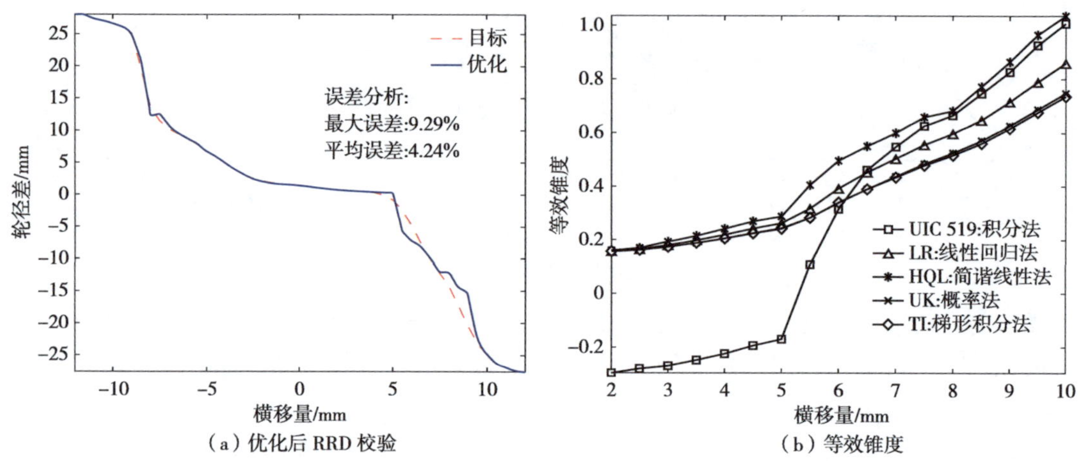

(a) 优化后 RRD 校验　　(b) 等效锥度

图 6.16　优化后的结果校验

6.2.4　ZJ50 截面优化设计

该截面处左右股钢轨的廓形均为基本轨廓形,右股钢轨为尖轨和基本轨的组合钢轨,现场钢轨状态如图 6.17 所示,钢轨上的接触光带已经出现在尖轨上。优化前轮轨几何接触特征如图 6.18 所示。

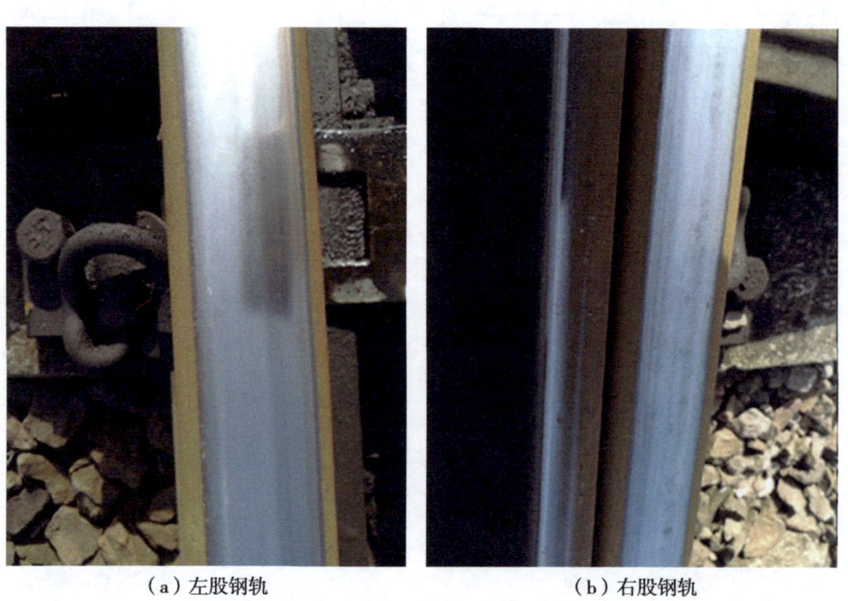

(a) 左股钢轨　　(b) 右股钢轨

图 6.17　ZJ50 截面处钢轨状态

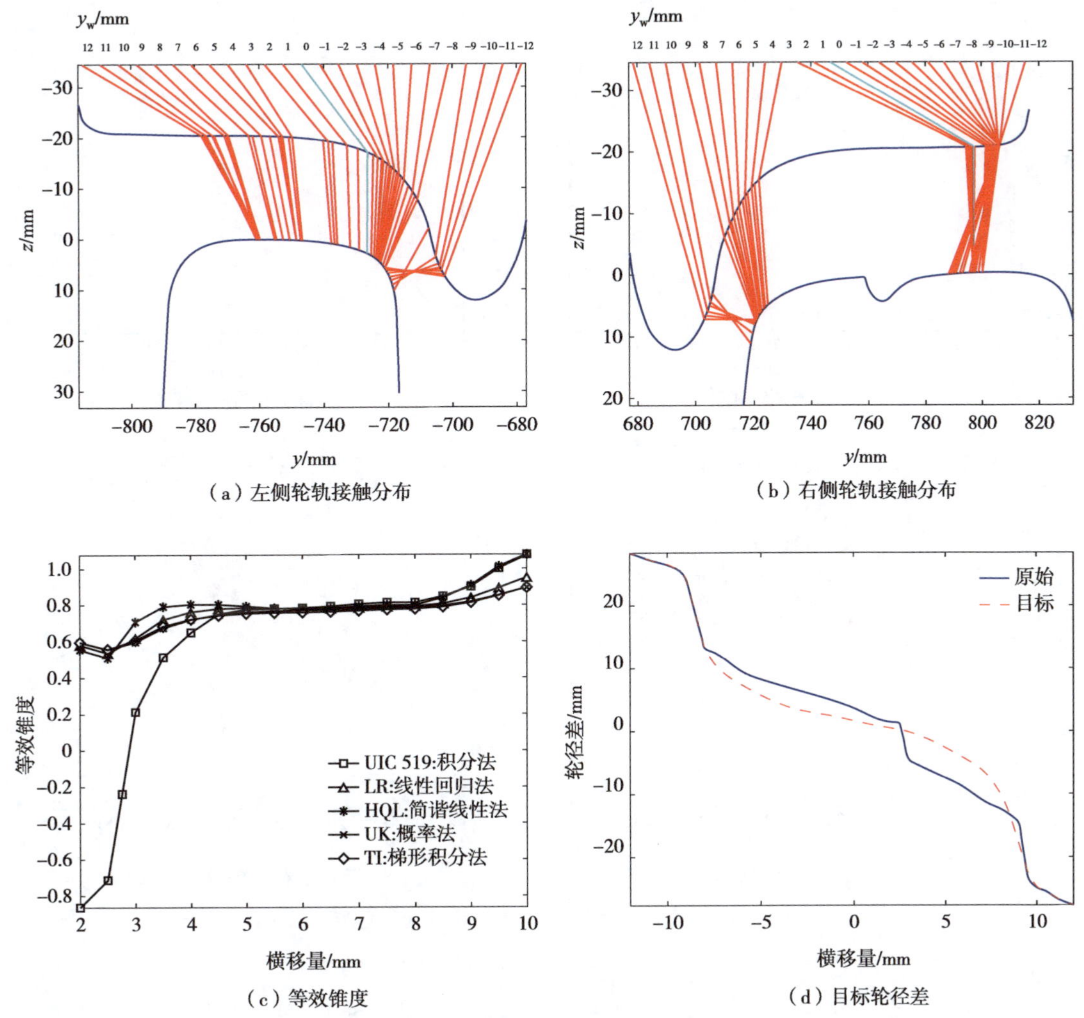

图 6.18 优化前的轮轨几何接触特征

通过对图 6.17 和图 6.18(a)、图 6.18(b)、图 6.18(c)三幅图分析可知,优化前钢轨上的接触光带较宽,轮轨接触点存在较大的跳跃现象,并且等效锥度超过了 0.5。为了减少钢轨上接触光带的宽度及减小轮轨接触点的跳跃和等效锥度,给定优化目标如图 6.18(d)所示。为了确保在此截面处,尖轨降低值满足 0 的要求,在针对右股组合廓形设计的时候,需要将右股钢轨的右侧基本轨进行适当的向下平移,确保满足尖轨降低值的要求。

优化前后的廓形及优化后的轮轨接触点的分布如图 6.19 所示,从图中可以看出,优化后轮轨接触点较均匀分布,并且减少了轮轨接触点的跳跃现象,右股钢轨的轮轨接触点完全由基本轨上跳跃到了尖轨上,在轮对横移量为±5 mm 时,接触光带较窄。

将优化设计后的廓形重新计算轮径差曲线,并与给定的目标轮径差曲线对比,如图 6.20 所示。可见,平均误差为 2.01%,最大误差为 5.09%,等效锥度降低到 0.30 以下,说明基本满足设计要求。

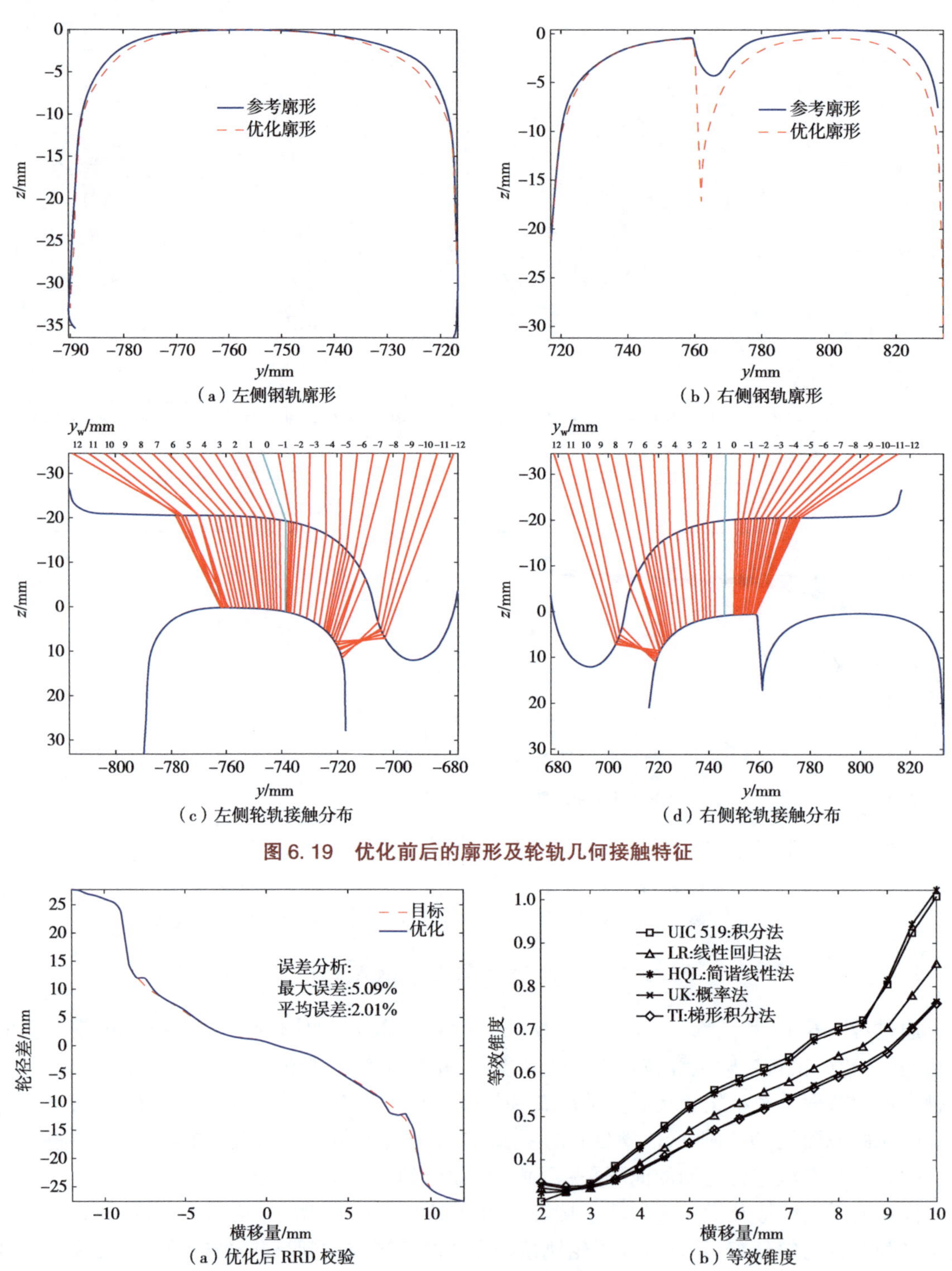

(a) 左侧钢轨廓形

(b) 右侧钢轨廓形

(c) 左侧轮轨接触分布

(d) 右侧轮轨接触分布

图 6.19 优化前后的廓形及轮轨几何接触特征

(a) 优化后 RRD 校验

(b) 等效锥度

图 6.20 优化后的结果校验

6.2.5 CH 截面优化设计

该截面处左右股钢轨的廓形均为基本轨廓形,现场钢轨状态如图 6.21 所示。优化前轮轨几何接触特征如图 6.22 所示。

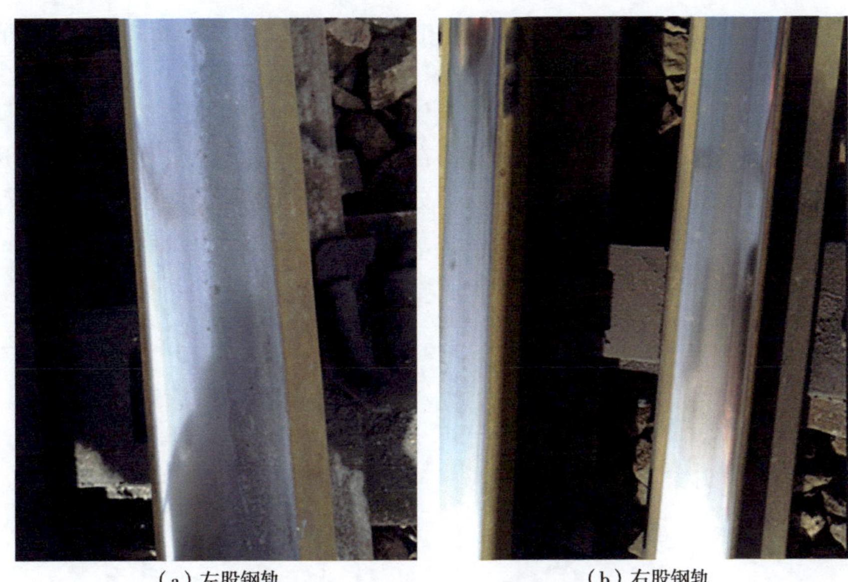

（a）左股钢轨　　（b）右股钢轨

图 6.21　CH 截面处钢轨状态

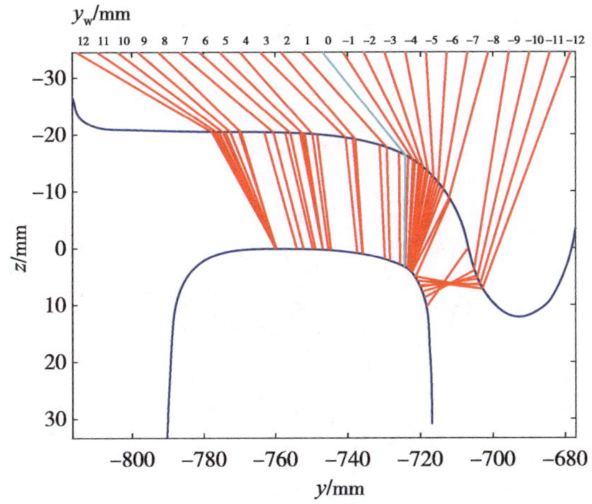

（a）左侧轮轨接触分布 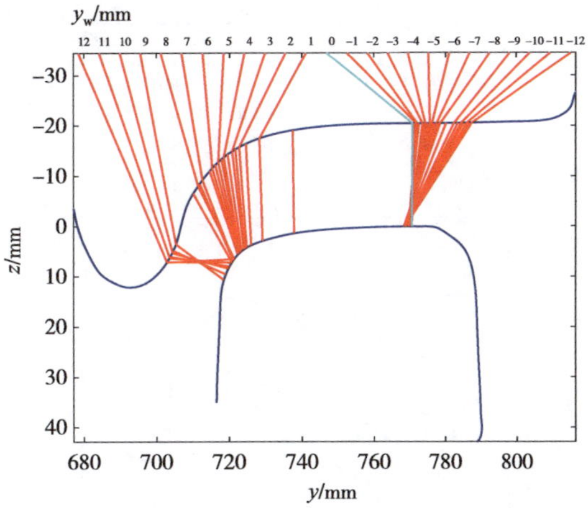　　（b）右侧轮轨接触分布

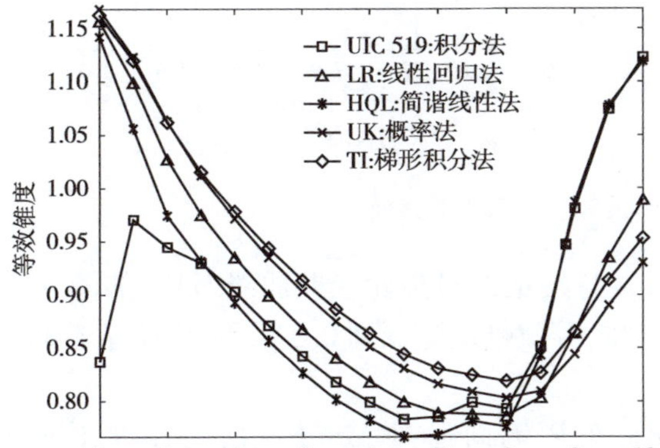

（c）等效锥度 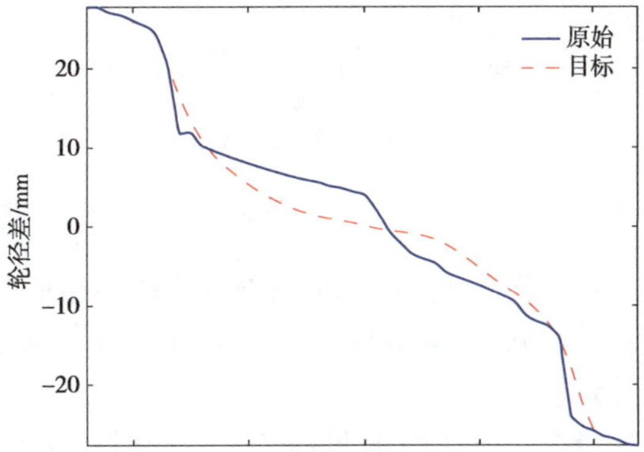　　（d）目标轮径差

图 6.22　优化前的轮轨几何接触特征

通过对图 6. 21 和图 6. 22(a)、图 6. 22(b)、图 6. 22(c)三幅图分析可知,优化前钢轨上的接触光带较宽,轮轨接触点存在较大的跳跃现象,并且等效锥度超过 0. 5。为了减少钢轨上接触光带的宽度及减小轮轨接触点的跳跃和等效锥度,给定优化目标如图 6. 22(d)所示。从右股钢轨廓形还可以看出,右股钢轨出现了肥边,在优化设计的过程中需要考虑将肥边切除。

优化前后的廓形及优化后的轮轨接触点的分布如图 6. 23 所示,从图中可以看出,优化后轮轨接触点较均匀分布,并且减少了轮轨接触点的跳跃现象,在轮对横移量为±5 mm 时,接触光带较窄。

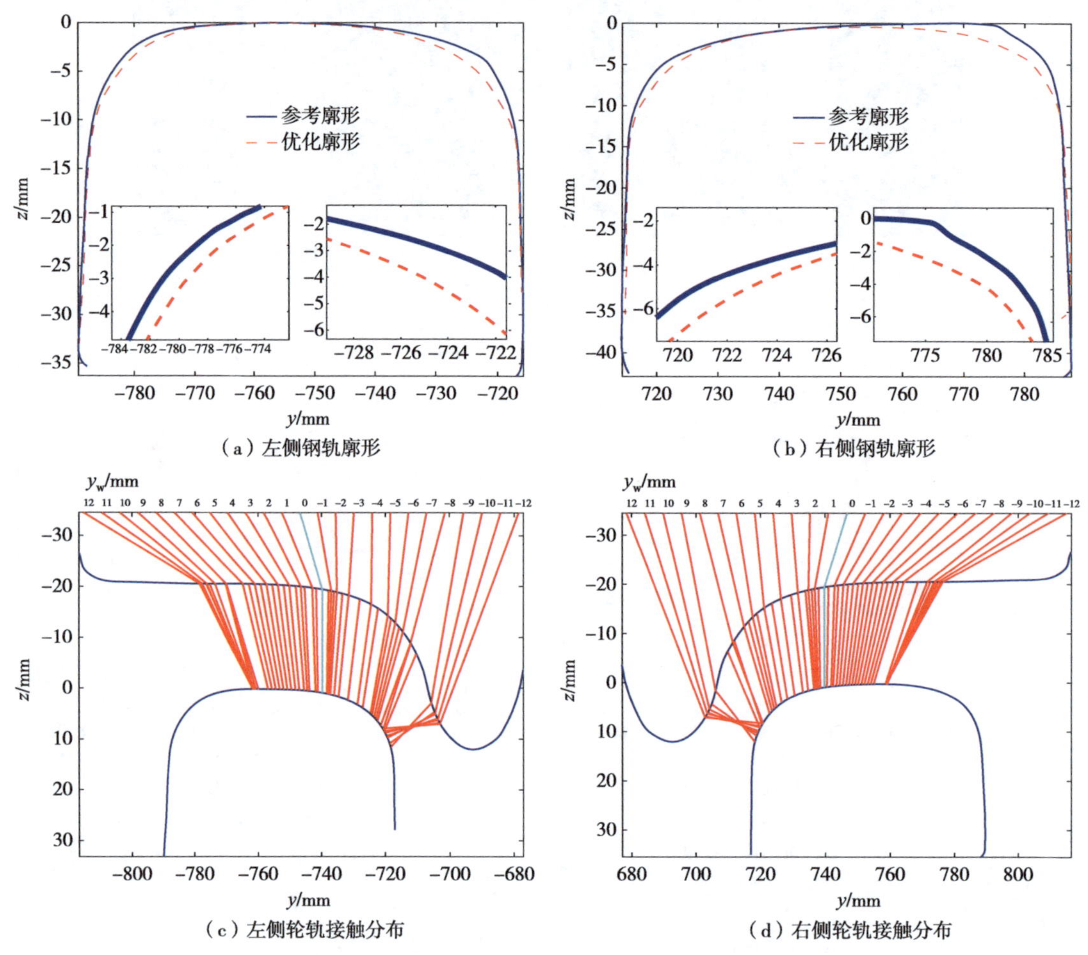

(a) 左侧钢轨廓形　(b) 右侧钢轨廓形
(c) 左侧轮轨接触分布　(d) 右侧轮轨接触分布

图 6. 23　优化前后的廓形及轮轨几何接触特征

将优化设计后的廓形重新计算轮径差曲线,并与给定的目标轮径差曲线对比,如图 6. 24 所示。可见,平均误差为 2. 11%,最大误差为 3. 5%,等效锥度降低到 0. 3 以下,说明基本满足设计要求。

当道岔为直向通过状态时,根据相关标准,车辆侧向通过 12 号道岔的速度不超过 120 km/h。假设车辆直逆向通过道岔转辙器区时,仿真分析的速度也为 120 km/h,无轨道不平顺,车轮踏面为 5 号车轮踏面,优化前后动力学响应结果如图 6. 25 所示,最大值对比详见表 6. 2。

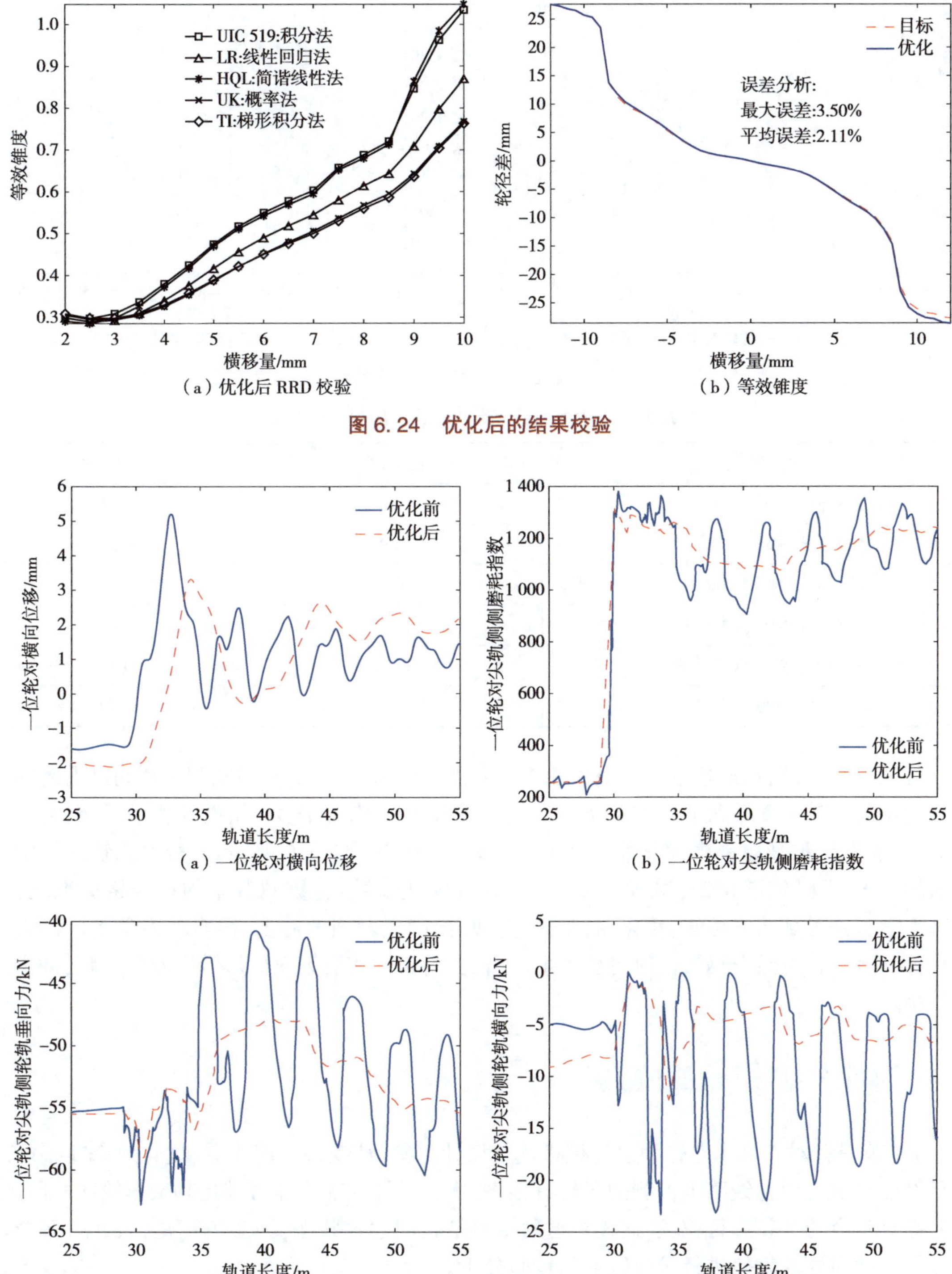

图 6.24 优化后的结果校验

图 6.25 车辆直逆向通过道岔时优化前后的动力学响应

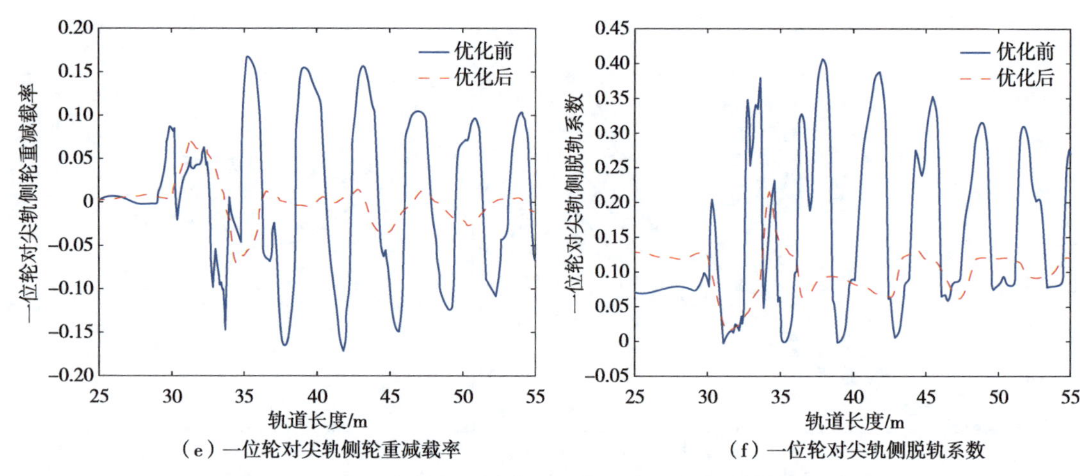

(e)一位轮对尖轨侧轮重减载率　　(f)一位轮对尖轨侧脱轨系数

图 6.25　车辆直逆向通过道岔时优化前后的动力学响应(续)

表 6.2　直逆向过岔时动力学响应的最大值对比

动力学参数	优 化 前	优 化 后
一位轮对横向位移/mm	5.3	3.2
一位轮对尖轨侧磨耗指数	1 396	1 348
一位轮对尖轨侧垂向力/kN	63.5	57.4
一位轮对尖轨侧横向力/kN	24.3	13.6
一位轮对尖轨侧轮重减载率	0.17	0.08
一位轮对尖轨侧脱轨系数	0.41	0.21

可见,优化前轮对横移量最大值为 5.3 mm,优化后为 3.2 mm。尖轨侧轮轨间最大磨耗指数由优化前 1 396 下降到了 1 348,优化后轮轨垂向力、轮轨横向力、轮重减载率、脱轨系数均有减小,最大轮重减载率由优化前的 0.17 下降到了 0.08,减小了 41.2%,最大脱轨系数由优化前的 0.41 下降到了 0.21,减少了 47.5%,并且脱轨系数、轮重减载率均在合格标准之内。从动力学仿真时域曲线可知,优化前,车辆过岔时会产生剧烈的冲击,很多动力学指标都大幅波动,而优化后,虽然车辆过岔时也会产生冲击,但由于优化后钢轨廓形沿纵向较平顺,冲击作用较小。

6.3　多个实测模板的校验

6.2 节只针对 5 号车轮作为设计模板优化设计道岔,从校核情况来看,优化效果能很好地满足设计要求。但是线路上实测的车轮有很多,优化设计的廓形能否满足其余车轮呢?因此,需要针对其余的车轮进行校验,而该组道岔主要是直向通过状态,为避免重复,只针对每个车轮和每个截面处的钢轨进行等效锥度的校验分析。

首先针对 CQ、CZ、CH 三个完全为基本轨的截面进行校核分析,结果详见表 6.3。从表中可以看出,优化后大多数等效锥度均有所下降。备注为“好”的说明此车轮在这些截面处,优化后的等效锥度较优化前均有所下降;备注为“略差”的说明此车轮在某些截面处,优化前的等效锥度较优化后有所降低。优化前一共有 3 个截面,24 个车轮,一共有 6 个轮轨匹配关系时的等效锥度有所上升,合格率为[1-6/(24×3)]×100% =91.7%,说明优化结果满足其余车轮。

表 6.3 基本轨处等效锥度校核

车轮编号	等效锥度(原始车轮)				评价
	优化前(CQ)	优化前(CZ)	优化前(CH)	优化后	
001	0.16	0.31	0.25	0.11	好
002	0.35	0.65	0.67	0.20	好
003	0.44	0.70	0.75	0.22	好
004	0.17	0.15	0.25	0.10	好
005	0.55	1.10	1.05	0.29	好
006	0.53	0.36	0.37	0.55	略差
007	0.30	0.61	0.65	0.45	略差
008	0.20	0.16	0.28	0.14	好
009	0.18	0.44	0.35	0.10	好
010	0.30	0.42	0.50	0.20	好
011	0.60	0.92	0.95	0.45	好
012	0.37	0.42	0.45	0.41	略差
013	−0.02	0	0.04	0.04	好
014	−0.01	0.09	0.08	0.09	好
015	0.10	0.34	0.22	0.18	略差
016	0.32	0.52	0.60	0.20	好
017	0.46	0.53	0.63	0.43	好
018	0.39	0.68	0.60	0.22	好
019	0.60	0.74	0.75	0.33	好
020	0.17	0.13	0.16	0.11	好
021	0.25	0.40	0.43	0.19	好
022	0.28	0.51	0.47	0.18	好
023	0.23	0.37	0.36	0.13	好
024	0.30	0.51	0.56	0.16	好

针对 ZJ20、ZJ35、ZJ50 这三个组合断面的廓形进行校核分析,结果详见表 6.4。从表中可以看出,优化后大多数等效锥度均有所下降。备注为好,就说明此车轮在这些截面处,优化后的等效锥度较优化前均有所下降;备注为略差,就说明此车轮在某些截面处,优化前的等效锥度较优化后有所降低。优化前一共有 3 个截面,24 个车轮,一共有 7 个轮轨匹配关系时的等效锥度有所上升,合格率为[1-7/(24×3)]×100% =90.3%,说明优化结果满足其余车轮。

表 6.4 尖轨处的等效锥度校核

车轮编号	等效锥度						评价
	(ZJ20)		(ZJ35)		(ZJ50)		
	优化前	优化后	优化前	优化后	优化前	优化后	
001	0.19	0.09	0.22	0.15	0.25	0.12	好
002	0.35	0.11	0.39	0.10	0.50	0.22	好
003	0.35	0.15	0.38	0.35	0.55	0.33	好
004	0.13	0.06	0.13	0.12	0.21	0.15	好
005	0.61	0.15	0.60	0.18	0.60	0.29	好
006	0.18	0.50	0.90	0.88	0.50	0.52	略差
007	0.30	0.45	0.30	0.40	0.98	0.53	略差
008	0.09	0.08	0.10	0.11	0.18	0.15	好
009	0.23	0.05	0.22	0.05	0.22	0.05	好
010	0.20	0.05	0.21	0.09	0.25	0.10	好
011	0.40	0.22	0.40	0.22	0.50	0.50	好
012	0.21	0.23	0.45	0.45	0.41	0.47	略差
013	0.02	0.02	0.02	0.015	0.02	0.01	好
014	0.06	0.07	0.08	0.07	0.05	0.04	好
015	0.18	0.10	0.20	0.13	0.25	0.15	好
016	0.30	0.12	0.30	0.14	0.45	0.23	好
017	0.23	0.21	0.22	0.55	0.55	0.47	略差
018	0.38	0.15	0.38	0.15	0.51	0.20	好
019	0.31	0.09	0.32	0.21	0.58	0.39	好
020	0.07	0.07	0.10	0.15	0.16	0.13	好
021	0.20	0.12	0.10	0.12	0.35	0.18	好
022	0.30	0.10	0.30	0.13	0.42	0.16	好
023	0.20	0.07	0.22	0.10	0.32	0.15	好
024	0.09	0.10	0.30	0.10	0.40	0.15	好

综上,虽然优化设计的时候只采用 005 号车轮作为优化设计的模板廓形,但是优化后的廓形也能很好地匹配其余车轮,说明总体优化效果好,满足设计要求。

6.4 打磨作业及验收

在道岔区进行打磨作业时,先利用大型打磨车进行打磨作业,如图 6.26 所示,将道岔区未受限制的区域进行打磨处理。大型打磨机主要消除左右股钢轨的差异,将伤损的钢轨打磨成设计廓形。道岔打磨廓形设计完成以后,需要将设计的打磨廓形输入到打磨成的打磨模式的模板库中,在打磨作业的时候,直接从模板库中找出相对应的打磨廓形,如图 6.27 所示。

图6.26 大型打磨车打磨作业

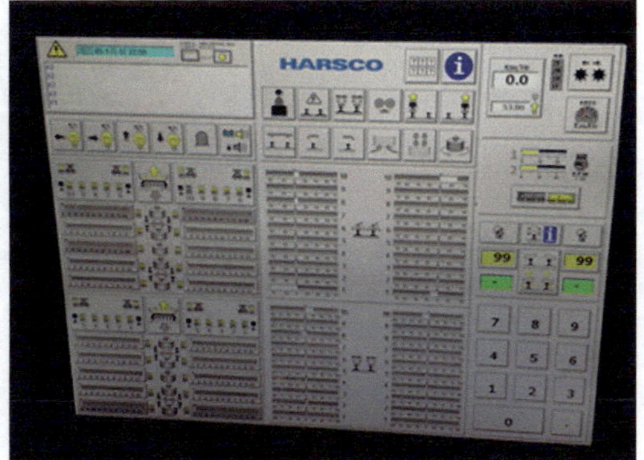

图6.27 打磨模板

针对道岔区大型打磨车受限制的区域，需要借助小型打磨机进行打磨作业。小型打磨机主要有轨顶垂直打磨机，如图6.28所示；侧面打磨机主要打磨钢轨轨距角侧的肥边或者钢轨外侧的肥边，如图6.29所示。

图6.28 MV3型垂直打磨机

图6.29 MC3型侧面打磨机

小型打磨机主要用于打磨大型打磨车打磨受限的区域，一般而言，小型打磨机打磨一遍（往返）的磨削量为0.1 mm。在打磨作业时，如图6.30所示，打磨一遍后需要测量实际廓形和打磨模板廓形的差异，根据差异调整打磨磨头的角度和进给量，直到测量廓形满足打磨作业规范。

根据相关站段工作人员反馈，该组道岔经打磨作业后，能减小钢轨上的光带宽度，并且消除了列车过岔时产生异常的晃车现象。

图 6.30　小型打磨机打磨作业

参 考 文 献

[1]童大埙. 铁道轨道[M]. 北京:中国铁道出版社,1998.

[2]李成辉. 轨道[M]. 北京:中国铁道出版社,2005.

[3]王平. 高速铁路道岔设计理论与实践[M]. 成都:西南交通大学出版社,2011.

[4]曹洋. 道岔平面线型动力分析及其设计方法研究[D]. 成都:西南交通大学,2013.

[5]KASSA E, NIELSEN JCO. Stochastic analysis of dynamic interaction between train and railway turnout[J]. Vehicle System Dynamics,2008,46(5):429-449.

[6]易思蓉. 铁道工程[M]. 2 版. 北京:中国铁道出版社,2009.

[7]王平,刘学毅. 无缝道岔计算理论与设计方法[M]. 成都:西南交通大学出版社,2007.

[8]BURGELMAN N,LI Z,DOLLEVOET R. A new rolling contact method applied to conformal contact and the train-turnout interaction[J]. Wear,2014(321):94-105.

[9]XU J M,WANG P,WANG L,et al. Effects of profile wear on wheel-rail contact conditions and dynamic interaction of vehicle and turnout[J]. Advances in Mechanical Engineering,2016,8(1):1-14.

[10]MAGEL E E,KALOUSEK J. The application of contact mechanics to rail profile design and rail grinding[J]. Wear,2002,253(1):308-316.

[11]田常海. 我国高速铁路钢轨和道岔打磨技术应用与实践[J]. 中国铁路,2017(11):15-23.

[12]CUERVO P A,SANTA J F,TORO A. Correlations between wear mechanisms and rail grinding operations in a commercial railroad[J]. Tribology International,2015(82):265-273.

[13]王平,刘学毅,陈嵘. 我国高速铁路道岔技术的研究进展[J]. 高速铁路技术,2010,1(2):6-13.

[14]王树国,顾培雄. 客运专线道岔技术研究[J]. 中国铁路,2007(8):21-24,28.

[15]全顺喜. 几何不平顺对道岔区轮轨接触几何关系的影响[J]. 铁道标准设计,2013(3):17-22.

[16]HARSCO. Best practice of rail grinding and rail protection technologies[R]. 2016.

[17]徐井芒. 高速道岔曲尖轨磨耗仿真分析研究[D]. 成都:西南交通大学,2015.

[18]王俊国,李瑞宝,张利生. 道岔病害整治探究[J]. 铁道建筑,2003(10):56-57.

[19]杨忠吉. 提速道岔病害分析及整治[J]. 铁道建筑,2003(5):40-41.

[20]马晓川. 高速铁路道岔直尖轨滚动接触疲劳行为与优化控制研究[D]. 成都:西南交通大学,2018.

[21]丁军君. 基于蠕滑机理的重载货车车轮磨耗研究[D]. 成都:西南交通大学,2012.

[22]ANDERS E,BENGT A,ELENA K. Wheel/rail rolling contact fatigue-Probe,predict,prevent[J]. Wear,2014(314):2-12.

[23]EKBERG A,KABO E. Fatigue of railway wheels and rails under rolling contact and thermal loading-an overview[J]. Wear,2005,258(7/8):1288-1300.

[24]贡照华,夏景山,楼少俊. 提速道岔直尖轨侧磨的分析与整治[J]. 铁道标准设计,2003(2):8-10.

[25]任尊松. 轮轨多点接触计算方法研究[J]. 铁道学报,2011,33(1):25-29.

[26]任尊松,孙守光. 道岔区轮轨接触几何关系研究[J]. 工程力学,2008,25(11):223-230.

[27]王树国,司道林,王猛,等. 高速铁路道岔尖轨降低值对行车平稳性影响机理研究[J]. 中国铁道科学,2014,35(3):28-33.

[28]王树国. 18 号高速道岔直尖轨纵向水平裂纹分析报告[R]. 2016.

[29]中国铁路总公司. 普速铁路线路修理规则[S]. 北京:中国铁道出版社,2018.

[30]段剑峰. 道岔综合打磨技术探讨[J]. 铁道建筑,2008(11):75-76.

[31]管相吉. 钢轨鱼鳞纹的成因与钢轨打磨:郑州铁路局“十百千”人才培育助推工程论文集[C]. 2011.

[32]昝晓东,李孝涛,邢帅兵,等. 疲劳纹裂扩展引起的钢轨表面剥离研究[J]. 铁道科学与工程学报. 2018,15(12):3082-3088.

[33]刘启跃. 减缓曲线钢轨侧磨的方法探讨[J]. 铁道建筑,1997(5):28-30.
[34]胡海波,高亮. 道岔打磨车在道岔不平顺病害整治中的应用[J]. 铁道标准设计,2008(6):32-34,52.
[35]JOE K,PETER S,HEGELUND C. Analysis of rail grinding tests and implications for corrective and preventive grinding[C]. Proceedings of the 4th international heavy haul conference,Brisbane Australia,1989(9).
[36]宋旭. 钢轨波形磨耗打磨工艺[J]. 铁道建筑,1995(6):14-16.
[37]黄佳乐. 基于接触应力分析的重载铁路钢轨打磨型面优化设计研究[D]. 成都:西南交通大学,2015.
[38]翟婉明. 车辆—轨道耦合系统动力学[M]. 北京:科学出版社,2007.
[39]张剑. 铁路车辆车轮型面优化设计研究[D]. 成都:西南交通大学,2013.
[40]王开文. 车轮接触点迹线及轮轨接触几何参数的计算[J]. 西南交通大学学报,1984(1):89-100.
[41]严隽耄,王开文. 锥形及磨耗形踏面轮对的空间轮轨接触几何约束特点[J]. 铁道学报,1985(6):9-18.
[42]沈钢. 轨道车辆系统动力学[M]. 北京:中国铁道出版社,2014.
[43]KALKER J J,JOHNSON K L. Three-dimensional elastic bodies in rolling contact[M]. Delft:Kluwer Academic Publishers,1990.
[44]王开文. 车辆系统动力学[M]. 成都:西南交通大学出版社,1994.
[45]金学松,刘启跃. 轮轨摩擦学[M]. 北京:中国铁道出版社,2004.
[46]钟晓波. 轮轨型面设计及优选研究[D]. 上海:同济大学,2012.
[47]毛鑫. 基于轮轨接触性能的钢轨打磨廓形设计方法研究[D]. 上海:同济大学,2018.
[48]田常海. 我国高速铁路钢轨和道岔打磨技术应用与实践[J]. 中国铁路,2017(11):15-23.
[49]王军平. 个性化钢轨廓形打磨技术在高速铁路上的应用[J]. 铁道建筑,2018,58(5):120-123.
[50]任尊松. 轮轨多点接触及车辆—道岔系统动态相互作用[M]. 北京:科学出版社,2014.
[51]《常用道岔主要参数手册》编写组. 常用道岔主要参数手册[M]. 北京:中国铁道出版社,2007.
[52]朱延娟,倪周松. 飞机图像识别中离散点曲率计算方法研究[J]. 机电一体化,2016(6):13-18.
[53]喻德生,程程. 基于离散曲率的三次均匀 B 样条的局部光顺算法[J]. 浙江大学学报(理学版),2011,38(5):511-517.
[54]同济大学数学系. 高等数学[M]. 7 版. 上海:同济大学出版社,2012.
[55]王广,邢林芳. MATLAB GUI 程序设计[M]. 北京:清华大学出版社,2018.
[56]王砚. Matlab/Simulink 动力学系统建模与仿真[M]. 北京:机械工业出版社,2019.